横滨玛丽

被遗忘的真实

[日]中村高宽 著　王众一 译

Matsuzakaya

上海交通大学出版社
SHANGHAI JIAO TONG UNIVERSITY PRESS

内容提要

　　一度活跃在横滨街头的白妆老妓玛丽，因其特异的妆扮、扑朔迷离的身世成为一代街头传奇，融入战后横滨人的记忆。尔后，随着城市的变迁以及玛丽年纪渐老，她从街头黯然消失。本书是中村高宽导演纪录片《横滨玛丽》的创作手记，不仅记录了电影的构思、拍摄、制作过程，而且记述了电影台前幕后的故事，力图呈现导演的叙事理念与手法。本书以追寻真实的玛丽为线索展开，通过口述资料、报刊资料，以及作者实地调查的一手材料，层层拨开玛丽的神秘面纱。玛丽的人生际遇也可谓是横滨的城市变迁史，乃至日本的近现代史的缩影。

图书在版编目（CIP）数据

横滨玛丽：被遗忘的真实 /（日）中村高宽著；王众一译. —上海：上海交通大学出版社，2021
ISBN 978-7-313-23544-2

Ⅰ.①横…　Ⅱ.①中…　②王…　Ⅲ.①日本—现代史
Ⅳ.①K313.4

中国版本图书馆CIP数据核字（2020）第133424号

YOKOHAMA MARY
by Takahiro Nakamura
Copyright © 2017 Takahiro Nakamura
Original Japanese edition published by KAWADE SHOBO SHINSHA Ltd. Publishers All rights reserved.
Chinese (in Simplified character only) translation copyright © 2021 by Shanghai Jiao Tong University Press.
Chinese (in Simplified character only) translation rights arranged with KAWADE SHOBO SHINSHA Ltd. Publishers through Bardon-Chinese Media Agency, Taipei.
上海市版权局著作权合同登记号：图字09-2019-886

横滨玛丽：被遗忘的真实
HENGBIN MALI: BEI YIWANG DE ZHENSHI

著　　者：[日]中村高宽　　　　　　　　译　　者：王众一
出版发行：上海交通大学出版社　　　　　地　　址：上海市番禺路951号
邮政编码：200030　　　　　　　　　　　电　　话：021-64071208
印　　制：苏州市越洋印刷有限公司　　　经　　销：全国新华书店
开　　本：880mm×1230mm　1/32　　　印　　张：10.75
字　　数：239千字
版　　次：2021年3月第1版　　　　　　　印　　次：2021年3月第1次印刷
书　　号：ISBN 978-7-313-23544-2
定　　价：88.00元

中文版序

中村高宽

我对中国的向往和思慕至今绵绵无尽。

十几岁的时候，我与陈凯歌、张艺谋、田壮壮等第五代中国导演的电影相遇。当时我已经看过大量东方和西方的经典与新作，世界各国的电影我都不陌生。但在我的记忆深处，第五代导演作品所呈现的世界观、影像美完全征服了我。其中最重要的是，他们的电影所传递出来的思想深度，以及勇于面对自己的过去，勇于面对自己国家历史的行为吸引了我。我意识到，电影不仅仅是娱乐，电影叙事具有更大的可能性。

再后来去中国留学，对我来说或许就是命中注定的了。当然，我将面对日本曾经侵略过中国的那段历史。我的处女作《横滨玛丽》以日本战后史为主题，第二部作品《禅与骨》则是以日美近现代关系史为主题。现在想来，这都和我的中国留学经历不无关系。

话虽如此，若问我留学中国学到了什么，我自己还真说不好。如果一定要回答，那就是深深地植入了一种如何看待人的人性观。从某种意义上说，我的电影之根里有着中国成分。

我留学的时候，吴文光等人的知名度就已经很高，但中国的独立纪录电影还处于萌芽期。在此之后，21世纪前半期开始中国纪录片令人惊异地快速发展。其中多数作品运用直接电影的手法拍摄社会现象，但也有不少片子不过是将影像罗列起来而已，难以称之为真正的作品。说句不怕遭人误解的话，中国可以说满地都是纪录片素材，别说在农村，就算在城市里随便转转，都会撞到这样的素材，所以片子也做得"萝卜快了不洗泥"了。而欧美的电影节或电影市场则以一种东方主义的眼光将这些片子捧红。真是滑稽的景观。

回国后我做的片子是《横滨玛丽》。这部作品中我对中国的向往和思慕发酵成熟，我所构思的"历史的描述"以及"人性观"凝缩其中。

几年前，我开始听到网络上和光碟市场上出现了盗版《横滨玛丽》的消息。这种非法现象让我错愕的同时，又让我心生些许欣慰。某种意义上，这算是我对中国的报答。我也希望这能给当下中国纪录片现状带来某些触动。

譬如，各种各样的影像已经泛滥于现代社会。智能手机可以随手拍摄视频，并且可以随意上传于社交网络空间，然而这只不过是影像的碎片而已。我愿意再说一遍，这只是按下摄像机的录像开关，收入镜头的不过是些影像的碎片，而无法成为纪录片意义上的影像素材。影像碎片与影像素材两者区别到底在哪里？只能看影像有没有体现作者思想的能动作为。正因为有了这样的能动作为，影像经过蒙太奇处理才能化升华为电影。

这本书详细记述了作者与现实以及这个世界战斗，与历史战斗的历程。仅仅拍摄现实的影像不是纪录片，呈现作者思想的影像才是我心目中的电影，即纪录片。对被第五代电影所感化的我来说这些，让人有种关公面前要大刀的感觉。然而正是想让中国读者了解我对纪录片拍摄的这一理念，才有了今天《横滨玛丽：被遗忘的真实》一书中文版的出版。

最后再次提请读者认识到这样一点。即我们不过是历史大河中的一朵浪花。我们是什么？只有思考过人的存在，我们人类才能有共鸣，才能做到相互理解。夸张点说，实现真正的中日友好不也正在于此吗？

解　说

原一男

　　这部《横滨玛丽：被遗忘的真实》应该算是电影拍摄手记。这样说并非贬低本书，而是点明这部书的性质，旨在厘清作者写这部书的意图。

　　我常想，一部纪录片开拍前自不必说，开拍之后也是这个镜头想拍，那个镜头也想拍，导演脑海中想拍的场景会越攒越多。可摄影机转起来之后真正拍到的镜头，也不过是之前想到的场景的大约20%。这个比例您是觉得多还是少呢？

　　电视纪录片拍摄现场日程要求较严，因此时间比预定拖长的情况应该较少见。但是，在电影拍摄现场，特别是像我们这样接近自主制作的拍片现场，从一开始就可以预计大致上是要拖长的。拖长的原因与各种苦恼有关。开拍之前当然就会有各种各样的苦恼，开拍以后也少不了各种各样的事情引发苦恼。这并非因导演优柔寡断而来，而是因为开拍以后越发逼近作品的本质，苦恼越随之加深。几乎可以断言，完成的作品越是获得好评、称得上杰作的，拍摄现场导演感受的苦恼越深。然而不论拍摄过程中这份苦恼有多深，从完成的作品中绝难窥探到这苦恼的痕迹。因为导演陷入苦恼的时刻，摄影机肯定没有开着。反复感受到的苦恼最终被克服，明确了拍摄方向，导演才会考虑开机，摄影机才

1

会转起来。我好歹是个导演，从我的实际感受来说，自己完成的作品得到好评自然感到欢喜，但心中总有些惴惴不安、四顾茫然或意犹未尽，担心自己想说的没有充分传达给观众。所以，我写拍摄手记，就是在这种类似焦虑的感情推动下所为，如果将之比喻为父母一般的拳拳之心，也许就能理解这种四顾茫然。但又不仅仅如此，对于我们制作影像作品的人来说，这一行为只有通过编辑实拍到的影像素材才能得到具体的作品。可如果现场拍摄到的素材仅达到设想的 20% 的话，没有拍到，或因没有开机而错过的就占到相当大部分。没有开机而留下的苦恼，有时与作品主题有关，有时与为丰富细节的真实感而寻找新的出场人物有关，有时与为请到拍摄对象出镜做说服工作有关，涉及各种情况。对于导演来说，作品完成后心中萦绕的东西，正是摄影机没有收入镜头那部分留下的苦恼，而这不正是要传递给观众的吗？于是产生了更进深一步的苦恼。这一切确实无法让人只看完成的作品就明白，于是要写拍摄手记。

原谅我铺垫部分写得过长，总之我是把这本《横滨玛丽：被遗忘的真实》当作拍摄手记阅读的。但因为和中村高宽导演是拍摄纪录片的同行，我读起来感到非常有趣。常说细读"字里行间"，仔细阅读过程中，我真切地感受到中村导演扑面而来的气息，除了产生共鸣的部分，甚至作者感到苦恼的样子也震撼到我，令我不忍卒读。中村高宽的文笔真是了得。

不过我发现中村高宽导演真正的才能还不在此。他在书中写到，他拍的是"拍摄对象玛丽本尊不在其中的纪录片"。纪录片的特点正在于，作品中必有鲜活的主人公真情实感倾诉的镜头。但是，体现纪录片特点的玛丽本尊却不在现场。在这样的前提下要拍这样一部片子，居然完成了。而且他这部坚持下来完成的作品还是处女作。作为导演，中村高宽功夫了得。

　　我也拍过对象不出现在现场镜头中的纪录片《电影导演浦山桐郎的肖像》（1998 年关西电视台）。接到关西电视台的委托拍这部纪录片，是在浦山导演死后十年。当时我们拍了四部纪录片，每一部都尽量让拍摄对象感觉鲜活地出现在作品中。通过拍这四部作品，我找到一个诀窍，令作品中的主角以其真实形象来呈现是纪录片本应具有的强项。当我接到拍片委托时，主人公本尊已经不在。这可真是难住了我。不过当时我找到了其他素材替代无法出场的本尊，解决了这一难题。这就是，以身为电影导演的浦山留下的他曾导演的许多电影为素材。与许多导演一样，这都是在拍摄过程中经过痛苦的求索找到的方法。就好像一些纪录片往往反映了导演自身经历，浦山的导演作品亦可视作其本人经历的剧情化，浦山导演自己的家族史和他的个人经历都深深地投射到主人公身上构成了一个个故事。浦山的生母死于产褥热，生母的妹妹成了他的养母。渴望母爱的情结，加上生父的自杀，导演的人生充满了戏剧性，导演将这些个人的鲜活经历融入了他的电影作品中。于是，我引用了可以深刻感受到浦山导演感情的那些影像片段。这个方法我觉得十分成功。可是在中村导演的《横滨玛丽》中，甚至像这样的替代物也不存在。只找一些普通人讲讲横滨玛丽是怎么一回事是远远不够的。讲玛丽故事的人自己也必须是有魅力的人物。

　　由此又有了令人烦恼的问题。前面说了，讲述横滨玛丽的人自己必须要有魅力，可如果这个人魅力太足的话，又会让主人公横滨玛丽的魅力黯然失色。也就是说，如果在叙述过程中讲述者的魅力盖过主人公玛丽给我们的印象的话，电影就失败了。然而中村导演却找到了那些坦率地讲给他听，并且本人也有着和玛丽同样魅力人们。通常请到的讲述者只要画面感很好就可以了，但中村导演将讲述者本身的魅力也设定为展开作品的重要维度。各色人等出镜，可侃侃而谈者着实人数众多，其中不乏来路不明，不三不四的江湖边缘人。这里讲的来路不明、不三不四的各色人等，我是用作褒义。且看片中出镜者的单子：曾在川崎做过鸭子、身患癌症末日可数的香颂歌手，曾专职接待占领军的女招待，著名黑暗舞蹈家大野一雄的儿子大野庆人，根岸家的艺妓，上了年纪的前街头混混，风月场作家，性生活咨询师，野毛坂街头表演经纪人，珠宝店、洗衣店、化妆品店经营者等。也有名人在片中出镜：作家山崎洋子，舞台剧女演员五大路子，还有电影制片人和舞台剧导演，专门拍摄人物、讲述横滨故事的摄影家。这些人物越处理得魅力四射，原本设定好的片中主人公横滨玛丽的印象就越会被相对弱化。这实在是一个恼人的两难困局。而且网罗了如此众多人物出镜，只聚焦在玛丽一个人的主题上就显得不够丰满。于是，中村导演在拍摄这些芸芸众生的过程中果断地发现了新的一层意义：在片中另外设置一个主题。由此感到中村导演果真才华横溢。于是，追踪玛丽个人故事不断浮现出来的主题，与追访芸芸众生过程中浮现出来的横滨城市演艺行业史、风月行业史、城市发展史和日本战后史等主题在这部作品中多维度地交织了起来。这样复杂的结构要求导演有相当了得的驾驭能力。而中村导演很好地做到了，并且是在他的处女作就做到了这一切。

　　还有一点，电影《横滨玛丽》原本的设定是追踪本尊不在场的女主角，实际上也确实是克服了各种各样的困难追寻她的故事。但是，作品还有一个大反转。鲜活的玛丽居然在片中出镜了。最后一个镜头拍得波澜不惊，却不动声色地成为全片画龙点睛之笔，然而导演并没有刻意抖机灵般强调这个意外的结尾。这一处理带给观众的震撼却是巨大的。我目不转睛地凝视着玛丽那张洗尽铅华的脸。之所以令我看得入神，是因为故事的铺陈如此峰回路转，真乃神来之笔。本书将拍到最后一个镜头为止的所有苦恼都细腻真实地记录了下来。和电影一样，本书的最后也是素颜出场的玛丽。这本拍摄手记与电影《横滨玛丽》可谓是同卵双胞胎。虽说是双胞胎，但也有着各自的个性。本书毫不逊色于电影，是一部顶级的纪实作品。

目　录

第一章
玛丽是谁

1. 一切始于电话俱乐部

任何事情都始于一些微不足道的琐事。当时，一件临时起意的念头，让我把自己整个 20 多岁的时光都搭了进去。

1997 年 4 月，当时我 22 岁，刚刚开始工作，为电视电影和两小时电视剧[1]等剧情片做导演助手。其实不过就是打打下手，每天在拍摄现场跑来跑去。于是我很快产生了去意，刚刚走上社会还不到一个月，就开始寻找逃走的借口。这也许就是几乎所有人都经历过的"五月病"[2]。当时我想也许习惯了这份工作心绪就会平静。可是半年过去了，秋风渐起的季节我满心郁闷仍不见缓解。

原本是因为喜欢电影，于是从看电影的观众转身入行进入电影圈。现在看来理想和现实差距蛮大，我深切地意识到真不应该把自己的爱好当作职业。

那段时间里，唯一让我放松的一刻是周末走进影院看电影。

我家住在横滨，这里曾经是全国屈指可数的电影院聚集地。即便到了 20 世纪 90 年代，电影已经过了它的全盛时期，仅仅在关内和伊势佐木町周边就有马车道的东宝会馆、伊势佐木町的横

---

[1] 两小时电视剧类似电视电影的单集电视剧。基本上片长两小时左右，按照故事片标准制作。当时许多电影导演无片可拍，转而拍摄此类电视剧。——译注

[2] "五月病"是指日本大学生 4 月毕业，年轻人参加工作 1 个月左右便对工作厌烦的现象。——译注

滨松竹、横滨皮卡迪利、伊势佐木町东映、日活会馆、在日本开创了首映模式的横滨音乐厅等云集。除此之外，这里还有小剧场系统的专门上映电影的关内奥斯卡影院、名画座的横滨日剧、杰克与贝蒂电影院等。

那一天横滨日剧一大早便观众爆满。这个影院曾经是永濑正敏主演并引起热议的系列片《私人侦探滨城麦克》的取景地。这里一直在上映两部连映的好莱坞 B 级电影。进入影院，里面弥漫着刺鼻的尼古丁和开杯乐混合的酸臭气味。绝大多数观众都是打日工的工人，或看上去像是偷偷离岗的白领。因为是循环放映，进来了可以混一天不出去。与其说是看电影，不如说只是找个地方待着更准确。黑暗中烟头明灭如萤火虫般，银幕前面烟气腾腾，紫雾缭绕，在这样的环境里待着就足以让他们情绪放松。

连看了两轮连映双片之后，我走出了影院。抬眼望去，已是黄昏夕照。感觉渐有凉意，我便沿着横滨日剧前面的若叶町街向伊势佐木商店街走去。伊势佐木町大街当年何等辉煌，曾经有"isebura（逛伊势佐木町）"一词可以作证。如今开发成商业街之后，往年的模样早已荡然无存。

虽然只是傍晚，因为时值晚秋，日落得格外早。亮起的霓虹灯光下，街上的过客行色匆匆。就在此时，我突然有了一种奇妙的冲动。

"不如到电话俱乐部坐坐。"我也不知道自己怎么突然有了这样的念头。的确直接回家的话时间上太早有点尴尬。也许是在人流中孤身独行，忽然有了想和人交流的愿望。

念书的时候我曾经一时沉湎于此，但后来很久未去。为什么那个时候迷上了电话俱乐部？现在想起，又触痛了我的精神旧伤。

因为父亲工作经常变动，我从横滨市金泽区[1]的小学开始经历了五次转学。初中转到熊本念书，在那里因为我讲"标准语"而被同学嘲笑。

"这个东京仔！"

"不对！我是横滨人！"

当时我自知弱势，咬紧牙关针锋相对。"我可不像你们乡巴佬，我是地道的横滨人！"我就靠这种特权意识给自己打气。

初二时我终于离开熊本回到了横滨，结果因为说话带上了"侉味儿"，又遭到这边同学的嘲笑。也许因为小孩子适应性强的缘故，一开口就带出了熊本腔，反而被当成了乡巴佬。在熊本时用来给自己打气的那点特权意识脆弱地崩溃，我完全张不开口，一句话也说不出来了。横滨那两年初中岁月是我人生的至暗时刻，迄今依然不堪回首。只身一人，尝尽孤独。那段时间，电影是我唯一的救星。就是所谓的逃避现实。在影院里和素不相识的观众一道盯着银幕同喜同悲，感觉到自己和旁人产生了联系。

几年过去，熊本腔算是扳过来了，但和人张口交流还是困难重重。这个时候我哥带我进了电话俱乐部。在这里我可以不必看对方的脸，只凭声音交流。这样我可以没有障碍地与对方聊天。电影和电话俱乐部在那段时间里对我来说是与人联系的一种手段。在电话俱乐部一来二去，就发展为不仅有声音的交流，也有了体肤的交流。也许那天这种羞于启齿的十几岁时候的记忆被激活了，光看一场电影还不够，还想和人有更加紧密的交流。于是

---

[1] 金泽区为横滨市最南边的行政区划，紧挨着镰仓市和逗子市。——译注

对我来说接下来的选项就只有电话俱乐部了。

在几家店中，我选中了"情人节呼叫"关内店，径直向那里走去。所谓电话俱乐部有两种服务形式。一种是传达式，女方打来电话，传达室会问清兴趣和目的，如果遇到话题投机的客人便会把线接过去。那种出于援交或交友目的的通话只要双方都有意，很快就能通上话。但如果没有投缘的女孩来电话，就得一直等下去。

还有一种是抢接式，不必经过传达室，女孩打来电话时男客面前的电话会同时响起，手快的客人便会抢占先机。这虽然很有意思，但总是要处在一种临战状态，人会比较辛苦。

"情人节呼叫"提供传达式服务。我选了一个两小时的服务，在传达室门口的录像带架子上随手拿了两盘成人录像带。随便什么都行，反正是在接到电话之前打发时间。我被引向一间三张榻榻米大的狭小的客房，一关上门很有一些压抑感。记得当时我还嘟囔了一句，这要是有幽闭恐惧症的话还够呛呢。坐进皮面沙发里，面前有一台电视、一台录像机，还有一台电话。不知电话什么时候会打进来，为了调整好心态，我拿起客房里的服务手册翻了起来。手册告诉你电话俱乐部里一些起码的规矩：要耐心把女方的话听完，不得猴急且强人所难地约见面，不能简单粗暴地挂断电话等。我点着头认真地逐条读了下去。

就这样一个小时过去了，电话一声都没有响过。这就如同钓鱼，有时始终没有鱼咬钩。我就像进入了和尚打坐的状态。我一面有点后悔不如找一家抢接式服务的店，一面抄起第二盘录像带塞进录像机。也许赶活收工之后的累劲上来了，我的上下眼皮开始打架。就在这时，电话"丁零"一声响了起来。这一瞬惊得我心脏差点停止了跳动。

我马上关了录像机。因为是传达式服务，不必抢接。我缓了口气，让自己镇静下来，然后不慌不忙地拿起话筒。

"你好。"

"你好。你在哪里发财？"

女方自称在赌场吧工作，今年25岁。听她说话的口气，估计从前是个不良少女的头儿。可是我们聊了5分钟，彼此还是没找到感觉。估计对方也是为了打发时间有一搭无一搭地打过来的。这种事情也常有。我想尽快放下话筒等下一个机会，也许很快还会有个女人打进来电话。但是一直找不着结束通话的由头。我想我必须说出那句话了……

"我说……"我开口准备结束这次通话。就在这个时候，那个女人忽然来了一句："最近没怎么看到玛丽哈。"

"……你是说那个脸涂得白白的老太婆？"我确认性地反问道。

"就是呀！也不知道她怎么样了？"

万没想到，我在电话俱乐部的一间客房里迎来了决定命运的瞬间。

玛丽在横滨很有知名度。这个老太婆面部总是化妆得像歌舞伎演员，全身裹着白色的洋裙。除了叫她玛丽之外，当地居民因代际或地片不同，分别称她为白粉妖精、阿白、白发婆、白粉面具等。

第一次见到她还是初中的时候。我在东宝会馆看完《回到未来2》（1989年公映），正在马车道大街上行走，忽然注意到对面路边的条凳上有一个白色的物体："是个偶人？可也太大了吧……"我看不出是什么东西，正定睛观察，忽然那东西微微地动了一下。

当时受到的惊吓到现在我也忘不了。我以为遇到了妖怪。不仅那样子，整个气氛都可谓之为"妖氛"。周一上学才知，好几个同学和我一样见到了玛丽，于是玛丽好一阵成为班里的谈资。每个人都有来自不同出处的说法。不辨真伪，不负责任的谈资令众人聊得起劲。

"据说好像生在华族之家，因为家境没落才沦为妓女的。"

"很久以前因为孩子夭折而神经错乱，从此便流浪街头。"

"听说卸了妆，人又年轻又漂亮。"

"梅毒感染伤到大脑，精神不正常了。"

还是回到电话俱乐部吧。我和她围绕着各自所知的玛丽聊得起劲，居然超过了两小时服务时间，让我额外又付了些加时费。最后还觉得意犹未尽，约定"出门见面细聊"。

大概只有在横滨，拿玛丽说事泡妞才是好谈资。约好的见面地点是京急日之出町站前电话亭。我急忙从这家店里出来，小跑着赶向约定地点。在伊势佐木町大街的人群中穿行，我终于赶到了站前全向交叉口前。信号灯一变我就可以赶过去与之汇合。我急切地等着红灯变绿。我上气不接下气地站在那里，将目光投向将要与之汇合的地点——电话亭，果然有一个女的站在那里。肯定是她！我眯起眼睛，试图把她看得更加仔细。那个女的块头不小，仿佛女子职业摔跤手北斗晶[1]。我并非太在乎一个人的外观，不过此人确实看上去有些吓人。绿灯亮了起来。人潮向着车站，

---

[1] 北斗晶是日本原女子职业摔跤手，后经营演艺公司。——译注

向着她所在的方向涌去。我站在那里原地没动，就在这时，目光和她交汇了。在交叉路口二人隔街对视，这感觉就像一只青蛙被蛇瞄住。

真是可悲！我意识到这一点转过身去，狂奔着逃离了。真是没出息，够混蛋的！我全力奔逃，试图消失在夜幕降临的城市里。

"像是有不良案底的可怕娘们……"

"万没想到透过玛丽的话题和她聊了起来……"

这种念头如碎片一般闪现在我缺氧的大脑里。这时想起了电话俱乐部服务手册上那句"对女方要温柔得体"，心里越发不是滋味。

2. 城市传说与传闻

电话俱乐部这件事过去没多久，我见到了中泽健介。他小我一岁，是拍故事片时的摄影助手。我们是无话不谈的朋友，赶上两人都休息的日子经常凑在一起扯一些无聊的话题。这时我开始留意起玛丽的故事，于是就跟他聊起了这个话题。

"听说过玛丽吗？"

"当然听说过。她还上过电影，很有名呢。"

中泽一点不觉新奇地答道。他所说的电影，是1995年公映的林海象导演的作品《通往遥远过去的阶梯》。片中，永濑正敏扮演私人侦探滨城麦克，有一个场面中出现了一个以玛丽为原型的老太婆。

（73）大冈川沿河路，夜。

一群妓女站在那里在拉客。

一个年过80，满脸涂白的妓女——滨城玛丽也在其中。

遮着脸的麦克走了过来。

麦克："玛丽！"

玛丽："呀，是麦克！你终于对我有意了？你正对我的胃口，我会让你舒舒服服的。"

玛丽飞去媚眼，拉住麦克的胳膊。

麦克："搞错了你！玛丽。听说这个地面上没有你不知道的事？"

玛丽："那当然喽。在这地面上混了50年，什么我没见过？"

——《私人侦探滨城麦克》

第二部《通往遥远过去的阶梯》

片中饰演码头玛丽的是坂本寿美子。她是一位资深女演员。作为歌手，她的《黄昏的御堂筋》《天将晓》等歌曲也广为人知。后来我才知道，真实的玛丽从没有在大冈川附近和洋妓一起站街拉客，在横滨站街50年的说法也不准确。当然作品纯属虚构，片中如此描述并无不当。

我瞟着中泽继续试探道："你不觉得玛丽的故事很有趣吗？也许可以拍个电影。"

"……"

"我说的不是剧情片。对了，可能更适合拍成纪录片。"

惊愕了片刻，中泽盯着我滔滔不绝地侃了起来。

"这太有意思了！可以考虑在片中采访永濑正敏。还可以把横滨日剧也拍进来，镜头可以从影院入口运动至影院，里面正在上映《通往遥远过去的阶梯》。再安排导演林海象也坐在观众席上如何？"

除了蹦出这许多点子，中泽还毫不怀疑这个选题有魅力。

朋友的赞同越发让我有了底气。可是刚刚迸发出来的希望火花瞬间就熄灭了。那天晚上，中泽来了个电话。

"刚从我妈那里听说，玛丽已经不在此地了。"

"好像有这么一说……"

"而且好像已经有了相关题材的纪录片。"

挂断电话，我一下子倒在床上。看来又得回到苦不堪言的副导演生活中去了。不停地努力，也许熬上十年或二十年能做一回导演。但那也不过是拼上全力拍一些现在所参与的两小时电视剧而已，一直梦想导演一部能够在影院上映的电影——这个梦想终将与我无缘！难道这就是我所追求的电影世界吗？我觉得不应该是这样子啊。如果自己不动起来，改变命运就无从说起。我认识到这部有关玛丽的作品会是我摆脱现状的突破口。静得出奇的屋子里，钟表秒针滴答作响。我紧紧地咬住下唇。

又过了两个月左右，我开始频繁往来于布满圣诞灯饰、尽显岁末繁华的伊势佐木商店街，这一回我既非为了看电影，也非去泡电话俱乐部，而是去多方打听玛丽的故事。我由此开始了与玛丽电影相关题材的调研，但没有得到任何资料。其实，如果已经有了相关电影的话，我所做的一切都将是徒劳。但我还是锲而不舍。因为我想知道我为什么被玛丽打动了。虽然动了起来，但我也没做什么大不了的事情。

我只是游荡在伊势佐木商店街里，逢人便问："听说过玛丽吗？"

"玛丽吗？她可是个了不起的人。"

"来横滨之前她曾在横须贺。"

"好像现在还坚持站街呢。我亲眼看她进了情人旅馆。"

"听说她还上过美国《生活周刊》的封面呢。"

"已经不在了。几年前就被救护车拉走了。"

玛丽果然很有知名度。既非艺人，亦非名士，但却是这个地面上无人不晓的人物。听说从前还上过报，我赶快顺着这个线索查了起来。

就在那次电话俱乐部事件发生地日之出町站前，顺着旁边的坡道往上走，在野毛山半山腰上坐落着横滨市藏书最多的中央图书馆。图书馆三层有一个横滨历史资料专柜，那里收藏着各个时期的报纸合订本。根据我在伊势佐木町听来的线索，1995年至1996年似乎疑点较多。于是我便以那段时间为重点，筛查当地报纸《神奈川新闻》及《读卖新闻》《朝日新闻》的全国版。就算是登过玛丽的报道，应该也不会有太大篇幅介绍一个涂白粉的老太婆。为了不漏掉线索，一版一版地筛查每一张报纸，用去的时间超出想象。按着1月、2月、3月的装订顺序一路筛查下来，不敢遗漏。

这是一件需要耐心的活儿，绝非一天工夫就能见分晓。连着几个月，工作之余我就往图书馆跑。眼看着图书馆的窗外已经是樱花烂漫的时节。这时距"电话俱乐部事件"已经过去整整半年了。原本我就从没做过此类调查，对于查阅也不得要领，花上一些时间也是理所当然的事情。正在担心这些信息是否是乌龙的时候，终于发现了与玛丽相关的报道。

> 白衣裙、涂白粉的脸、脚上也是一色的白。这部写真集收录的是经常在横滨关内附近会遇到的一位神秘女性，人称玛丽。作者是活跃在横滨市区的摄影家，迄今为止总是将镜头聚焦于新港码头的红砖房仓库、东横线高岛町至樱木町间的电车铁桥，作品以市内景观和建筑为拍摄对象，号称"森眼看滨城"系列。这部写真集中的玛丽，也是作为一道横滨的风景线收入镜头的。

> ——《神奈川新闻》1995 年 9 月 10 日，
> 引自《魅影：滨城玛丽》[1]

粗糙地印在报纸上的玛丽的特写照片令我感到震撼。我从未如此接近，只是远远地瞟过一眼，玛丽的印象迄今只不过是一堆"白色的物体"。第一次近观玛丽的脸，她那似笑非笑的表情还是令我感受到一股"妖氛"。我赶紧将这篇报道复印了一份，奔向图书馆的检索机。

一搜《魅影：滨城玛丽》一下子豁然开朗。简直就是灯下黑，这本写真集一直就在这几个月来必经的图书馆横滨资料角摆放着。这部私家版写真集，拿在手里沉甸甸的。我开始一页一页仔细翻阅。我找到了那张登在报上的特写照片。此外，侧脸凛

---

[1] 原书名：PASS ハマのメリーさん。——译注

玛丽[1]特写（森日出夫摄）

然有气质的玛丽、抱着行李走在街上的玛丽、垂头坐在长椅上的玛丽……各种姿态的玛丽生动地定格在照片上，每幅都和我印象中的"白色物体"对不上号，而是一个走向衰老的女人的形象。

"太棒了……"除了这句话我什么也说不出来。立马我就感觉找到了目标。好像几个月来奔波于图书馆的郁闷一下子得到了释放，接下来的报道检索更加起劲了。通览了1995年的全部报道，我又开始在1996年的报纸里搜寻，又有一些相关报道被我发现。

在横滨市区中心见不到玛丽。记者询问了曾经帮助过她的香颂歌手。去年岁末，玛丽摔倒，被救护车送到医院。然而几天后她从病房出走。最后见到她栖身于横滨市中区富町杂居楼的走廊里。她为人按动电梯按钮索取小费。由于视力衰退，她化妆就如同歌舞伎勾花脸一般……不久前，五大路子在东京上演了以玛丽为原型的独角戏，演绎了一部与日本繁华无缘，只

[1] 人们称她"玛丽"，但在横滨的不同街区或世代间，她还有其他称呼。

身承载着"战后",直面人生真实的女性个人史。

——《神奈川新闻》1996 年 4 月 18 日

她的名字叫滨城玛丽。据说她在战后离开故乡,漂到东京、横须贺,在横滨的伊势佐木町专拉美国大兵做皮肉生意。战后过去 50 年,她仍然拖着黑暗时代的影子,夜里游荡在街头……现在已经有半年多在街上看不到玛丽了。"去年被救护车拉走了","死在了医院里"。横滨的各色酒肆到处流传着这样的说法。我们应该把采访得到的消息告诉读者。去年年底,她已经回到物产丰饶的故乡,她的弟弟、弟媳妇在好心地照顾着她。罹患多年的白内障也已经手术治愈。睡眠比较多,除了耳朵有些背,身体还算健康。她的弟媳妇告诉记者:"她不会再回到横滨。"

——《读卖新闻》1996 年 5 月 26 日

玛丽已经回到家乡,和弟弟、弟媳妇生活在一起。了解到这一情况,我多少受到些冲击。因为我当时并没有放弃将玛丽的故事拍成电影的想法。一个已经宣布洗手不干的老娼妇,怎好让采访打破她平静的余生?难道就此打住?我垂下了头,但无论如何不想就此罢休。可是苦于无策,眼看时间白白随落花流水而去。但玛丽片刻都没有离开我的头脑。

1998 年 8 月,烈日灼身的盛夏里的某一天。这一天距离我开始系统了解玛丽的现状过去了差不多半年。我用上衣的袖子擦了一把冒出的汗水,走在通往中央图书馆的坡道上。此刻我决定重新启动有关玛丽的调查。其实我还是没找到什么好的想法,也

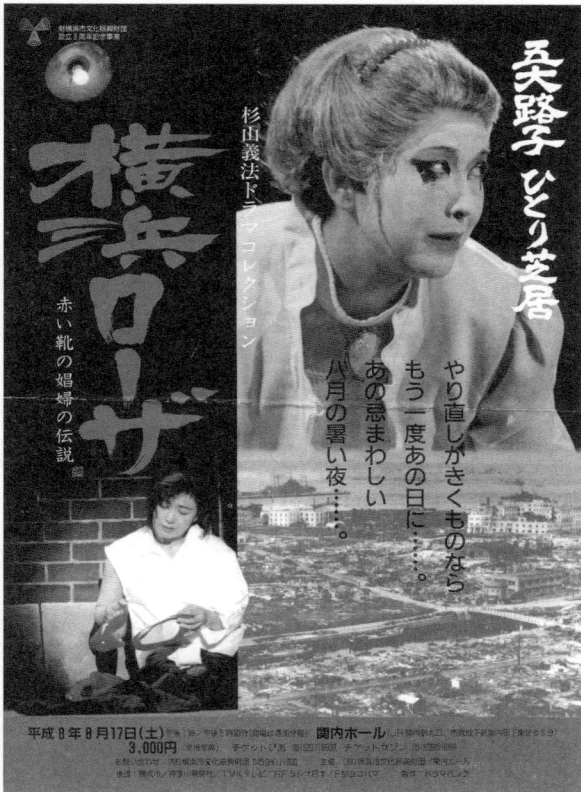

《横滨罗莎》在关内礼堂首演时的传单（横滨梦座提供）

没有什么理由，只是对玛丽旺盛的兴趣推动我迈开双腿。

不久前，五大路子在东京上演了以玛丽为原型的独角戏。1996 年 4 月 18 日《神奈川新闻》介绍的这出戏，全称叫《横滨罗莎——红鞋子娼妓的传说》（简称《横滨罗莎》）。当年的 4 月 12 日在东京日本桥三越剧场首演之后，还在横滨马车道的横滨市市民文化会馆关内礼堂、岐阜县大垣市、东京的六本木俳优座剧场上演过。

五大路子是新国剧剧团的女演员，在日本放送协会早间电视连续小说[1]《最亮的一颗星》中以女主角身份出道。近年来，她将活动舞台移至自己出生、成长的城市横滨，由于《横滨罗莎》的上演得到好评，她获得了横滨文化奖的文化·艺术奖励奖。

《横滨罗莎》剧情梗概：横滨某杂居楼七层电梯厅。走廊的一角不知何时起一个老妇栖居于此。这个专与洋人做皮

---

[1] 日本放送协会早间电视连续小说的播送始于 1961 年。中国观众熟知的《阿信》就来自这个节目。——译注

肉生意的娼妓，人们都叫她横滨罗莎。如今已经年过八十，还每天坚持站街。情绪好的时候她会在黄昏时分出现在马车道或米利坚码头，尽管她化了厚厚的妆，一个腿脚已不灵光的老娼妓却无人问津……她陷入渐渐老去的孤独与死亡的恐怖。不眠之夜，她恶作剧般地叫来救护车打发孤独。她一个人喋喋不休地无问自答，展示了她充满泪水的、屈辱的一言难尽的人生，是日本战后史的缩影……

——摘自《横滨罗莎》演出宣传单

这出戏不是以猎奇或城市传说的视角演绎玛丽，而是从镂刻战后个人史的角度切入。我查了一下《横滨罗莎》的上演安排，原来转年还有公演计划。

另外，中岛罗门创作的玛丽题材小说《白色玛丽》，是一部由女子高中生之间的传闻与城市传说交织而成的恐怖小说。围绕着谁都没有见过的"白色玛丽"，各种传言不断制造波澜，处在思春期的女孩子们不稳定的情感交织在其中，构成了这篇小说的主要框架。作品中主人公垂水是一位自由作家，在追踪扩散于坊间的流言蜚语和添枝加叶者编造的传闻的过程中，探究民俗学与传闻的相关性。

从发生到传播的过程中建立系统加以整理，是民俗学者们的需要。自柳田国男以来，民俗学建立在对老故事、民间故事、怪谈、传说、神话的采集基础之上的考察研究。进入现代社会以后，传闻也加入其中并占有重要位置。考察城市民俗、传闻是民俗学不可或缺的数据要素。

借主人公之口，还说到"传闻当中，必定蛰伏着时代的潜在欲求和恐惧"，并举出如下事例。

20世纪初，对于传闻的研究重点不在广告和民俗学，主要集中在法律心理学领域。譬如在美国就进行过这样的实验：准备好一幅画，内容为在地铁中一个手持剃刀的白人与黑人吵架。将这幅画拿给受测者看，并让他将所见内容口头讲给下一个人。几个回合下来，最后内容被描述为"手持剃刀的黑人在威胁白人"。由此我们知道，内容描述的反转，体现了时代孕育的深层意识所具有的重要影响力。

——《白色玛丽》

对于传闻，我只有真假交织的负面印象。其实了解了有关玛丽的传闻后，我心情也有几分沉重。为什么玛丽会成为一种城市传说、市井传闻的对象？恰恰这一点引起了我的兴趣，让我感到这中间存在某种有待挖掘的潜在东西。

城市具有在空间上深不可测的暗部与不易察觉的间隙。按照民俗学的说法，人们认为这样的空间具有灵性，神圣而不可侵入。即存在一种域界。一旦在城市中发现了这样的域界，以此为中心就会产生城市传说。

——宫田登《城市研究方法·中世城市研究（6）》

如果将玛丽活动的区域看作某种域界，由此产生的传说与传闻也就顺理成章了。后来，我输入"玛丽""横滨""城市传

说"等关键词检索，找到了一篇透露出玛丽个人生活细节的纪实
报道。那是她住在情人旅馆的情形。

> 玛丽酷爱白兰地。就着芝士，伴随着大音量的音乐，她
> 可以放松片刻。这个时候，她看上去像个慈祥的老奶奶。回
> 忆起从前，她拉开话匣子：洋人很绅士啦，总是女士优先，
> 待人温文尔雅。玛丽年轻的时候好打扮，十年前一直穿着
> 10厘米高的高跟鞋，可后来换成了跟高6厘米的鞋。最近
> 鞋跟越磨越秃，只剩下3厘米。鞋跟裂了皮，木质露出来也
> 整年穿着，直到磨得就剩下1厘米左右高的时候，才肯换双
> 新鞋……傍晚时分，她会说该去店里了，然后拎着一个大纸
> 袋出工。纸袋看上去很重，便出手帮她拎到大门口，她会用
> 流利的英语表示感谢。想象不出她会如何接客。反正每次收
> 工回来都很吓人，从她浴室下水道里流出的洗澡水都是白花
> 花的。还有她那染成茶色的头发整个糊在一起，用水根本洗
> 不开，得用热水浇，再喷上强力化油剂，用刷子使劲搓才能
> 洗掉。而且用热水也得浇几遍才行，头两遍浇过之后水都是
> 油汪汪的。
>
> ——《情人旅馆秘话》

作者花井和子1975年起在横滨黄金町开始经营情人旅馆，这
本书记叙了她20多年的经营体验以及她所见到的男女珍闻异事。
诸如"玛丽已经84岁"等，书中所记很多无法确定真伪，但毫无
疑问她的确接触过玛丽。我想向她直接了解情况，便联系了出版
社打听她的住所，但得到的回答是，她和玛丽一样，已经离开了

这座城市。很可惜，通往城市间隙、域界的线索就这样断掉了。

3. 倾听城市的声音

伊势佐木町商业街两旁的树木已经秋叶红透。搜集玛丽的资料一晃已经过去了一年。这些工作我都是用业余时间和公休日进行的，故而实际工作时间并没有那么多，但毕竟跨度达到了一年。就这样胸臆间充满着感慨，我挟着一本写真集《魅影：滨城玛丽》走行在街头。我按图索骥般照着写真集的照片核对拍摄地点：马车道艺术大厦前的长椅、从前设有关所的吉田桥附近十字路口。从那里进入伊势佐木町依次有森永爱汉堡包店、松坂屋百货店、玛丽栖身的"GM"大楼等。这不是为了考察城市传说中的玛丽，而是为了核实她实实在在留下的生活与活动轨迹。在此过程中，不经意在一家商店里一位老太太告诉我一个非常有价值的线索：那家店的老板娘和玛丽很要好的。

专营化妆品的柳屋，与松坂屋百货店比邻，是创业于1871年的老字号。老板娘叫福长美惠子。我没有直接破门造访，而是在几天之后给她寄了一封信。我希望步步为营地行事。在信中我讲明了意图："我正在做一个有关玛丽的调查"，"为什么你对玛丽有兴趣"，"我想采访到认识玛丽的人"。

信投进邮筒好几天了。我一直有上门联系的冲动，但迟迟未付诸行动。一个不认识的人写信来要了解玛丽，这样的人一定很奇怪，就算换作我自己也会觉得来者很不靠谱。我并不想遮遮掩

横滨松坂屋[1]（森日出夫摄影）

掩，必须要见上一面才有下文。可万一电话那边婉拒了怎么办？
就在纠结之中，电话响了起来。

"这个……我是柳屋的福长。你的信我收到了。"

这个电话来得实在太是时候了！我激动得一下子脑海一片空白。

"啊，对对，我是中村。信是我寄给您的。"

"啊哈，光看了你的信我还是不明白，你想了解什么？"

"我对玛丽很感兴趣。她已经离开横滨了吧？"

"对，已经不在了。"

"我想拍一部和玛丽有关的电影。"

其实这会儿还啥计划都没有呢，情急之下憋出这么一句来，
一下子说出了我不肯断念的真实想法。

"能不能和您见面谈一谈？"

柳屋完全不像个老字号的样子，店内格局看上去就是家现代

---

[1] 据说横滨松坂屋的常客玛丽也有其属意的店员。

风格的药妆店。也许这一行要求敏感地跟进化妆品及美容用品的流行，所以店内的装潢设计也必须与时俱进。

"欢迎光临！"一个化着浓妆的女导购将我带到店铺最里头。在一个演示销售化妆品的桌子前，一位上了些年纪的女士等候在那里。身着和服的她恰如其分地表明了她的老板娘的身份。

福长惠美子生于 1924 年，一起生活多年的老伴幸四郎去年 5 月去世后，福长以老板娘的身份，接过了这个从明治年间起经营至今的药妆店。

"还是换个地方聊吧。"我们寒暄两句之后，她带我出了药妆店，来到隔壁的一家咖啡馆。

"这不，儿媳妇进了店嘛。我在店里，老主顾们都过来'老板娘老板娘'地叫我。可儿媳妇就不高兴了。"她叹着气，从婆

福长惠美子与丈夫幸四郎在化妆品店柳屋

媳间的那点事聊了起来，一发而不可收。无奈我只好当起听众听她喋喋不休，好歹她终于收住话，问我："对了，今天找我有何贵干来着？"终于切入正题，成败在此一搏。

"咱这地面上不是有过一位玛丽吗？"

"玛丽？你是说西冈啊。"

看来玛丽自称西冈。在接下来的采访中，得知玛丽对人自称西冈雪子。当然，这肯定不是她的真名。

"我对她感兴趣，正在多方收集她的线索。"

据福长介绍，她与玛丽初识于昭和三十年代后期[1]。当时玛丽为了染金发，来店里购买染发剂。

"后来又来买过眼线笔什么的。她喜欢洋货，还用过露华浓的润肤露。"

和玛丽热络起来，始自 1969 年（昭和四十四年）1 月。一天上午，福长从店里打开卷帘门，发现从老家赶回来的玛丽正站在门口。

"看上去她是想来向我拜年。她对我说'我回来了'。我就问了她一句'这是打哪儿回来的呀'，她回答我'打西边'。"

"你俩就是从那时候开始说话的？"

"以前她过来就是买点东西，像这回笑眯眯地用好听的嗓音主动说话还是头一遭。"

每周一次，她肯定会来店里买点什么。她只买东西，从不多说什么，也从不搭理其他店员，径直就朝福长那里走去。

"如果她买染发剂就只有一句'来瓶染发剂'，买完再跟上

[1] 20 世纪 60 年代前半期。——译注

一句'谢谢老板娘'，就完了。其他店员如果过来问她要点什么，她就会很生气地提高嗓门吼道，'不是说了要染发剂嘛'！所以她很容易冒火呢。"

在福长的好心建议下，玛丽开始选用歌舞伎演员涂脸的白粉。原本她习惯用洋货粉底霜把脸涂白，福长见她总是居无定所，抱着大件小件行李漂泊于街头，就建议她试试这种白粉。

"因为她本人希望把妆化成一片白，我就替她推荐了资生堂的白粉。天天用每月一盒也足够了。"

"您没试过推荐别的牌子？"

"她已经习惯这种一片白的风格。她一直栖身于森永爱大厦，所以这款不含油的适合她。洗脸的时候一遍就洗干净了，我觉得正适合她。玛丽从没主动说过想要这款，是我推荐给她的。真是不好意思。"福长现在还清楚地记得一次在松坂屋撞上玛丽的一幕。

"那次我看见她正往扶梯方向走。见她拎着个大包孤零零地一个人走，我就冲她说了一句'要不要一起喝杯茶'，结果她那眼色一下子就变了。你都想象不到那个样子。她在用眼色撵我'一边去！一边去'。我一下子懵住了，每次买完东西都说句'谢谢老板娘'才离开的她，今天怎么变得像另一个人似的？我觉得自己颜面扫地，羞愤不已。回到家里跟老公说：'玛丽真怪，我今天看她孤单好心约她喝茶，可她……'结果老公打住我说：'这就是你不对了。你想想，如果你跟玛丽坐在一起，年龄又相仿，别人还不以为你和她是做一样生意的？人家玛丽这是为你好。'夸自己的老公或许不合适，可他还真是个有心人呢。"福长说的是玛丽的事，却带出了一段她本人和已经过世的丈夫之间令人感动的佳话。这样我弄清了玛丽使用化妆品的来龙去脉。问到福长一些其他关于玛丽的未解之谜，她都马上答复了我。

"她问我：'老板娘，哪家美容店好？'好像此前玛丽一直去高岛屋横滨店的美容店。我就对她说近处就有，然后向她推荐了露娜美容店。"

"为什么想到介绍那家呢？"

"我本人常去玛萝榭，不过我觉得就近这家就不错。"

从福长那里出来，我就去找露娜美容店。从柳屋拐进胡同走几十秒钟，就看见一座二层贴着红砖的小楼。

"欢迎光临！"

迎上来的是美容店女主人汤田辰。

我想上来就说采访和玛丽有关的事太唐突，于是就装作理发的客人。

"你好！我想剪个头发。"

"咱家得事先预约。"

出师不顺，这天只好作罢，打道回府。过了大约十天，我预约好再次登门。进店四顾，店内的椅子、镜子、各种工具都是统一的洛可可风格。我脑海里浮现出玛丽来店时的画面。

汤田引我坐上了理发椅。

她朝我头发上喷了点水。然后便咔嚓咔嚓地有节奏地剪了起来。不一会，乱蓬蓬的头发渐次呈现出我想要的平头的轮廓。我正要寻机开口，汤田先和我聊了起来。

"你是怎么找到咱家的？"

这是理发店和客人聊天的套路。没错，我正等着她这句话呢。

"路口不是有家柳屋药妆店吗？老板娘介绍我来的。"

"她来过咱家？"

福长确实没来过露娜。她介绍玛丽来这家店，而她本人则是去另一家店。虽然近在咫尺，汤田和福长却不认识。

"不是有一个玛丽常来嘛。"

"……"

"柳屋的老板娘告诉我玛丽是您的主顾。"我透过镜子观察着她的表情。

"是啊，从前她确实常来。"

"听说是柳屋的老板娘向她推荐的贵店。"

"……"

"这是我听到的说法。"

"哦，是吗。"

看上去汤田对此话题兴趣不大。难道她不愿提及玛丽？我向她做了简单的自我介绍，还对她说了我收集玛丽材料的经过。就这样，一直到剪完头发，我尽量多地向她发问。

"她离开此地有几年了吧。"

"……"

"她最后来店是什么时候？"

"她不再来店大概有七八年了吧。"

八年前的话，应该是 1990 年左右。玛丽离开横滨是 1995 年。如此说来，这中间有五年空白期。

"她是换了家别的美容店吗？"

"这应该不会吧"，汤田低声嘟囔了一句，再就不说话了。也许无意中问到了什么难言之处。我没有再追问下去。那一天我们就谈了这些。

过了几天，我按约定时间再次来到店里向她了解玛丽的故事。店门口挂出了店休日的木牌。露娜每周歇一天。

汤田辰生于1947年。21岁那年她来到东京，在银座山野爱子美容室入行。八年后，也就是1976年，她在横滨伊势佐木町开始经营露娜美容店，两年后，玛丽开始光顾此店。汤田生长在鹿儿岛县川内市，据她讲，她对玛丽的存在一无所知。

"第一次见到玛丽，看她满头金发，脸上还涂了白粉，我寻思也许这是要登台演出呢。于是我搭讪了一句：'您这是有什么活动吧？'结果她的反应看上去有些不快。"

"她多久来一次店里呢？"

"一般一个礼拜一次吧。"

"对理发她有什么具体要求吗？"

"基本上不提什么个性要求，就是要我给她把头发向里卷卷。"

她一般不剪发，而是要汤田给她梳整头发。为了保持金发外观，她频繁使用染发剂，导致发质下降，头发掉得很厉害。通常不怎么多话的玛丽，一进美容室里便喋喋不休。

"她喜欢聊些天皇陛下的话题，也聊皇后陛下。她说过，她很想去皇居参加公众拜贺，还问过我怎样才能进到皇居里面。"

"还有什么故事？"

"迪士尼乐园建成的时候，她问我：'灰姑娘城堡里真有辛德瑞拉公主吗？'我跟她说，都是编的童话，东京迪士尼怎么会有呢。后来她还真自己去了，回来还送了我小礼物。瞧，那个米老鼠托盘就是她送的。"

真没想到，在东京迪士尼乐园，辛德瑞拉和玛丽两个人对戏居然某一刻成为现实。

可是玛丽与汤田的关系很快就告结束。事情起因于 1987 年发生的艾滋病风波。当时，厚生省发布了日本感染病毒患者的数字：包括在日本的外国人在内，共有 986 人。转年 1988 年，艾滋病监控委员会宣布发现一名性工作者感染了艾滋病病毒，而且只提到这位性工作者"是在关东地区活动的女性，做过色情服务"，并没有公开这个人的名字、年龄、具体地区和在哪家店里服务。这样一个有限的信息，造成了一种毫无根据的偏见：性工作者就等于艾滋病患者。于是，以娼妓为业的玛丽，因为卫生安全的理由成为众矢之的。

"结果，因为艾滋病炒得沸沸扬扬，一些主顾便有议论，说什么'要是玛丽来，我就再也不来了'。尽管我认为这事跟玛丽没什么关系，可普通人还是接受不了，所以我也只好跟玛丽明说了。"

"您要求她不要再来店里了？"

"也只好明说了。"

"玛丽听了怎么个反应？"

"当然很不情愿，问了一句：'是这样？无论如何都不行了呗？'"

事情发生在 1990 年。在 1995 年玛丽告别横滨之前这五年的空白期中，因为不容分辩的歧视，玛丽失去了她经常光顾的美容店。这个时代和这个城市的居民断了玛丽理发的路。

"后来在街上还见过玛丽吗？"

"见过几回，头发看上去没有梳整过。"

"当时您没向她打个招呼？"

"没有。看她那样子也不想和我打招呼。"

柳屋，还有露娜美容店。那些和玛丽有关联，平等地和玛丽打过交道的人们。从他们的话里，我窥见另一个玛丽，不同于风言和传闻，书报中没有提到过的玛丽。

4. 真实与事实之间

"有家洗衣店玛丽常去。"

在伊势佐木町随访调查过程中，一位那家洗衣店常客的中年女子告诉我。我向她问到地址后马上赶到那家洗衣店。

这家洗衣店叫白新舍，开在福富町，与伊势佐木町隔一条街。白色洋楼一样的外观格外醒目。找到玛丽常去的地方，就会了解到她的嗜好。不仅从她的容姿、打扮就可了解几分，她常出入的店面也都是些风格现代，很有格调的建筑。进得店内，一个三十七八岁的女店员正在柜台接活。我通过随访了解到，店里老板娘和玛丽年岁相仿，两个人关系较为融洽。

"劳驾请问，玛丽从前经常光顾贵店吧？"

店员用诧异的眼光打量着我："你要洗什么？你问的那些我不知道。"

"店里有谁清楚这些吗？听说你们老板娘比较了解情况？"

"她已经不来店里了。"

店员似乎对我很有些疑心。不过这也正常，一个年轻的不速之客也不是记者什么的进店就问起玛丽，总是令人生疑。可我不肯就此罢休，继续缠住她问。

"怎么才能联系上她呢？"

"这不可能。她已经上了年纪，不来店里了。"

店员扭过头去，开始整理起手中的票据。我只好道了句"打扰"，离开了洗衣店。在此之前一切都太顺了。露娜美容店就有主顾讨厌玛丽。人们并非都对玛丽抱有善意。我真切地感到，围绕着玛丽的情况十分复杂，充满难度。这现在成了我无法绕开的问题。本来我是从对玛丽的兴趣入手开始调查的。

"她到底是个什么人？"

这是我开始调查的动机。听了福长和汤田的讲述，我的兴趣关注点发生了变化。那些和一脸白粉、像老妖精一样的娼妓打交道的人们，他们的感情和心思到底是怎样的？也就是说，我的兴趣点从玛丽个人转向她身边和她有各种关联的人身上了。

我一提起想拍电影的事，他们都会异口同声地说，"现在晚了，玛丽已经不在此地了。"的确如此，如果玛丽在，我的兴趣会聚焦在她一人。但是我对她的故事产生兴趣的时候，她本人已经不在此地了。那好吧，我只能正视这个出发点。可我费尽心思调查，如何是好还是没有答案。我简直就像钻进了一条死胡同。

1998 年底，从报纸的电视节目介绍栏中我看到了五大路子的独角戏《横滨罗莎》。神奈川电视台将播送该剧全本实况录播。真是不期而遇的好消息。我不必等到来年的下一轮公演了。在电视节目开始之前 5 分钟，我便坐在电视机前摆好了架势。伴随着淡谷典子演唱的"昨夜的男人"优美的旋律，大约 1 小时 40 分钟的独角戏开场了。

故事讲的是一位叫作罗莎的女性的一生，她在战争结束后不久遭到美军强暴，后来便做了专为外国人提供性服务的妓女——"伴伴女郎"。罗莎的生意别有风格：身着白衣裙，扮成皇后的样子在街头招客。从二战结束到朝鲜战争爆发、再到越南战争、东京奥运会、直到昭和天皇驾崩……五大路子独角戏演绎的"伴伴女郎"罗莎的半生与昭和时代交织展开。舞台上的表演很有激情，可我却有一种莫名的违和感。这难道就是玛丽的故事？剧中女主角在遭到美军强暴后当了"伴伴女郎"。还有什么罗莎有个相好的美国大兵叫麦克，后来死了在朝鲜战场上。据我调查玛丽身上并没有这样的故事。扮演罗莎的五大路子这样讲述了这部独角戏的构思。

我生长于横滨这座城市。在我眼前一个女人像一阵风一样刮过。这就是横滨人应该都见过的传说中的玛丽。在那瞬间，我被玛丽吸引住了。对我来说这场强烈的遭遇仿佛向我抛来一个追问："现在，为什么？"我的想法和杉山义法先生（《横滨罗莎》的编剧与导演）一说，他就决定写一个《横滨罗莎》的本子。

——《横滨罗莎》剧情单

我在街头随访时许多人也谈到他们误以为《横滨罗莎》写的就是玛丽的半生。《横滨罗莎》作为一部戏确实很成功，但戏中主人翁和真实的玛丽毕竟出入太大，而且本来描写玛丽的真实人生就近乎不可能。如果本人接受访谈也许又是一种情形，可如今这已经不可能了。应该怎样讲玛丽的故事？《横滨罗莎》带给我的违和感，使我内心产生了这样的问题。迄今为止的采访过程中我已经朦朦胧胧地意识到什么，但还仅仅停留于若干散点，尚未连成一线。接下来怎么办？我还没有成型的答案，但我要拍一部讲玛丽故事的电影！这个想法已经很清楚了。这个念头始于灵光一闪，如今已经变成了强烈的愿望，想起来我自己都感到惊异。没有谁推着我的后背催着我做，可情感已经不允许我打退堂鼓。就在这时，重读一遍《魅影：滨城玛丽》中收录的作家五木宽之与森日出夫的对话，让我抓住了救命稻草。

  我年轻那会儿头一次看见她的时候，人家告诉我她是个娼妇，我也就觉得这个娼妇岁数够大的，并没有更多惊奇。人家一说我就有了这么个印象，仅此而已。现在诸位对她的印象似乎都是某种奇异的感觉，其实真正原因是，作为一个余韵犹存的女性还保持着所谓"现役"的色香。

住在横滨的五木宽之曾经见到过年轻时的玛丽。据说那时有关玛丽的各种轶闻已经积淀成故事了。这里所说的故事，指的是各自的记忆和听到的传闻，五木宽之分别使用事实和真实这两个词，对此意义进行了定义。

  从前纪录片这个词，在 20 世纪 50 年代到 60 年代那会儿一度成为热议的话题……当时大家不厌其烦地讨论要把真实与事实分开来考虑，也就是说事实未必等于真实。所谓事实是须有物证证明的实际发生的事情。而真实是指非普遍性的、私密的或个人的主观感受……我认为真实比事实更为重要。假设围绕玛丽的事实确实存在，而那些新新闻学派的写手之类认真地采访从前的各色人等，收集各方证词汇总成篇，即便那是作为事实的玛丽，但也难以称之为真实的玛丽。我是这么认为的。所以真实的玛丽是人们在心目中形成印象的、由各种故事与传说构成的、其中不乏误传或夹杂个人愿望的因素进入人们视野或者刻入人们头脑中的玛丽。我觉得这才是真正重要之处……横滨这座城市也有着像玛丽那样人，与所谓遵守公序良俗的市民相比是另类的存在，也有犯下罪行的人。这座城市对这些另类的存在绝非如洁癖般赶尽杀绝。它具有宽容之心，不太容易发生机械的、古老的、免疫亢奋的排异反应。

在玛丽那里事实和真实分别是什么？《横滨罗莎》揭示了相对于编者而言的真实，但在观众那里却有将其误认为"玛丽的战后史"的事实的成分。那么对我而言玛丽的真实是什么？摄影集的最后印有出版方天野图片工作室的电话号码。按着这个线索联系的话，也许会见到《魅影：滨城玛丽》的拍摄者森日出夫。我想当面向他请教，也许从他那里会找到什么突破口。我产生了这样一种强烈的冲动。可就这么寻思着，一晃就过了年。我总是迈不出这一步。因为如果吃了闭门羹，这条线索就彻底断掉了。我得慎之又慎地采取行动。可就这么僵着局面总是无法打开。1999年1月，过年的喧闹劲儿一过，我终于下定决心，拨通了天野图片工作室的电话。

"喂，你好！我想买一本拍摄玛丽的图片集，就是那本《魅影：滨城玛丽》呀。"

我听说从前就有一位喜欢玛丽的大妈去天野图片工作室购买过这本摄影集，因此我打电话求购想必不会令对方感到唐突。

"我们这里有售。"

"那我什么时候过去买方便？"

"您什么时候来都成，先生在的时候……"

"是说森日出夫先生？"

"是啊，先生来工作室的时候您过来买岂不更好？"

这正是一个求之不得的好机会！

5. 拍摄玛丽的人

天野图片工作室就在横滨关内地区神奈川县政府办公楼街区里。我明白了电话里问怎么走时对方回答我"到了跟前，你一眼就会认出来"的意思了。这座利用从前码头仓库改造的工作室，为绿树和爬山虎所掩映，在一片混凝土建筑群中有如一座"遗址"。

我按照说好的时间来到工作室，一层房间里空无一人。沿着楼梯上了二楼，见到了工作室里的年轻员工。

说明了来意之后，我被引导至靠窗的、一张洒满阳光的桌子前坐下。当端上来的咖啡热气消失的时候，一位身材短小紧凑，留着一副胡须的男士出现了。与玛丽正相反，他身着黑色衣裤，面孔看上去感觉很是柔和。"我姓森。"他面带笑容向我迎来。

森日出夫，据说他家住在横滨车站附近，西区浅间町水果市场有一家森青果店就是他家的。他出生于1947年，共有九个兄弟，他排行老八。高中毕业后，他在姐夫经营的这间工作室帮工，由此干起摄影这一行。他以"新港码头""樱木町大桥下"为题发表了个人作品后，在此地已经颇有名气。提到横滨的摄影家，一定绕不开他的名字。

我决定开门见山地谈对图片集《魅影：滨城玛丽》的想法。也许这样做有些唐突。但只有如此才能找到对话由头。

"还在上学的时候我就在街头经常看到玛丽，最近几年对她产生了兴趣。我通过各种渠道了解她，在图书馆翻阅到森先生这本摄影集。"

"横滨每家图书馆应该都有。"

森从架子的抽屉中拿来了一本未开封的《魅影：滨城玛丽》。

"不光横滨，地方的图书馆也进了这本图片集。你看这装帧很讲究吧？自费出版的，贷款还没还完呢。"

森苦笑道，限定1 000册都卖完了，但账上还是有没填满的窟窿。

我直截了当地向他问起玛丽离开横滨的情况。

"是什么时候来着？好像是这本摄影集出版之前不久她突然不见了。"

"知道是什么原因吗？"

"听说回到老家去了，详细情况我也不清楚。"

采访到现在，每一个人都异口同声地说不清楚。看来想要得到玛丽目前的消息还要颇费些周折……我调整一下情绪继续问道。

"那您当初怎么就决定拍玛丽了呢？"

"我很早就注意到她的存在。她很早就在这座城市讨生活。我大约在 20 多年前（20 世纪 70 年代后期）第一次拍到她。这本摄影集是从 1993 年开始大约花了一年时间完成的。"

"您得到了她的同意？"

"我经常来'GM'大厦喝上一杯。那会儿她总在那里干电梯引导员的营生。"

那段时间玛丽的皮肉生意比较惨淡，于是她就在电梯旁按按电钮，向酒后的乘客讨点小费过活。

"一天我喝高了点，就在楼道里找个地方坐着。当时玛丽也坐在那里，就在我旁边。于是我和她搭上了话。一直想拍她，我意识到这是一个接近她的好机会。我问她：'我来拍些你的照片，行吗？'"

玛丽答应了森的要求。森便开始利用工作的空档拍摄玛丽。起初他并不知道玛丽在什么地方出没。问了很多熟人和朋友，终于摸清了玛丽的行动轨迹。

"有人跟我说在哪里哪里看到玛丽了，我就赶紧跑过去。就这样逐步掌握了玛丽的行动轨迹。一共用了差不多一年的功夫，一直到拍摄完毕。"

为什么他用了小一年的时间拍摄玛丽？对于森来说玛丽的意义何在？我直截了当地进行了正面追问。

"玛丽是这座城市的一道风景。我一直在拍摄城市景观，玛丽正是构成城市景观的一个部分。每座城市不都有自己的城市象征吗？比方说城中某处有一棵大树，大家都知道这棵树，于是这棵树就成了这座城市的标志。我想玛丽就是一个这样的存在。"

玛丽在横滨[1]（森日出夫摄）

玛丽在"三宫秋祭"庆典[2]（森日出夫摄）

---

[1] 1990年代前叶，玛丽在横滨比流行的偶像更为人所知。

[2] 玛丽喜欢节庆祭典。"三宫秋祭"是"神奈川祭祀50选"中榜上有名的节庆祭典。

横滨玛丽：被遗忘的真实

我曾拿着这本摄影集反复徜徉在街头。在此过程中确认玛丽在城市中留下的痕迹，借用森的表达——也许就是在无意识状态下寻找"消失掉了的城市标志"的过程。

"玛丽的消失已经无可挽回。但我不能就此止步。因为城市的标志不在了，城市也会由此发生变化。我所能做的，就是将它记录下来，留给后世。"

零散的点与点之间，终于有了连成线的端倪。也许我应该再理顺一下语言表达说出来更好，可话在嘴边已经憋不住了，我将我的意图和盘托出了。

"其实我来买您这本摄影集还另有目的。我现在是电视剧的副导演，这一年对玛丽产生了兴趣，工作之余在了解她的情况，想在不久拍一部有关她的电影……"

"电影？拍什么内容的？"

一直到刚才森还很和顺的表情突然变得严肃起来。

"不久前我在电视上看了《横滨罗莎》。当时我就觉得这和玛丽的故事不是一回事。"

"确实跟玛丽不是一回事。"

"可有不少人误以为那就是玛丽的半生，对吧？"

"嗯，不错。"

《横滨罗莎》可以那么演。讲的是战后打拼了一辈子的女人的故事，应该说是一部好戏……可是关于玛丽，我在街头采访到的感觉是，每个人都有各自的印象和认识……我想这样来拍一部电影。"

"你这想法有意思，大家心目中有各自不同的玛丽印象嘛。"

"我已经采访了很多人谈玛丽，如今听了森先生讲的情况，我在脑海中初步构思出了玛丽的拍摄思路。"

"你是说把大家关于玛丽的记忆在电影中串联起来?"

"在她本人已经不在这里的情况下,众人的记忆反过来也可以镌刻出她的立体像嘛。我想记录下那些对玛丽有所牵挂,或者和她到过交道的那些人的记忆。"

森沉默了片刻,开口说道:"留下有关玛丽的记忆很重要。因为这也是横滨这座城市的记忆……我明白了,这本摄影集你可以使用,我还会介绍一些了解玛丽的朋友给你认识。我尽力帮助你做这件事。"

电话俱乐部事件之后过去了一年零三个月。如今我终于盼到了钻出幽暗、漫长的隧道的那一瞬间。一种武士临战般的激动涌遍全身。在森面前,我的身体微微颤抖,我拼命控制自己的激动。同时,一种深不见底的不安向我袭来,我知道我的心脏已经狂跳不止。开弓没有回头箭,我必须坚持做到底了。

我马上把这次和森的对话归纳为这部电影的基本理念。"这是一部主人公玛丽不出现的纪录片。通过访谈那些与玛丽打过交道的人们娓娓道来的,他们与玛丽交往故事勾勒出虽无中心部分(电影主人公),却从外部徐徐浮现出来的人物轮廓。"

我决定半年后,从 1999 年 7 月开始进入实拍,在此之前我要做好拍摄准备,并按照确定的拍摄理念进行事先采访。

中岛罗门在《白色玛丽》中的一节中所提到的"传言中一定潜藏着时代的潜在欲望和恐惧",是在讲述玛丽时无法忽视的一点。但是仅靠街头采访毕竟有其局限,我希望听到更多不同代际讲述的玛丽。经过深思熟虑,我在供免费索取的城市信息双周刊《个人广告》(Pado,1999 年 6 月 24 日,No.553)的留言板上发了一条留言："现在本人正在制作有关横滨玛丽的纪录片。哪位朋友手中如有关于玛丽的线索请提供给我。大船片厂中村 090（9149）19××"。

当时，我的一个朋友在松竹大船片厂当放映员，因为要让他拿《个人广告》专用的手机收集信息，所以自报了"大船电影厂"。据说有四十多人和他联系过，其中有人讲起有关玛丽的回忆便说个不停。

小川（女性）：以前在（横滨站的）高岛屋百货店的卧室用品卖场工作时，经常见她来那里。白天，她就在（卖场）的样品床上睡觉。

齐藤（男性）：玛丽有 80 岁了吧。一两年前去世了。横滨山手地区有人知道她的情况，其实她还有姐妹。

冷水（女性）：20 年前，我在关内中心大楼四楼的皮草行工作时，经常见她来店前的休息室。让我印象深刻的是，有一次从下午到天黑，她一直在看她的银行的存折。她还进到我们店里，看了 30 分钟左右。她那一身香水味太冲了，让人受不了。

杉本（女性）：十年前常在关内、福富町、伊势佐木町见到她高价兜售奥乐蜜 C，卖 200 日元一支。

木村（女性，40 岁左右）：从前，她曾住在横滨王子大饭店或山王台诊所一侧的矶子酒店。她非常喜欢干净，有个儿子。

井上（女性）：经常在福富町的咖啡店见到她和 50 多岁的男人在一起，那男的对她说，"我会照顾你的，别工作了"。出租车司机之间似乎有"玛丽占卜"的说法。

绝大多数人只是听过玛丽的传闻，或在街上经常见到她。真正实际和她打过交道的人少之又少。虽如此，我还是想找到可能提供有价值的信息的人，向其当面了解情况。我不知道这些话里是否潜伏着时代的潜在欲望和恐惧，但我认为这样的信息以后也许会起到重要作用。

有一天，我和一个联系我的人见面了。地点是横滨市营地铁弘明寺站附近的咖啡店。

这个人（杉本，女性）是 40 多岁的家庭主妇。我们落座点过咖啡后，她突然冲我怒吼道："你到底居心何在！玛丽不是已经回老家了吗？你趁早就此打住吧！"

她似乎是来劝阻不知好歹的家伙揭露玛丽真实身份的企图。我耐心地向她说明作品理念，告诉她我要拍一个没有玛丽出场的玛丽的故事。不料她更加来劲，喋喋不休地教训起我来。

"本来玛丽就不在了，你怎么拍？故事主角本人不在，玛丽的电影怎么可能拍成？谁想看你瞎编啊？"

我说不过她。她问谁想看，我只能说我自己想看。难道这不过只是我的一厢情愿，自娱自乐……出师未捷便遭人横怼，我一下子缓不过来。一个让我感到前途多难的开局。

（本章资料提供：林海象、长田勇市、五大路子、横滨梦座。）

第二章
通过横滨解读近现代史

1. 人祭——阿三宫的传说

为了准备拍片，我决定研究横滨的历史。如果没有最低限度的预备知识，采访时或许会忽略、错过被访者口述过程中出现的关键词。于是我按照年代顺序查阅起古老的文献资料。

横滨位于距东海道神奈川宿（现在的神奈川区）东南数千米左右海底较浅的一处海湾旁。江户幕府御用石材商吉田勘兵卫立志要填埋这片海湾。1656年（明历二年），得到江户幕府许可他开始动工。可是第二年，持续了将近两周的暴雨冲垮了刚刚建成的防波堤，填海计划受挫。即便如此，勘兵卫还是没有放弃。三年后重启工程，历经近九年的岁月，填海造地终于完成。这块新陆就叫吉田新田。于是，百余户人家的横滨村诞生了。在横滨市营地铁蓝线吉野町站附近的日枝神社，至今仍传诵着与填海造地有关的传说。根据若干文献资料，我汇总了相关内容。

勘兵卫发愿"一定成功完成填埋工程"。在去身延山久远寺（位于山梨县南巨摩郡身延町的日莲宗总本山）祈祷的归途中，他命中注定般遇到一个女人。在骏河国（静冈县）的滨海路上，突然传来女人"救命"的叫声。他赶忙循声跑过去，原来一个年轻女子正被几个坏蛋纠缠。勘兵卫赶走了坏蛋，救下了这个女人。问起身世，才知道这个女人孤身一人浪迹天涯，已经无处可去。

横滨玛丽：被遗忘的真实

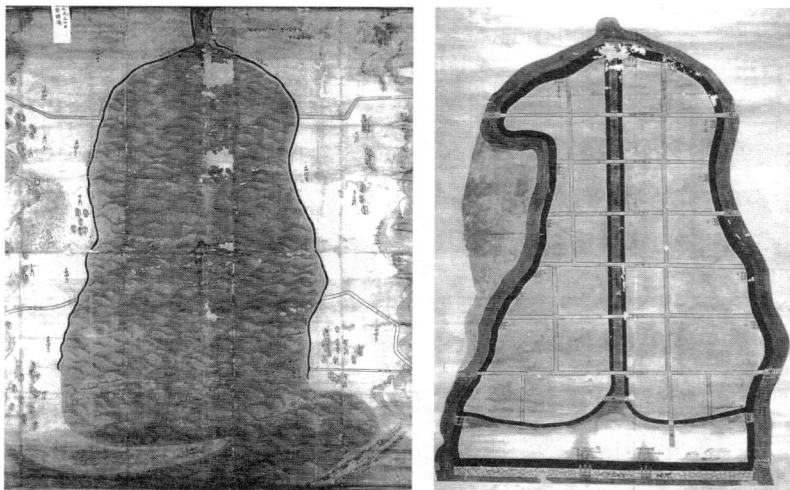

吉田新田开垦图[1]（吉田兴产株式会社提供）

"我现在要回横滨村，不嫌弃的话，就跟我走吧。"

"您帮助了我，还对我这么好……"

"我刚去了身延山参拜回来，看来这是菩萨的安排。"

这个女人名叫阿三，就此在勘兵卫家做起了女佣。她工作很认真，也很能干。但是好日子没有过上多久。明历二年（1656年）勘兵卫的填埋工程动工，可第二年他的计划便严重受挫。由于连续下了十三天大雨，填好的地被洪水冲垮了。沉沦不堪的勘兵卫，不再和任何人说话。深陷不安的村民当中也流传着"野毛浦的海神发怒了"的说法。

---

[1] 开垦之前（左）与开垦后（右）。海湾完全填埋后形成了伊势佐木町等关外的核心部分。在开垦图上涂黑的部分至今还留有两条河流，右侧是大冈川，左侧是中村川。原来还有一条河流在地图中央自上而下流过，如今已经被改造成大街公园。

"从前大工程开工的时候，捐出人祭就一帆风顺了。"阿三相信了人们传来传去的说法，暗下了决心。万治二年（1659年）重启填海造地的时候，她直接向勘兵卫央求。

"老爷，我有个请求。让我做人祭吧。"

"胡说什么！不许你拿宝贵的生命不当回事。"

"从被老爷救起的那一刻，阿三就想着总有一天要报答老爷的恩情。"

"你有这份心意就足够了。打今儿个起，你还像往常一样该干嘛干嘛。"

勘兵卫握着阿三的手说道。可是阿三决心已定。那天晚上，她身穿洁白的和服，双手紧紧地合在一起，从野毛浦的悬崖上投身怒海。据说自那以后，再没有大的灾害，填埋工程顺利进行，直到完成。勘兵卫创建了日枝神社，祭祀阿三的亡灵。

——早川茂男《阿三宫与阿三的传说》

日枝神社因为是为阿三建造的神社，也被称为阿三宫。我心头感到非常沉重：一个女人悲惨的牺牲，才有了今天繁荣的横滨。在从图书馆回家的路上，我来到阿三宫，双手合十为阿三祈祷。

2. 唐人阿吉与洋妾

查阅有关资料的过程中，我发现伴随着黑船到来，横滨二字

马修·佩里在横滨登陆[1]（海涅画）

越来越多地出现在文献记录中。

　　1853 年（嘉永六年）6 月 3 日，美国东印度舰队司令马修·佩里，率四艘军舰出现在浦贺海上，逼迫日本开放门户。他把美国总统的国书交给江户幕府便离开了日本。1854 年（安正元年）1 月 16 日，美国舰队再次到来。原本幕府考虑谈判地点设在镰仓，但是因为佩里要求在江户附近谈，于是谈判地点选定在距离东海道神奈川宿不远的横滨村。

　　2 月 6 日，在横滨村北端的驹形（现在的神奈川县政府附近），军乐队打头阵，佩里率领 500 名士兵登陆。经过四轮谈判，日美缔结了和亲条约——《神奈川条约》。

　　两年后，1856 年（安政三年），唐森特·哈里斯作为总领事来到日本，在伊豆下田的玉泉寺设立了领事馆，继续与幕府谈判。1858 年（安政五年）日美友好通商条约正式签订。下田、箱馆以及神奈川、兵库、新潟、长崎开埠。次年，日本与俄罗

---

[1]　右边那棵大树"玉楠"现存于横滨开港资料馆的庭院中。

斯、荷兰、英国、法国也缔结了
通商条约，持续了 200 多年的锁
国政策终于走到了尽头。

有一段关于美国总领事哈里
斯的故事广为人知。这出因与洋
人打交道而饱受偏见与歧视的女
性身上发生的悲剧，也可以说是
玛丽传说在幕府末期的先声。

悲剧的主人公是"唐人[1]阿
吉"。她本名叫齐藤吉，1841 年
（天保十二年）出生于爱知县知

唐人阿吉[2]

多郡。4 岁和家人一起移居伊豆、下田，14 岁成为艺妓。16 岁
的时候，在下田奉行所的要求下，成为照顾唐森特·哈里斯身边
的侍女。当然她是冲着高额报酬去的。

服侍了三个月后，她离开哈里斯重操艺妓旧业，被周围的人
蔑称为向洋人卖身的"唐人阿吉"。她与先前的未婚夫鹤松同居，
后来搬到横滨，因生活无法维持，又回到了下田。后来又跟鹤松
分手，42 岁时开了一家小饭馆维持生计，但背着"唐人阿吉"的
黑锅，接二连三地遭受恶意中伤，小饭馆仅仅维持了两年便关门
大吉。1890 年（明治二十三年），在过了一段乞丐般悲惨的生活
之后，她终于投河自尽，结束了自己年仅 48 岁的生命。

因为这出悲剧，唐人阿吉乃"らしゃめん（羅紗緬，rashamen，

---

[1] 唐人在这里是外国人的意思。——译注
[2] 据信这是阿吉 19 岁时的照片，在此之前两年她成为哈里斯的侍妾。

洋妾）"第一号的说法广为流布。但是哈里斯是虔诚的基督徒，似乎和阿吉并没有发生过男女关系。以讹传讹的坊间的传言和流言蜚语使阿吉的人生陷入滔天波澜。另外，调查结果显示，"らしゃめん（洋妾）"正是这个时期产生的新词。"らしゃ（羅紗）"的词源是葡萄牙语的"raxa"，原本指的是厚毛织物，"らしゃめん"指的是用来剪羊毛的羊。据说在当时，"羅紗"等于西洋人的认识与"船员为了食欲和性欲带上船来的"俚语说法杂糅之后，生成了"らしゃめん"的新称谓：以洋人为生意对象的妓女的蔑称。

幕府末期在全国各地发生激烈的攘夷运动中，对于向外国人卖身的日本女性，坊间的舆论十分严苛。但是随着门户不断开放，"洋妾"却有增无减。这一现象也是幕府外交政策推动的结果。

　　这种带有动真格意味的外交策略，在安政六年横滨开埠以后，作为怀柔外国人的手段开始实施，政府启动了"らしゃめん女郎（涉外性服务）"机制，接着江户有了"洋妾"，推动横滨的"洋妾"迎来全盛时期。从肇始于唐人阿吉的外交政策来看，幕府对于"洋妾"的管理把握着宽严分寸，向江户的外国公使馆奖励性地送去侍妾，其他各领馆也向横滨领事馆看齐，都以各种办法得到了"洋妾"，外商洋人也大都包养了不少日本姑娘。如上所述，作为怀柔洋人的某种政策或者说为了迎合洋人，向其提供方便，幕府对"洋妾"采取了带有鼓励性质的容忍态度。

　　　　　　　　　　　　——《横滨市史稿·风俗篇·横滨市篇》

神奈川成为开放口岸（贸易港）之一，幕府却将具体地点选在了横滨村。因为神奈川是东海道的驿站町，人员来往也很频繁。而横滨村面向大海，从东海道过来必须翻越野毛山。填海而成的人工岛便于将洋人隔离开。幕府坚称"横滨也是神奈川"，以美国为首的各国大使则强烈抗议，但这为时已晚。看看当时的地图就知道，随着填海造地的推进，横滨由村子演进为一座规模巨大的人工岛（开埠地）的过程。

1859 年（安政六年），开埠地（如今的关内地区）诞生。以进行海关和外交事务的"运上所"为中心，从海上向左侧（山手

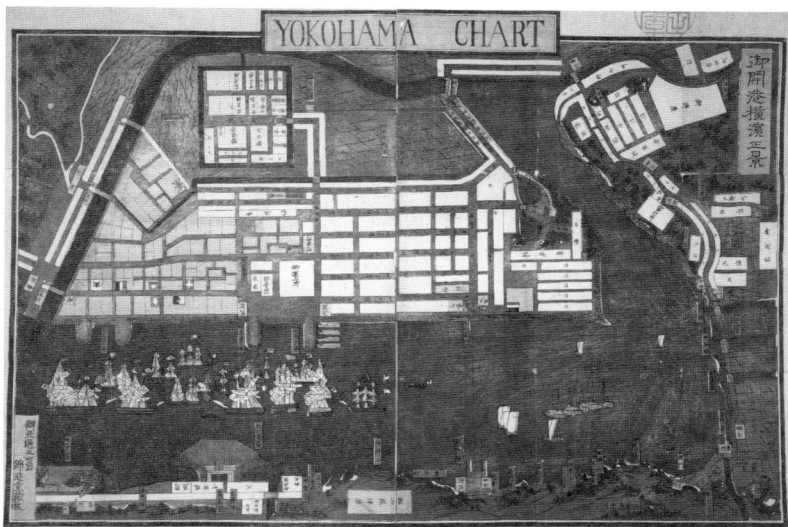

横滨开埠盛况[1]（图片来自横滨开港资料馆）

---

[1] 佩里来航 10 年之后的关内地区。三面环海的小半岛上方围成四方形者乃港崎游廓，位置相当于现在的横滨公园。

方面）看是洋人区，向右侧（樱木町方面）看是日本商人集中的地区。东西两个码头建成后，与外国进行贸易的东码头称为法国码头，国内货船用的西码头被称为英国码头。

当时在横滨开店的商人共 71 人。这些人后来被称为横滨商人。起初他们并不知道洋人喜好什么，把漆器、陶器、丝织品、海产品、茶叶、小杂货等摆在店前试探销路。他们发现，外商对日产生丝的优良品质特别关注。于是，全日本的生丝都被集中到横滨。没用多长时间，生丝在横滨总出口量中的占比超过八成。现在的国道十六号线八王子至横滨区间（八王子街道）是当年运送生丝的要道，因此又被称为"日本丝路"。

生丝出口生意日盛，为了管理和保护外国侨民设立了关卡，连接开埠地（如今的关内地区）洋人区和（如今的伊势佐木町一带的）日人区的吉田桥成为重要的关卡口。隔着这座桥，开埠地被称作"关内"，伊势佐木町方向则被称作"关外"。这也让我恍然大悟，为什么化妆品店柳屋的福长惠美子说"这里是关外哦"。现在仍在使用的"关内""关外"这两个词让人感到历史的厚重，连接着这座城市的过去与现在。

3. 青楼女子成为攘夷的牺牲品

现在的横滨公园（横滨棒球场就在其中）一带，开埠时有花街柳巷。之所以这里会出现花街，据说与幕府和美国总领事哈里斯之间达成的、在日美友好通商条约中没有记载的密约有关。

　　条约文本中原无此项，谈判记录上也没有记载，但在谈判横滨开埠的时候，应哈里斯的要求，另就开青楼条款进行了私下会谈。江户幕府马上接受了哈里斯的要求，横滨甫一开埠，在各种建设工作推进的同时，列入官方预算建设所谓出租房，公开认可了像驿站女郎那样的妓女的存在。哈里斯也是深谙其中的道理，他提出此番要求，不仅仅是因为他通晓人之常情，想帮助本国的水兵满足生理需求，同时也在提醒日本政府在管理上避免发生麻烦。他提出的要求理由如下：首先这些船员两三个月都生活在船上，其间看不到女人。而人无论贤愚贵贱都要解决性欲问题，为此往往会连性命都不管不顾。因此当横滨开埠之际，在双方彼此尚不了解对方的情况下，这些水兵一上岸因为要解决生理需求，很难避免祸及良家妇女。如果发生此类事件，对日本和美国都属不幸。如果有办法花点钱满足他们对女人的想法，就可以完全免除此类祸端，这对双方岂不皆大欢喜？故而我国政府很快接受了他的请求。

　　　　　　　　　　——《横滨开埠外史·设置青楼的请求》

　　在与哈里斯谈判以前，幕府禁止神奈川宿的旅店拥有向旅客提供服务甚至卖淫的"盛饭女"。神奈川乃东海道驿站町，人员来往频繁。其中有很多勤皇攘夷的武士，如果日本人和来找"盛饭女"的洋人发生争执，有可能会引发国际问题。也就是说，在开埠的当口，哈里斯的要求所反映的问题也正是幕府所担心的。

　　万治二年（1660年），德川幕府53次禁止在东海道各驿站容留妓女之后，取而代之登场的就是这些女子。也许她们正适合为旅行者提供旅途中的情趣，人数不断得到增加。于是幕府在享保三年（1718年），规定每家旅馆"盛饭女"定额两名，令其提交《旅笼屋渡世者家数人数名册》以便于管理。根据这个规定，当时保土谷宿除了大名住宿的本阵、胁本阵之外，有67家旅舍。以一家两名计共有134名"盛饭女"，当然这只是账面上的数字。实际比这个数字还要多的女人，用撩人的声音招呼客人，成为一道驿站特有的风景。

——保土谷之宿《提供旅途慰藉的"盛饭女"》，引自《横滨今昔》

虽然只记载了保土谷宿的情况，但不难想象，与之相邻的神奈川宿也会有同样的旅舍风情。的确，如果洋人来到这样的驿站町寻花问柳，出些乱子是难以避免的。

于是当局全面禁止了神奈川宿的"盛饭女郎"。作为替代，在横滨的新街区新设面向洋人的游廓。这是和外国使节们有约在先的事情。就在下达神奈川宿驿站禁娼令稍早之前，与同年4月根据新门辰五郎提出的申请同意动工太田宅邸填埋方案相同步（辰五郎中途撤出），6月便将旧神奈川宿驿站的50名娼妓强制送往驹形町临时游廓[1]，并吸引品川、小田原间的驿站游女屋汇集于此。

——《洋娼史谈》

---

[1] 驹形町临时游廓现在在神奈川县政府附近。——译注

1859 年（安政六年）港崎游廓（位于如今的横滨公园）建成后，15 家青楼、331 名妓女在这里得到安置。青楼当中以豪华绚烂而著称者当属岩龟楼。1863 年（文久三年）出版的《美那登能波奈横滨奇谈》中，记载了岩龟楼当时的情形。

岩龟楼的石灯笼[1]（本书作者摄）

岩龟楼结构繁复如同海市蜃楼，宛若龙界一般。阴历七月看灯笼，八月看即兴滑稽舞蹈，各种节目可谓花样纷呈，令人瞠目。看热闹的人不分日人洋人，不分白天黑夜络绎不绝。

当时港崎游廓，严格地分为洋人专用与日本人用两大块。日人区很快从吉原和其他地方招来了妓女，但洋人区直到开业前应募者寥寥无几。

于是，他们派人到各地的游廓，采取了以利诱人的手段，以期凑足开业所需的起码人数，甚至向远在长崎地方的同业求助，试图拉来些多少熟悉异国风情的游女及其他

[1]　现在位于横滨公园的一处角落里。

妇女。不过，结果并不理想，还是不能满足开业所需人数。于是只好瞄向部落出身的妓女或妇女，从那里拉来了相当多的应招者。"洋妾"就是渐次依据来自部落的妇女形成的概念。

——《横滨市史稿·风俗篇》

开埠之初，原本身份卑贱的部落出身的女性，又承受了向洋人卖身所招至的偏见和歧视，这种双重歧视令人不忍直视。在此背景下，妓女喜游的悲剧令港崎游廓一举名闻天下。

喜游15岁进了品川的游廓，17岁时被港崎游廓的佐七带到岩龟楼日人区。看上喜游的法国外交官是个在法国工作的美国人，叫伊尔斯。伊尔斯曾来过岩龟楼的洋人区。一天，他得到一个机会参观日人区，一眼便看上喜游。他马上找老板佐七通融想得到喜游。但日人区和洋人区隔离经营的规定十分严苛，佐七一口回绝了他。可是伊尔斯并未死心，转而通过幕府上层继续勾兑。伊尔斯公开身份是常驻横滨从事贸易的外商，但实际上他是法国官方领事级的人物，是幕府在财政方面和法国经济界搭线的贵宾级座上客。因此他的要求幕府高层不好拒绝。于是幕府高层向佐七过话，佐七便说服喜游"为国献身"。话既至此喜游无法回绝，勉强答应下来。但喜游在内心认为与洋人发生肌肤之亲乃奇耻大辱，她在接客前一天晚上留下辞世诗后自杀。

大和女郎花，

> 最厌露沾身，
>
> 岂容美利坚，
>
> 湿我袖与襟。

——《开埠慰安妇与被歧视部落》

关于喜游的悲剧，也有一种说法认为那是尊王攘夷派的宣传。总之这是一个虚实交织的传说。不过也可以说这个逸闻颇有象征性，有助于了解当时日本人的社会心理。不久，港崎游廊也走到尽头。1866年（庆应二年）10月20日，关内开猪肉店的铁五郎猪舍起火，飞蹿的火舌将整个街区化为灰烬。开埠7年，好不容易初具规模的横滨街道，房屋1 600间，洋人商馆48处，包括港崎游廊全部烧毁。这场惨祸造成关内三分之二的街区被焚。

因为这场火灾，洋人为了今后日人街区起火不再危及自己的地盘，在两个街区的边界修建了宽约37米的马路，两侧还留出了宽约6米的人行道。这是日本最初规划的马路——日本大道。

那么港崎游廊去了哪里？不论什么时代，只要有社会需求，游廊和风俗业就不会绝迹。

1867年（庆应三年），关外的吉原町（现在的羽衣町周边）被选定为港崎游郭的替代地。这里与江户的青楼区一样被称为吉原游廊，大约为港崎游廊的一半大小，有19家青楼，接客妓女424人。

撇开东海道上的生麦村发生的惨案——"生麦事件"，我们无法讨论当时的日本。1862年（文久二年）8月21日，萨摩藩的岛津久光一行400人，在返回萨摩的路上，与四个骑马的英国人迎面相遇。因英国人骑马扰乱了队列，藩士中的一人怒骂"无礼的东西"，挥刀砍杀了一名英国人，另有两人受伤。当时，横滨也频繁发生攘夷派袭击洋人的事件。对此事态感到忧虑的英、法、荷、美四国，为了保护本国的侨民，命令驻军登陆横滨。据说登陆军队多达 8 000 人。身着蓝色制服的法国海军陆战队士兵、身着红色制服的英国陆军士兵吹着军号行军，负责警卫洋人街区。

这一时期出现了一首歌曲《野毛山小调》。歌词中提到了窥见洋人与洋姿亲密的情形、从野毛山高处看到的开埠地街区、驻军的情形、泊满港口的军舰等情景。关于歌词中的"闹耶（no-ye）"，比较令人信服的说法是来自当时日本人能听懂的两

生麦事件现场（图片来自横滨开港资料馆）

个英语词"no""yes"。这首作者不详，由人们口口传唱的《野毛山小调》，被认为是明治时期流行歌谣的滥觞，是如今仍被传唱的横滨本地歌曲。当时我还不知道《野毛山小调》将对我的电影产生重要的作用。

代官山上闹耶，代官山上闹耶
代官咚锵咚锵山上把异人馆[1]瞧哎
洋人和那洋妾闹耶
洋人和那洋妾闹耶
红裤子咚锵咚锵英兵哎
把那洋妾抱哎

代官山上闹耶，代官山上闹耶
代官咚锵咚锵山上把洋火轮瞧哎
看那烟囱好粗闹耶
黑烟咕嘟嘟冒闹耶
黑嘟嘟咚锵咚锵浓烟哎
真云山雾罩哎

秋季练兵闹耶，秋季练兵闹耶
秋季咚锵咚锵练兵英法黑白斗哎
英法黑白对阵闹耶
英法黑白对阵闹耶

---

[1] 异人馆，指外国人的住宅区或兵营。

　　黑与白咚锵咚锵二军哎

　　练兵结束了哎

　　野毛山上闹耶，野毛山上闹耶

　　野毛咚嘚咚嘚山上把异人馆瞧哎

　　肩上扛起枪炮闹耶

　　肩上扛起枪炮闹耶

　　肩扛上咚嘚咚嘚枪炮哎

　　小队正出操哎

　　呜嘀咚嘚闹耶，呜嘀咚嘚闹耶

　　呜嘀咚嘚咚嘚咚嘚笛鼓协步调哎

　　呜嘀那个咚嘚闹耶

　　呜嘀那个咚嘚闹耶

　　呜嘀咚嘚咚嘚军鼓咚嘚敲哎

　　小队正出操哎

　　　　　　　　　　　　　　　　——野毛山小调

4. 淘金热

　　1867 年（庆应三年），幕府向天皇交出政权，史称大政奉还。江户幕府治下的幕藩体制崩溃，政权转移到明治政府之后，横滨便一路成为日本现代化的象征。1827 年（明治五年），自横滨（如今的樱木町车站）至东京新桥建成了日本第一条铁路，全长 29 千米，火车走行全程需要 53 分钟。这条铁路在明治天皇巡幸时举行了通车典礼。

1871 年，关外的吉原游廓再次毁于大火，第二年在高岛嘉右卫门填海造地（如今的西区高岛町）的新址上新建了"高岛游廓"。新建起的神风楼和岩龟楼如同双璧交相辉映。据说这座建筑风格为和洋结合的三层洋楼，里面备齐了西洋家具和日用品。拢着唐人发髻的游女或长发披肩的时髦游女在这里接客。

说到唐人发髻，就要提及如今横滨的著名观光景点中华街。这条街发端于 1872 年（明治五年），当时，963 名清国人（中国人）在开埠地的一角（如今的山下町）建造了 130 多栋房屋。据说当初许多店早晚经营餐饮、白天兼营进口业务。到了日俄战争时期才进一步分工演化为服装进口专营店或餐饮专营店。

自佩里船队到来仅 20 多年，计有 28 000 多人移居到了当初仅有百余户的横滨村，"来横滨总会有什么好机会"。当时横滨聚集了一大批希望能有一本万利机会的人，出现了淘金热的盛况。不断增加的人口要求继续填海造地以确保土地需求。承包这项工程的是当地著名的绅士常次郎。1873 年（明治六年），经过 3 年苦干完成的填筑地，被命名为万代、蓬莱、不老、翁、扇、寿、松影等吉祥的地名，被称作填地七町。战后与山谷、釜崎并称为三大廉租客栈街的寿町，就在此刻诞生了。

在设有关口的吉田桥一带，有许多名义上经营麦茶的店。这些店事实上都是"风俗（色情服务）店"，每个店都有称作新造

高岛游廊的神风楼[1]（图片来自横滨开港资料馆）

神风楼的游女们[2]（图片来自横滨开港资料馆）

---

[1] 港崎游廊开业时名为伊势楼，搬迁时改称神风楼。
[2] 神风楼地处九号地块，因街牌"Nectarine No.9"而被称为"九号馆"。

从山手地区远眺洋人居留地（关内地区）[1]（图片来自横滨开港资料馆）

的年轻女性，招呼男性客人进店喝茶，进而向客人提供性服务。

> 街面上的年轻武士、匠人晚饭后皆往麦茶店闲扯打趣，应招呼进去坐于长凳。女人问："客官来点什么？"客人便回道："来一杯麦茶。"其间客人打量店中女人，女人端详客人，若彼此中意，便告情约谈成。女人道"婶子我回家一趟"，便出门而去。客人随其后，进入其所居之"魔窟"……
>
> ——《奇怪的麦茶店》，引自《横滨开港侧史》

1880 年（明治十三年），关外地区的伊势佐木町一丁目、二丁目、福富町一丁目、羽衣町、蓬莱町等被政府认可为演出地段，茑座、羽衣座、赈座等戏剧小屋和曲艺杂苑鳞次栉比，瞄着这些客人开设的饮食店也随之增加。1889 年（明治二十二年）

---

[1] 图中左边的山丘是现在的意大利山。

明治时期伊势佐木町的剧场街（图片来自横滨开港资料馆）

《大日本帝国宪法》颁布，同时实行市町村制。横滨村升格为神奈川县横滨市。这个时候的横滨市人口 116 193 人，25 849 户。

铁路开通后，明治天皇行幸横滨次数增多，铁路沿线的高岛町高岛游廓变得碍眼。1880 年（明治二十三年），高岛游廓迁移至永乐町和真金町，改称永乐真金游廓（以下简称永真游廓）。永真游廓到了战后变成红线地段，直到卖淫防止法施行为止，这条风月场街大约繁荣了 80 年。即便现在走在这条街上，也会感觉到空气中飘荡着奇异的氛围。因为沿街种植的柳树、四处可见的透着岁月沧桑的日式老屋等，浓厚的时代烙印留在这条街上。

横滨独有的风俗店桌袱屋也是在那一时期兴起来的。它的起源可以追溯到生麦事件。1864 年，为保护侨居此地的洋人安全，日本签订了《横滨侨居地备忘录》。根据备忘录，从横滨村到

本牧、根岸村建成
了洋人专用的散步
道。沿街的民居经
营起瞄着洋人的茶
馆，"盛饭女"也随
之而来。当初只有
13 家茶馆，十来年
过去便增加到三十
几家。这些茶馆进

桌袱屋[1]（图片来自横滨开港资料馆）

一步发展便成了后来的桌袱屋。

　　第一家桌袱屋是在本牧开店的春木屋，大约始于 1882 年
（明治十五年）。"チャブ屋"（chabuya，桌袱屋）的词源众说纷
纭，但"chop house"也就是简易食堂，似乎是定论。据说，在
外侨区工作的日本人，把从洋人那儿听来的"chop house"转换
成了桌袱屋。在这里打工的女人与公娼游廓里的游女不同，是私
娼。游女受到严格的规矩束缚，但桌袱屋里干私娼的女子们与店
主签了个人合同，没有得到官方认证，而是在官家睁一只眼闭一
只眼的状态下拉客。从这一点来看，或许可以说更加接近现如
今的风俗业。这些摩登女孩留着在当时还十分罕见的短发，身
着长衣裙。她们房费和饭费要本人负担，夜间营业时间以外不受
限制。

　　　接客收入大体六四分割，既有老板娘拿四的说法，也

_____

[1]　据称根岸茶馆乃桌袱屋（妓馆）之滥觞。

根岸不动坂上远眺的景色[1]（图片来自横滨开港资料馆）

有卖淫女拿四的说法。按照当时这个行当的规矩，通常是老板娘拿六，本人拿四。但因为这是一种新形态，采取倒六四分成也未必不可能。但不管是六还是四，都要从中拿出一大块还借债，支付房租和伙食费，还得买化妆品……但大体上有规定不让像卖艺妓女那样欠债，这个行当的女性相对比较自由，外出也不那么麻烦，既可以在横滨的繁华街区、伊势佐木町（又称横滨银座）一带散步、购物，对她们看得也不那么紧，有时甚至可以出门远至银座，也会出现在日本桥的"联合"舞厅。另外，根据客人的要求，有时会收取一日之

---

[1] 从现在的根岸不动坂上远眺，左边是洋人专用散步道。海岸一带根岸村的房屋鳞次栉比，更远处可以看见本牧岬。

约的出门费陪客到箱根一带。

——斋藤昌三《横滨名产桌袱屋

盛衰记》,《奇异》1929 年 6 月号

与游廊明显不同,酒吧、酒馆和舞厅诸功能浑然一体的桌袱屋并无妓馆所常见的讨厌气氛。作家大佛次郎也是桌袱屋的常客。他曾说,在这里的体验给他的小说《雾笛》带来过灵感。

（催生了《雾笛》的码头情调　大佛次郎）

喜代酒店等住了不少老外,但也有日本人居多的店。从事这个行当的社会里有非常老式的东西。建筑物本身是叫作洋馆的时尚建筑,但里面有"神棚",上面供奉着古老的佛龛,令人觉得很不协调。那个时候留着日本发型的女孩子说着只言片语的英语。尽管海之屋、松之屋、富士酒店等更为知名,但喜代酒店因为大厅下面便是海,在东京人听来,这海浪声可算是横滨独有的伴奏音,实在妙不可言。所以东京人总是大拨大拨来这里。为洋人服务的桌袱屋女子中就多有《雾笛》中出场的阿花那类人,那部小说就是以本牧的女子为原型创作的呢。

——每日新闻横滨分社编《横滨今昔》

桌袱屋街与其他花柳街不同之处在于,它与普通民宅相连共生。作家谷崎润一郎因为在麾下有山下町电影厂的大正活动写真株式会社任剧本部顾问的关系,曾一度住在本牧的桌袱屋街。在

横滨玛丽：被遗忘的真实

《滨城众生》里面就有可以代表大正时代后期的桌袱屋——喜代酒店的记述。

> 喜代酒店的女人们——除了一两个混血儿之外多是日本姑娘——因为她们常和洋客打交道，每一个人都很举止不拘、活泼，动作麻利，体格也很棒。那个叫"肥猪玛丽"的，高大得须仰视，胖嘟嘟的肌肤雪白。玛丽以下约有20人，夏天穿着单薄得近乎赤裸的和服，系一条细腰带，在二楼栏杆后或栈桥上玩耍，要不然就跳到海里狂欢乱闹。其中也有高手善于划船或游泳，直到天黑在幽暗的水面上游弋，像河妖一样叽叽喳喳喧闹不休。

> ——谷崎润一郎《滨一郎迷宫（15）·
> 横滨故事·滨城众生》

米利坚滨姐登记在喜代酒店，作为本牧的洋妾明星大名鼎鼎。她的知名度已经不限于横滨，据说淡谷典子演唱的著名歌谣曲《惜别的布鲁斯》就是从她那里得到了创作灵感。

> 喜代酒店乃洋式建筑，无论大厅还是客房都洋溢着浓浓的异国情调，在近20名里挑出一个相貌超群的桌袱屋女孩的活动中滨姐也力压群芳。由她提供一次一夜情服务，至少需要50块[1]。尽管如此，蓝色眼睛的船员们还是无法忘怀滨姐那迷人的魅力，从马赛和洛杉矶的停泊处寄来了一封封紫色或绿色墨水书写的情书。尽管收件人姓名只是"日本国横

---

[1] 为当时的日元。——译注

滨 滨姐收"，但因收件人的知名度，邮差总能将逐年增多的
来信送到滨姐手中。

昭和十二年，作词家新秀藤浦洸和作曲家服部良一想以
横滨港的气氛做一首流行歌，便来到南京街[1]小酌，并住在
了喜代酒店。第二天一早，在滨姐的房间里听到轮船的汽笛
声，打开了房间的两扇包铁窗，宿醉的藤浦洸惊住了。从这
个窗户可以看见与亮丽的油画毫无二致的米利坚码头、海鸥
翱翔的南突堤以及静静地驶出港口的外国豪华邮船。那首让
淡谷典子一举成名的《惜别的布鲁斯》——"推开窗户港口
就在眼前，米利坚船码头灯火可见"就这样一气呵成。

——小堺昭三《米利坚码头滨姐的一生》

此外，《本牧滨姐》（即《漫画爱托邦》，户川昌子原作，上
村一夫剧画，1976 年）、《浮世一代女》（野坂昭如，新潮社，
1973 年）等以滨姐为创作素材的作品还有很多。当红的滨姐也
成了在杂志上屡屡被提及的著名洋姜。她是本牧桌袱屋街的象
征，一位充满传奇的女子。

传说喜代酒店每天收入 800 块，其中一半是滨姐赚到
的。这种说法比较一致，表明她是本牧的头牌。虽然她也
有个"傻滨姐"的外号，但这绝非在说她低能，而是感叹
她那种扛得住折腾的体力，和从袖口将揉成一团的 10 日元
大票胡乱取出的那种豪放劲。最近甚至听到这样离奇的传

---

[1] 为后来横滨中华街的旧称。——译注

说：一个年纪尚轻的日本小伙子不敌她的过人精力竟累死在床上。

——《横滨国际酒店街的国际姑娘北林透马》，《中央公论》1931 年 4 月号

前文提到的作家大佛次郎，据说也与滨姐谋过面，但这到底对《雾笛》的诞生有没有影响呢？

《雾笛》的原型？不，并非如此。我虽然认识滨姐，但完全没有以她为原型……我曾和阪东妻三郎[1]一起去过喜代酒店。滨姐的脸蛋感觉久经风霜，一看就是这个行当里擅长生意的女子，我一点也没有感觉。不过，久米正雄[2]、田中纯[3]等对我说常来会她。他们说是喜欢她的套路。她因此而颇有人气。所谓头牌，并非因其姿色，而是因为她对性行为的异常反应而成为销量头牌。

——《周刊文春》1969 年 3 月 24 日

据说滨姐遇到讨厌的客人往死里收费，对中意的客人则白送。另外，还传说她每天喝 15 个生鸡蛋为客人服务什么的。有

---

[1] 阪东妻三郎（1901—1953 年），日本歌舞伎名角、电影演员，默片时代导演过多部日本早期电影。——译注
[2] 久米正雄（1891—1952 年），日本大正与昭和时期的小说家、剧作家、俳人，曾师从夏目漱石，后成为知名流行作家。——译注
[3] 田中纯（1890—1966 年），大正与昭和时期小说家。大正年间创办文学刊物《人》，小说代表作《妻子》。译有德莱塞《美国的悲剧》及屠格涅夫作品。——译注

关她的传奇实在有趣，众多文人和作家被她迷住，进而激发了创
作激情的说法也说得通。

5. 世界贸易港"YOKOHAMA"

横滨曾是"妖冶的洋妾们"吸引来客的温柔乡，又被称为海
外航线船舶的最终目的地，航海的终点港。因此一些国家"希望
能够加置修理船舶、检查船舶的设施"。于是横滨生丝商人原善三
郎、茂木惣兵卫等带头发起，1891 年（明治二十四年）建成了横
滨船渠（现在的三菱重工业横滨制作所）。当年在如今未来港地区
设了船坞，进行更换损坏的零件、清除船底的牡蛎和海草等工作。

横滨作为世界级贸易港确立其地位，是 1894 年（明治
二十七年）日清战争[1]爆发以后的事情。日本向欧美出口生丝、
茶叶，换得外汇进口军舰、机器。而当时的日本产业结构决定其
同时还向亚洲各国出口棉纱和棉制品。另外，由于横滨港水浅且
没有固定船只的码头，海外航线的巨轮只能停泊在海面上，要靠
着驳船将货物和乘客送到港口。1894 年（明治二十七年），为了
弥补这一缺陷，在米利坚码头建起了大栈桥（栈桥全长 738 米）。
据说当时海外航线的船运呈现繁荣景象，热闹非凡。但另一方面
产生了无理歧视的事实也不容忽视。作家长谷川伸曾因家里的产
业倒闭而从小学中途退学，曾在横滨船坞当小伙计。长谷川讲述

---

[1] 中国称之为甲午中日战争。——译注

开业时的大栈桥全景（图片来自横滨港博物馆）

了自己在横滨的青春期的经历。

　　不仅是洋人，日本人中也有人会那么三五十句常用英语，戴着戒指，剃短鬓角，以最新式样打扮显示"横滨得海外风气之先"的自信。在这样一个时代，我在横滨最具异国情调的外侨区度过了正当青春的那几年，洋人的好与坏在我的心中都留下了深刻的印记。外侨区按白人、中国人、日本人将人划分为几等，船工抱怨地唱道："想想真倒霉，洋人无端踢我腿。问他因为啥？他说啥也不因为。"这便是现实生活中的真实写照。我想这是那些到东洋尽头的未知国家日本来冒险的家伙们坏的一面，是征服心和物欲使然。不论怎么解释开脱，被踢过打过的我都难以释怀。

　　　　　　　——《外侨区的好人和坏人》，引自《横滨今昔》

　　1909 年（明治四十二年），横滨第一个活动写真（电影）常

大正中期（1920 年左右）的伊势佐木町[1]（图片来自横滨开港资料馆）

设馆——开埠纪念电气馆"キネデン（kineden）"开业。另外在伊势佐木町大街的街口有了横滨馆，长者町有了专放外国电影的横滨音乐厅座。关东大地震前的伊势佐木町，是国内屈指可数的戏剧、电影上演地，也是妓女们阔步畅行的花花世界。

　　1911 年（明治四十四年）红砖房仓库二号馆，1913 年（大正二年）红砖房仓库一号馆竣工。如今残存的横滨原风景终于成型现身的时候，横滨的主要出口商品生丝行业迎来了转型期。开埠后，外国公司一直掌握着生丝出口的实权。到了明治四十年代以后，三井物产、横滨生丝合名会社、原合名会社等日本企业终于开始崛起。

　　1914 年（大正三年），第一次世界大战爆发后，为弥补战争导致的物资短缺，横滨港成为向欧洲出口货物的一处集散地，"YOKOHAMA"（横滨）一时蜚声天下。

---

[1] 画面左侧是 1911 年（明治四十四年）创立的横滨音乐厅座的大招牌。

73

6. 山下公园——复兴的象征

　　荣华一瞬间土崩瓦解……1923 年（大正十二年）发生了关东大地震，横滨也沦为受灾地。填埋而成的地基脆弱，横滨市全境八成的建筑物倒塌。当时横滨的人口约 45 万，其中有 21 384 人遇难。据说在大栈桥上的人和栈桥一起被抛到海里淹死。世界上屈指可数的贸易城市，转眼间变成了一片焦土。

　　交通、通信中断，第一天发生 237 次余震，第二天发生 91

横滨市开港纪念会馆[1]（图片来自横滨市史资料室）

----

[1] 画面左侧远处是 1917 年（大正六年）建成的横滨市开港纪念会馆。六年后毁于关东大地震。

次。不分昼夜的余震任谁都会感到恐惧。另外，以维持治安为名由市民志愿者组成的自警团也制造了惨剧。"朝鲜人往井里投毒""朝鲜人要暴动"等谣言四起，自警团杀害了许多无辜的朝鲜人。据说这与朝鲜发生了为摆脱日本殖民统治而兴起的三一独立运动大背景有关。在受灾的极限状态下，"搞不好被朝鲜人杀掉"的受害妄想引发了这些暴行。

横滨的观光名胜之一山下公园，我们查一下它的历史就会发现很是有趣。据说地震后全城遭焚毁房屋的瓦砾被堆积在原来的海岸峭壁上，以此为基础建造了山下公园，也就是说在公园的下面还埋着地震时的瓦砾。将地震的负面影响转化为难以用"复

1931 年左右重建后的伊势佐木町一丁目[1]（图片来自横滨开港资料馆）

---

[1] 图片左边前方是松屋（后为横滨松坂屋西馆，现在是伊势佐木），后面是野泽屋（后为横滨松坂屋）。

兴"概括的积极因素，当年横滨仔的干劲实在令人钦佩。

在整个复兴时期，东京电力鹤见火力发电所、东洋埠头[1]、芝浦制作所[2]、标准石油、旭日石油[3]、富士电机、五十铃汽车等大工厂相继沿着鹤见－品川一线建成。京滨工业地带由此诞生。受重工业主体的工厂群的影响，横滨港从商业港变成了工商业港。震灾后的复兴，甚至改变了横滨港的功能与贸易的形态。

7. 二战期间公开场合接吻被定为公然猥亵罪

1929 年（昭和四年）发生了世界大萧条。美国股市大幅下跌，世界经济陷入低谷。受此影响，京滨工业地带也卷入了经济不景气的浪潮中。据说当时城市里到处都是失业者，离开横滨返回故乡的人们络绎不绝。深受横滨仔喜爱，享有爱称"滨城船坞"的横滨船坞也受到波及而陷入经营困境。1935 年（昭和十年），三菱重工将其收购，改称三菱重工横滨船坞。

1931 年（昭和六年）发生的满洲事变[4]以及 1933 年（昭和八年）日本退出国际联盟，令日本和横滨摆脱了经济困境。日本向军国主义一路狂奔，军备扩张成为日常口号，以京滨工业地带为代表的日本重工业恢复了生机。接下来，终于在 1937 年（昭

---

[1] 东洋埠头即东洋埠头株式会社，"满铁"的物流部门。——译注
[2] 芝浦制作所为东芝前身。——译注
[3] 旭日石油为"ライジングサン石油株式会社"，英文名为"The Rising Sun Petroleum"，如今昭和壳牌石油公司的前身。——译注
[4] 满洲事变为日本对侵略中国东北的九一八事变的指称。——译注

和十二年）爆发了全面的中日战争[1]。当时，在山下公园接吻的三对年轻情侣被警方以"公然猥亵罪"逮捕。这个事件成了报纸关注的热点。

> 年轻人奏响了春天里的凯歌：如果是在江户发髻加上腰佩双刀的时代这倒没什么好说的，但在百舸争流的日本门户城市，特别是有着独一无二异国情调的横滨市，更有街头影院里司空见惯的接吻，这绝非公然猥亵罪。
>
> ——《横滨贸易新闻》1937 年 6 月 19 日

这三对情侣虽然没有被起诉，但这一事件宣告横滨至暗时刻的到来。1938 年（昭和十三年），国家总动员法公布后，几乎所有的政党都相继解散，汇入以首相为总裁的大政翼赞会。工会纳入产业报国会，举国一致体制宣告成形。配合着时代气氛，伊势佐木町的百货商店松屋举办了"防谍展"和"市民防空展览会"，野泽屋（后来的横滨松坂屋百货店）举办了"代用品振兴展"，展出了如何科学地用大豆制成西装。

侵华战争开始后，京滨工厂地带的各家厂子繁忙起来。这与伪满洲国成立后资源得到保障有很大关系。1940 年（昭和十五年），日本与德国、意大利缔结了三国军事同盟。第二年开始实施国防保安法，横滨市内禁止从 20 米以上的高度用相机俯拍，野毛山、横滨外国人公墓、根岸赛马场、新格兰酒店等处无法拍照了。现有的俯瞰横滨的照片和明信片也禁止销售，战争剥夺了

---

[1] 中日战争即中国的抗日战争。——译注

人们欣赏横滨美景的权利。

1941 年（昭和十六年）12 月 8 日，日本偷袭了位于夏威夷珍珠港的美军基地，太平洋战争爆发。开战的同时，英美国家的侨民被作为所谓"敌性外国人"带走，被迫在根岸赛马场和新山下町的横滨游艇俱乐部设置的集中营生活。专放外国电影的横滨音乐厅座，被要求扫除"敌性横排字"，于是更名为横滨东亚电影剧场。伊势佐木町大街上的路灯被拆除，野毛山不动尊（成田山横滨别院延命院）的 36 座黄铜佛像和香炉，全部被回炉熔炼用于制造武器。

1944 年（昭和十九年），野泽屋、松屋两家百货公司成为军需工厂（东京芝浦电气公司的通信设备制造厂，东芝公司的前身）。据说桌袱屋的洋妓们白天穿着劳动裤进行防空演习，晚上的接客对象则由从前的洋人变为日军军官或军需工厂干部。但随着战况的不断恶化，桌袱屋全都陷入了停业关门的困境。象征横滨城市特点的船舶也遭受同样的命运。日本占领了亚洲各国和太平洋诸多岛屿之后，为了确保战场的运输，征用了许多普通的客轮和货轮从横滨港启程。约有 2 500 艘客轮与货轮及 60 000 名船员就此卷入战火，葬身鱼腹。

当美军占领塞班岛和关岛之后，载有大量燃烧弹的 B29 轰炸机从两岛起飞横行于日本上空。位于京滨工业地带的横滨成为美机的标靶，连日遭到狂轰滥炸。

1945 年（昭和二十年）这一年里，横滨遭受了 35 次空袭。特别是 5 月 29 日的"横滨大空袭"破坏最为严重。美机累计投下约 20.7 万枚炸弹、燃烧弹，投放量超过同年 3 月的东京大空袭。这次空袭炸伤 16 000 人，炸死 6 000 人，横滨近五成房屋被炸毁。反复的空袭使城市化作一片废墟。

回望这座城市的历史，就仿佛是日本现代史的缩影。正是由于开埠，负有现代日本之名的城市才会是"横滨"。战后，横滨成为现代日本的化身续写着它的历史。

8. 占领军来了

横滨大空袭过去了 3 个月之后，美国分别在广岛（8 月 6 日）和长崎（8 月 9 日）投下了原子弹。8 月 15 日，天皇裕仁通过收音机播放了"玉音放送"，宣布接受波茨坦宣言。日本战败，无条件投降。

8 月 30 日，盟军总司令道格拉斯·麦克阿瑟在厚木机场走下舷梯，宣称"从墨尔本到东京路程漫长"。他与美第八军第一师、第十一师、第二十七师共计 5 600 人一起进驻横滨。麦克阿瑟住在新格兰酒店。于是日本邮船大厦成了盟军司令部的临时办公地点。9 月 17 日盟军司令部迁至东京日比谷第一生命大楼。

占领军的接收范围涵盖了整个关内、大栈桥、横滨公园、本牧，以及关外地区的福富町、若叶町、伊势佐木町等广大区域。横滨公园球场（如今的横滨体育场）被辟为美军专用棒球场。在伊势佐木町，松屋、野泽屋成了美第八军"PX"[1]，餐饮店不二家成了士兵俱乐部，吉田桥畔的旧松屋成了美军医院。横滨音乐

---

[1] "PX"为军人饮食、日用品超市。——译注

行走在马车道上的美国士兵们[1]（图片来自横滨市史资料室）

厅座（战时更名为横滨东亚电影剧场）划归美军专用，易名为八角剧场。市中心被占领军的拱顶兵营、美军补给物资堆置地、汽车停放地所占据，横滨完全丧失了城市功能。

关于这段历史，我从柳屋的女老板福长惠美子那里了解到一些当时的伊势佐木町的情况。"（柳屋的）后边，全被拱形屋顶兵营占据了。到了下午 3 点左右兵营大门就会打开，大兵们蜂拥而出。我们店里满是（等美军出来的）的站街妓女。"

福长还进一步向我讲述了当时娼妇的生态。"在伊势佐木町，往关内方向去叫'上'，往相反的阪东桥去叫'下'。这都是站街

---

[1] 从前这里是繁荣的原关口吉田桥的"关内侧"入口，图片中马车道两侧已化为瓦砾。

专为美国大兵开设的 PX[1]（图片来自横滨市史资料室）

妓女们的行话。所以她们之间彼此问'往上去？''往下去？'有时候听她们有人说'一直拉不到客，再往上走走吧'。"

　　我们终于讲到玛丽活动的时代。不过我们快进一下从开埠到战争结束的横滨的过往，就会了解到玛丽出现在横滨带有历史的必然性。开埠之后这座城市开始接纳外国人进来，任何时代都有妓女，大家相处共存铸就了"YOKOHAMA"的城市性格。这一状况到战后也一样持续着。

―――――――――

[1]　此处现为不二家横滨中心店。

横滨玛丽：被遗忘的真实

　　1952 年（昭和二十七年）占领军开始逐步解除接管，但很少有人能够马上重建住房或店铺。美军解除接管的空地上杂草丛生，被挪揄为关内牧场。在横滨，接管面积最大的地面是本牧地区。这座战前因渔业而繁荣的小镇也迎来了战后的混乱。在这里建起了横滨海滨住宅区（Yokohama beach DH-area），在横滨和横须贺美军基地工作的军人、文职及其家人约 910 户在此生活。区内设有发电站、学校、邮局、银行、超市、保龄球场、电影院、棒球场等，因为挂有"日本人禁止入内"的警示招牌，架设了隔断外部（日本）的铁网，这里又被称为"铁网后面的美国"。

　　战争结束后市井百姓的生活如何呢？从日本的占领下的各国有 15.3 万名复员的军人和文职人员、4.1 万多名平民从横滨登陆回到日本，横滨街头充斥着失业者。据说一时露宿街头的无家可归者多达 3 000 余名，在战争中失去双亲的儿童数以千百名记。占领军当局限制食品、物资的买卖，于是产生了黑市，衣食住相关的非法交易盛行。据说当时只有中华街可以自由买卖食品。横滨的中国人被视为战胜国（盟军）的一员，不必遵守占领军当局的法律。中华街（山下町）的热闹景况，甚至登载在当时的报纸上。

　　　横滨山下町支那街的废墟上最近洋铁皮外墙的简易房鳞次栉比，到处可见迅速复兴的景象。最近出现了新的城市风景线：店头销售或街头叫卖的苹果、橘子等水果、各种油炸食品、鱼制食材、简易房餐馆的盖浇饭等吸引着市民驻足。从商品的价格来看，苹果根据大小不同分为四个到两个十日元，油炸物类四个十日元，沾着白糖的甜甜圈一个五日元到三个十日元不等，栗子大约十五六个五日元，葡萄两串十日元，油炸甘薯十片左右五日元，橘子十个左右十日元。纯白的米饭更是令人看得发呆。

——《每日新闻》
1945 年 11 月 4 日

樱木町的鲸鱼横丁[1]（五十岚英寿摄）

因樱木町站和三菱重工业横滨船坞（从前的横滨船坞）而繁荣起来的野毛町成为市内最大的黑市之一。野毛大街上有经营日用品、杂货的市场。在樱木町车站附近，出现了鲸鱼巷露天市场，里边有许多饮食小摊。据说烤鲸肉烟雾缭绕，小巷遂有了这个名字。后来鲸鱼巷被拆除，原址上建起了二层木楼，这便是138 个店铺挤在一起的樱木百货楼。鲸鱼巷的露天摊贩们都搬了进去。于是野毛的黑市在战后的混乱逐渐消停之后，不知不觉地从人们的视野中淡出了。

现在，野毛一带变成了横滨的酒馆街。每天夜里工薪族和学生们营造着这里的热闹气氛。这条街上许多店还在经营着鲸肉料

---

[1] 鲸鱼横丁，又称糟酒横丁。

理，似乎可以看作当年黑市的余韵。

9. 守卫大和抚子的纯洁

我听到过"玛丽小姐曾在神户的慰安机构里服务"的传言。这个传言我无法证实。所谓神户的慰安机构似乎指的是美军的特殊慰安机构"RAA"[1]。于是我尝试着寻找与玛丽或许有相同背景的妓女们的原点。

战争结束盟军进驻日本时，面对的最大问题是如何保护良家妇女。日本政府采取的具体对策是，决定设立占领军专用的特殊慰安机构，并于8月18日以警保局长通知的形式，通电全国都道府县做好"占领军特殊慰安机构建设预案"。这是象征着日本接受战败的措施之一，是为了维持治安不得已而做出的决断。

本县没有"RAA"旗下的组织，警察部保安课动员全部职能致力于这个问题。但是留给设置机构的时间非常仓促，而且建筑物多被烧毁，关键的工作人员大都失散，设置慰安所工作难度甚大。县内横须贺幸而免遭战祸，设置工作进展比较顺利。紧急召集女子约400名，分配至原海军工厂

[1] "RAA"为"Recreation and Amusement Association"的缩写，日文为"特殊慰安设施协会"，二战后美军占领时期日本政府开办的面向美军的"慰安"机构。——译注

员工宿舍及其他几处，等待占领军登陆。

——《占领军特殊慰安机构预案指令》，

引自《神奈川县警察史》

战败后的第三天，8月18日，根据政府的指示，已经下达了设置慰安所的指示。当时，大藏省[1]主税局局长池田勇人（后任日本首相）发出豪言壮语："哪怕花费上1亿日元，只要能够维护大和抚子的纯洁，这点钱就不算什么。"政府决定通过大藏省由日本劝业银行决定以5 000万日元为限度根据需要向业者贷款。当时一名工厂工人平均月收入为160日元（据昭和二十年厚生省调查）。8月28日"RAA"成立时在皇居前广场举行了宣誓仪式，宣读了以下声明。

此时此刻，政府下令，我等以己本职，作为国家战后处理之紧急办法之一，受命启动向驻屯军提供慰安服务之高难度事业……在此，志同道合者结盟，直往信念所命，以"昭和时代阿吉"数千人之人祭，筑起力挽狂澜之防波堤，维护未来百年民族之纯洁，亦为巩固战后社会秩序之基础做看不见的地下柱石……我等绝非献媚于占领军，亦非屈节卖身……唯挺身而出，小者贡献于社会安宁，大者维护国体永续。郑重直言，兹此声明。

——猪野健治《白奴托拉斯——"RAA"》，

收于《创》1974年8月号

---

[1] 大藏省为日本自明治维新以后直到2000年间存在的中央政府财政机关。2001年1月，中央省厅重新编制。大藏省改制为财务省和金融厅。——译注

所谓昭和时代阿吉，是对唐人阿吉的借用。基于警视厅特例许可（默许公开招募妓女），银座街头大张旗鼓地贴出了招聘广告牌，内容如下，"告新日本女性：作为国家战后处理办法之一，招募新日本女性参加慰劳进驻军之大事业。工作性质为女事务员，年龄 18 岁至 25 岁。吃、穿、住全包"。在东京最早开设的机构是大井町的小町园。机构利用从前高档日餐馆——"料亭"的房子，将十叠、二十叠榻榻米的大房间用铁丝加布帘隔成众多简易小间。单间里没有床，直接铺着日式被褥接客。

> 包括去屏风隔间接客，慰安妇们每天接待的客人、大兵每人多达 15 人，最多甚至达到 60 人……小町园宛如沙漠中的绿洲，蜂拥而至的大兵排成长队向女人泄欲，场面甚为震撼。
>
> ——桥本嘉夫《一百亿日元的卖淫市场》

当年的"RAA"情报科长镝木清一透露，慰安所小町园门口曾排起近 600 人的长队。所谓"沙漠绿洲"的实际情况往往过分到超出常人的想象。于是，终于在某个慰安妇身上发生了悲剧。

> 唉，这些大兵当中有的人等不及，一面拿瓶威士忌往嘴里灌，一面就扑上来，也有穿着鞋就扑上来的。更恶劣的是，有人喝得酩酊大醉后把女人倒吊起来玩，就像摆弄玩具一样。可日本人对此却不能干预。就这样，当时真的没有办法，只好央求那两三个在慰安所执勤的宪兵过问一下。
>
> ——女人哪经得住这么折腾。

有个女孩原本是公司办事员，3月10号的空袭中爹妈都给炸死了。头一次接客就是个老外，她当时还是个处女。她受不了这个刺激，当晚就扑向慰安所后面疾驰而过的京滨线电车自杀了。因为担心这一事件对其他员工产生负面影响，所以给她下葬时严格保密。

——东京12频道社会教养部《新编我的昭和史（4）·追忆世态》，镝木清一《进驻军慰安作战》

横滨的警察为确保慰安妇来源，甚至跑到郊区招募。他们还与真金町游廓、本牧桌袄屋等相关业者打招呼募集女人。这简直就是以举国之力打造国营慰安机构。免受战祸破坏的山下町租赁公寓互乐庄也开设了慰安所，等待着占领军的光临。

警察在乡下凑了80名有接客经历的妇女，在中区山下町的老旧公寓互乐庄待命。警察方面考虑将这里打造为缓冲地带，以保护良家妇女不受美国大兵粗暴伤害。8月29日美军登陆。第二天，8月30日互乐庄门前数千名大兵排起了长队。但是互乐庄开了一星期就关掉了。因为发生了多起大兵为争夺女人而发生冲突，大打出手，无力执法的日本警察根本控制不了局面。

——《反骨七十七年·内山岩太郎的人生》

互乐庄仅仅经营一周便告关闭了，但慰安机构并未因此减少。昭和二十年末，横滨市的指定区域内就有174名业者做着这种生意。

真金町的女人们说，如果自己不干净的身子还能对国家有用的话，很乐于出来为国分忧。她们成立了"白百合会"，积极投身慰安接客。最初两个月她们毫不惜力地流泪献身，可过了不久因为意识到这个行当能够赚到钱，于是"伴伴女郎"露头了。这样一来她们坏了口碑，人们对其印象也完全改变了。

——《慰安所的实施情况》引自《神奈川县警察史》

第二年，1946 年（昭和二十一年）3 月 26 日，日本下达了"禁止进驻军进入卖淫窟的决定"，所有"RAA"将面临关闭的结局。

1946 年 1 月，美军中情况严重的部队性病患病率高者竟达 68%。一天占领军司令部的 V 上校叫来了日本政府的负责官员骂道："日本女人简直就是性病的温床！如此肮脏，都是恶魔！"……这件事应是慰安所关闭令的前兆。军医部和卫生局的一份报告中指出，"'RAA'所属的日本慰安妇中 90% 是性病带菌者，对海军陆战队某师抽查发现，全师官兵 70% 已经是性病带菌者。"2 月，占领军司令部看到这份报告大为震惊，下令自 3 月起禁止美国官兵进入任何慰安所。

——五岛勉编《被外国士兵夺去贞操的日本
女性们的手记》，引自《续·日本贞操》

国营慰安机构经营了短短半年便收场了。这些曾被称为"性防波堤"和"特别挺身队"的慰安妇们，在慰安所最火的阶段曾有 7 万名，"RAA"关闭时也还有 5.5 万名。失业的慰安妇被遗弃在街头，许多人转为站街妓女。

从这一刻起，站街妓女被称为"伴伴女郎（panpan）"。"panpan"是战后美军占领期间出现的歧视性说法，其词源众说纷纭。一说是美国大兵将印尼语"perempuan（女性）"的音变带入日本，也有一说称来自中国人叫妓女为"伴伴"。专找占领军大兵的"伴伴女郎"被称为"洋伴"，再细分则专找白人的叫"白伴"，专找黑人的叫"黑伴"，和特定对象交往的叫"only（专伴）"。不同的叫法还有高低之分，专找黑人的"黑伴"最受歧视。据说玛丽算是"洋伴"，专找军官，某段时间还是"专伴"。

1946 年，占领军司令部下令废除公娼制度，命令称"日本的公娼现象有违于民主理念"，"日本政府应立即废除一切容许公娼存在的法律和命令，并宣布作废一切基于上述法律签署的、以卖淫为业务的合同"。根据这个命令，卖身妓院的游女们获得自由之身，始自桃山时代、持续了 350 年的公娼制度终于画上了句号。

但在游廓，换成"特殊咖啡""包厢"等名义，卖淫活动仍公然进行。警察当局在地图上划红线圈出有游廓的地区称之为特殊餐饮店，划青（蓝）线圈出未被指定为特殊餐饮店的卖淫活跃地区。红线、青线的叫法是警察的内部行话。横滨的红线地段是永真游廓所在的永乐町和真金町。这些店设有柜台和大厅，作为餐饮店营业，男客以和女招待自由恋爱的形式发生关系。

横滨的青线地段是沿着京急线日之出町站和黄金町站之间铁路高架桥下面的黄金町铁路桥下一带。《横滨中区史》中记载了黄金町当时的情况。

　　这个地区的部分地段集中着卖淫和贩毒的窝点。再往前，附近的后街，沿着京滨快车铁路桥一带，陆陆续续地建起了木板房，经营着很多小酒馆，简易住宿场所等。特别是铁路桥下，因战祸而无家可归者在此搭建了临时栖身之所，也是经营上述酒馆和简易住宿场所再合适不过的地方。在这里和占领军大兵之间的性交易十分火爆。这就是所谓的青线地段……

　　这些被称为"伴伴女郎"的站街妓女，就在昏暗的黄金町铁路桥下一线揽活。车站所在的黄金町一带成为她们揽活的核心地段。老街坊回忆道："这一带曾经有过'青线地段'呢。从黄金町到白金町的河边都是。青线地段还包括曙町、日之出町，还有黄金町铁路桥下。当年这一带可是名声不太好听的景点呢。"

　　　　　　　　——《横滨中区史》第五章《野毛地区》

　　当时，有一个外号叫"二流子阿时"的女流氓，专瞄着"伴伴女郎"作恶，最终被警察逮捕。这个案例充分象征了那个弱肉强食的混乱时代。

　　战争结束后，象征着战败耻辱的"伴伴女郎"四处揽活固然不遭人待见，可她们也有她们自己的说法。她们当中的多数沦落到不得不出卖身体的地步，不过是为了挣口饭活命。可是还有人利用恐吓手段，打这些"伴伴女郎"的主意，忍心榨取她们卖身换来的那点血泪钱。这个人就是外号"二流子阿时"的女流氓头头。此人本名海老原民子（28

岁），她一副男人打扮：短发、墨镜、蓝领衬衫袖子高高卷
起，肥粗的左腕子上刺着"第二代爵士乐阿胜——二流子阿
时"的字样。

——《神奈川新闻》1946 年 7 月 25 日

　　阿时自己并不卖身，却"用打'伴伴女郎'手里强要来的
钱，在黑市吃天妇罗盖饭，还有酒喝"。被她勒索过的"伴伴
女郎"多达数百人。尽管如此，这个勒索过她们的女流氓被逮
捕后，她们当中还有人去局子里看她，很世故地问她"想吃点
啥""缺不缺'药'"。报道中提到的"爵士乐阿胜"是横滨家喻
户晓的女流氓头目，也是"二流子阿时"心目中的榜样。此人也
在谋划与当地黑道人物斗殴时，与阿时前后脚被逮捕。

　　1949 年（昭和二十四年），以日本经济的自立和稳定为目的
实施的财政紧缩政策"道奇计划"[1]，导致了失业和破产相继发
生，人们对生活稳定丧失信心，引发社会恐慌。受此波及，横滨
街头的妓女也急剧增加。据神奈川县警察的调查，同年 8 月横滨
服务日本人的妓女计 1 070 人，服务外国人的妓女计 2 018 人。
四个月后的 12 月，统计在册的妓女总数一下子超过 5 000 人。
从年龄层来看，最年轻的 16 岁，最年长的 49 岁，有人还带着
孩子。这一年，日本全国共逮捕的约 56 000 人街头妓女中，约
9 000 人是在横滨被抓的，妓女们如此充斥街头，真是个糟糕透
顶的时代。

---

[1] 道奇计划，是二战后初期，美国占领当局为稳定日本经济，平衡财政预算，抑
　　制通货膨胀，于 1949 年由占领军财政顾问、底特律银行总裁约瑟夫·M·道奇
　　制定，由吉田茂内阁实施的一系列财政政策。——译注

10. 娼妓们的战后

　　1945 年（昭和二十年）战败以后，横滨人口锐减至 62 万人。五年后，1950 年（昭和二十五年）恢复到约 95 万人。同年6 月 25 日，朝鲜战争爆发。日本成为美军前方基地，接到了来自美军的大量物资订单。厚木、横须贺的美军从日本出发前往朝鲜战场，开拔与归来的美国大兵充斥横滨。横滨港为满足装载美军物资和食品的需求，从日本全国各地招募码头工人。吊诡的是，朝鲜战争带来的军需景气，刺激着横滨从战败走向复兴。横滨稳稳地抓住了此番经济成长的机遇期。玛丽在横须贺，继而来横滨"找活"，也是基于这样的时代背景。

　　这一时期，本牧的桌袱屋街也恢复了。但是恢复的桌袱屋和战前相比已是面目全非。如今这里成了美军大兵寻欢作乐的场所，看不到什么日本人光顾。这中间有一个日本人常跑本牧的桌袱屋"明星酒店"。此人便是风月场作家广冈敬一，他谈及了昭和二十五年（1950 年）左右时的个人经历。

　　我也听说到横滨的桌袱屋因朝鲜战争的特需而热闹起来的传言。当时本牧海边是成排的拱形屋顶兵营，隔着国道，对面一溜都是两层建筑的宾馆街。什么"明星"啦，"彩虹"啦等片假名招牌的客店鳞次栉比。进出酒店街的都是身着制服的外国大兵，洋妓我也见得多了，可这个场面我看着也肝儿颤。鼓起勇气推门而进，意外地听到"欢迎光临"！一进玄关，前方有个宽敞的大厅，一面墙边有一个吧台。身着颜色各异裙服的女人与美国大兵推杯换盏，鸳鸯蝴蝶，舞姿翩翩。刚才嗓音明快招呼我的是身着白色的晚礼服的美津子，一位看上去有点忧郁的美人。"我也可以吗？"我客气地问道。"当然可以。黑白我是分得清的，除此之外这里没有种族歧视……"

柜台里的中年女性应该就相当于吉原游廊的老板娘。她对我说："美津子长时间服务 2 000 日元哦。"所谓长时间指的是两个小时，这个费用相当于吉原中档店的过夜费。虽然比较贵，因为相中了美津子，还是点名要她服务。她对我直白道："日本男人还是头一遭。"她看上去很是可怜，我也不再深问。她努力忍着接客的样子，深深打动了我。

第二次约会开始"过夜"了。5 000 日元的费用不算小数目了。傍晚 6 点左右，我们出去转起来，享受谈情说爱的感觉。美津子开始对我敞开心扉。她出生于神奈川县，三年前的夏天，20 岁的她就在附近的海边被美国大兵强暴，夺去了贞操。"这件事发生两天后，我就离家出走了。我也想过

1950 年桌袱屋"明星酒店"的美津子（广冈敬一摄）

93

死，最后还是求同样被老美强暴过的女友帮忙，来本牧讨生活了。"似乎战后的桌袱屋，和美津子有类似遭遇转入此行的人，远比之前就有卖淫经历的人多。

——《战后性风俗大系》

那时我还不认识广冈。与他见面并对他进行了采访是在四年后的 2003 年。

到了昭和三十年代，就像"已经不再是战后时期了"（1956年《〈经济白皮书〉序文》）那样，就连关外的核心地段——伊势佐木町大街也恢复了往昔的热闹，不分昼夜灯红酒绿。

伊势佐木町让人觉得已经"水暖鸭先知"般地搭上了高速成长期的快车。昭和三十一年伊势佐木町大街各种行业的店铺数量已达 401 家。其中最多的是做和服与西服的店铺占比达到 14.4%，做服饰用品、小配件的占比 13.7%，饮食业位于其后。相比之下，野毛一带饮食店最多占到 20.9%。服装店较多是伊势佐木町的特点……

带动地区发展的要素，饮食店自不必说，电影院也是重要因素之一。该地段电影院多达 13 家，总计有 77 980 个观众座位，超过了野毛一带。

——《横滨中区史·关外地区》

1951 年（昭和二十六年）9 月，在旧金山签署了对日和约，在此之后，美国向日本归还了横滨港的治权。1957 年（昭和三十二年）美国又解除了对大栈桥的接管，很多海外航线的船只

美军解除对横滨大栈桥接收状态[1]（图片来自横滨市史资料室）

得以进入港口，码头工人数量不断增加。1958 年（昭和三十三年）5 月，征用为美军士兵俱乐部的不二家大楼得到归还，这标志着对伊势佐木町的接管完全解除了。

在此一个月之前的 4 月，卖淫防止法开始实施，战后作为特殊饮食店（红线地段）一直经营着的永真游廓和本牧桌袱屋都宣布关门。实施的一个月前，《神奈川新闻》刊登了红线地段特殊行业经营者表示停业的消息。

　　卖淫防止法自 4 月 1 日起施行，但由于经营者及从业妇女转行需要一段时间过渡等原因，到今天 28 日为止

---

[1] 此图右侧面向大海的山下公园里还散布着美国大兵住宅。

红线地段将灯火不再。本县所辖 17 个地区 814 家业主、2 954 名从业妇女将迈出走向各自新世界的第一步。无论是转业，还是重生，一切都只是刚刚起步。本县取缔卖淫活动本部将用一个月的时间全力指导相关人员。在歇业前最后一天，横滨永真咖啡街的特饮店从业妇女组成的横滨爱志会于 27 日在永真咖啡店行业组合举行了解散仪式……

约 100 名成员出席了解散仪式，永真咖啡行业组合理事长相泽、警察署长和田寿、县公安委员长高桥致辞鼓励。相泽理事长说："大家一直以来都在一个锅里吃饭，谁都不想分手。但现在大家面临着一个重获新生的好机会，希望每个人都能找到自己的幸福。"高桥委员长说："日前我在国会听说，制定新法的人对大家的实际情况并不了解。红线地段没有了以后，如果出现什么问题就都是这些人的责任。在制定这个防止法之前，应该首先制定救济贫困的预案。有港口就有船员的性需求问题，解决起来难度颇大。大家可以说都是一直给父母寄钱的孝女，这是你们值得称道之处。今后生活也许会苦一些，希望你们能以日本女性的骄傲，忘记过去，获得属于自己的真正的幸福。"

该特饮街今天全部停业。有着 80 年行业传统的青楼街，曾经纸醉金迷，终于曲终人散。

——《今夜起红线地段灯火不再》，
《神奈川新闻》1958 年 2 月 28 日

意味深长的是，神奈川县公安委员长对卖淫防止法提出了批评，对娼妇（从业妇女）表示了称赞。这表明人们的观念中还留有卖淫是"必要"的认识。另一方面，从未得到认可的特殊饮食店青线地段（黄金町铁路桥下）的取缔力度却有所放缓。此后一段时间卖淫活动以"销魂一刻"的形态继续存在，人们称之为"毒品银座"，是普通人不敢靠近的危险地带。

> 昭和三十三年（1958 年）4 月 1 日卖淫防止法施行。明目张胆的买卖不见了，但以铁路桥下为中心还是可以看到徘徊拉客的女性。那些面目可疑的酒吧和酒馆，虽然号称"本店账面无诈"，却往往是毒品交易的巢穴，秘密卖淫的中介。到了 1962 年前后，尽管有警方多次查禁，这个地区依然毒品交易猖獗，令人侧目。周刊杂志的纪实报道大写特写这个买毒贩毒的集中地段。这正是日本战后社会问题的象征。
>
> ——《横滨中区史》第四章《野毛地区》

为了找到《横滨中区史》中记载的周刊杂志对黄金町的报道，我来到大宅壮一文库，翻阅起厚实的《杂志报道索引总目录》，试图寻找到那篇文章。终于找到了《周刊每日画报》（1962 年 8 月 12 日），里面文图并茂，生动传神地描述了男女瘾君子们注射毒品的细节。

> 我把相机对准了全国赫赫有名的秘密贩毒地带——横滨市中区初音町的京急本线铁路桥下。
>
> ——我说，还没到啊，第三班还没到啊？

——已经过了 20 分钟了，应该快到了。这班搭了几份？

——两份。

——你这点算什么。别老啰唆了，老实儿地坐那儿等着吧。

上述对话传入我的耳朵。我装扮成一个瘾君子，穿着皱巴巴的裤子，趿拉着一双胶皮人字拖。晚上 7 点，我在夜幕降临的铁路桥下一角徘徊。沿着铁路流淌的大冈川散发出阵阵恶臭。卖关东煮和刨冰的简易房小店鳞次栉比。像难民一样聚集在一起的五六十名瘾君子，都待在角落里不肯挪窝。他们是在等药。我事先做了些功课，知道他们的对话说的是什么。

他们的交易采用预订付款制。1 份（约 0.05 克）600 日元。收足 100 份的预约款后，"药使"（人们叫他卖药的）便开车去秘密据点取药。每次往返就是一趟"航班"。付钱申请预约在他们的隐语中叫"搭乘"。

——《我所看到的毒品街"横滨地下贩毒地段"——青野义一图片报道》

据说这里毒品横行的原因之一是京急本线铁路高架桥就顺着大冈川修建。警察搜捕时，打开房间窗户就可以方便地将毒品扔进窗下的河流里销毁证据。

1959 年（昭和三十四年），为纪念横滨开埠 100 年，横滨建成了丝绸中心国际贸易观光会馆（位于山下町一番地），这座建筑以其前卫性引起人们关注。同年，横滨站西口的高岛屋百货店

丝绸中心[1]

开张。1964 年（昭和三十九年）钻石地下购物街、1973 年（昭和四十八年）横滨三越百货店、"Joinus"[2]相继开业。这一带终于成为取代伊势佐木町的繁华街。

　　1960 年（昭和三十五年），建着成排美军住宅的山下公园全面解除了美军的接管，第二年即 1961 年，因为市区规划调整，道路将在这里通过，鲸鱼巷原址上建立起来的樱木百货楼被拆除。再有三年将举办东京奥运会，这时的日本正处在经济高速发展时期。

---

[1]　此中心由深受勒·柯布西耶影响的建筑大师坂仓准三设计。他还亲自参与了神奈川县立美术馆、神奈川县政府新办公楼的设计。

[2]　"Joinus" 的全称为 "Sotetsu Joinus"，是相模铁路横滨站车站直通型购物中心。
　　——译注

11. 城市的变迁

　　1960 年（昭和三十五年）7 月，新港码头全面解除接管后，转年 1961 年 8 月，创下了入港船只最高达到 148 艘的纪录。开埠以来，作为工商业港横滨港迎来了最为繁荣的事业巅峰期。

　　此后，海上货物运输从卸货式进化为集装箱船方式，重新修建了大黑码头、本牧码头。新添的龙门起重机可从货轮上直接将

大通公园[1]（图片来自横滨市史资料室）

_____

[1]　这座桥下的新吉田川填埋后建成了大通公园。远处是横滨桥路商店街的入口。

派大冈川填埋后建成的首都高速公路[1]（图片来自横滨市史资料室）

货物卸到码头，许多码头工人因此失去了工作。

城市也急速地发生了变化。包括新吉田川在内流经有游廓的永乐町、真金町和伊势佐木町一带的周边运河，于 1972 年（昭和四十七年）被填埋，地下铺设了横滨市营地铁线路，地面改造为大通公园。

再过六年，流经设有关口的吉田桥下面的派大冈川的河床于 1978 年（昭和五十三）被填埋，地面上建成了首都高速公路横羽（横滨–羽田）线。开埠之初的横滨风景，在仅仅一百多年的时间里就消失得无影无踪了。

此外，曾经作为日本屈指可数的繁华街，战前一天最多有30 万人流动的伊势佐木町，受横滨站西口发展的影响顾客开始减少。1978 年（昭和五十三年），为了"重振老街活力"，伊势

---

[1] 此图右端是京滨东北线的高架，左端是伊势佐木大街入口的伊势大厦招牌"冲正宗"的一部分。

佐木町大街改造为步行购物街，这样一来站街妓女便失去了拉客的地方。这一影响显然也波及玛丽。随着城市的发展，她们失去了"工作岗位"。

1980 年（昭和五十五年），三菱重工业横滨造船厂因石油冲击（昭和四十八年）引发的造船不景气撤出造船业。当年的遗址上建成了横滨新景观"港湾未来 21"，横滨地标塔、"Pacifico"横滨会展中心、横滨美术馆、横滨皇后广场和横滨"World Porters"等商业设施坐落其中。

1982 年（昭和五十七年），本牧的美军接管被解除后，"铁网后面的美国"改造为麦凯乐本牧等商业设施和面向日本人的住宅。

1989 年（平成元年），为了缓解集装箱货运卡车等造成的交通拥堵，开通了连接大黑码头和山下埠头的横滨海湾大桥。这座大桥的建成可以说是一个新时代的象征：过去依靠码头工人人力劳动的横滨港，已经转型成吞吐集装箱货船的现代化港口。

调查至此令笔者想到的是，横滨的历史不仅与日本的近代史息息相关，也与现代史息息相关。娼妇们的经历也是这座城市历史的一部分。也许，正是昭和时代的终结，才导致了玛丽离开这个城市？

我的脑海里现在有了无数的散点，接下来要跳出城市，运用自己的脚力将这些散点连接起来。我终于站到了起点。那么，接下来让我们进入本书正题。

（本章资料提供：野毛山小调保存会。）

第三章
"玛丽"的记忆

1. 玛丽献上的花束

1999 年 7 月中旬，我前往天野图片工作室找森日出夫，请他给我介绍与玛丽有交往的人。"首先是山崎洋子啊，常盘刀洋子啊，还有元次郎啊。"森翻着笔记本说道。他还列举了许多名字，我几乎都是第一次听说。森先是打了一圈电话，呼吁大家协助我拍这部电影。之后我与他们联系，依次安排采访。我手头只有类似策划书一样的东西。（当时我）也不知道策划书的规范写法，写得跟散文差不多。

　　　　一身白的娼妇——滨城玛丽（暂定名）
　　策划：生长在横滨或神奈川，或者住在这里的人，是否听说过横滨玛丽或者一身白的玛丽？
　　实际上不少人见过她。谈到对她的印象，几乎都是"严重驼背、涂着厚厚白粉的老太婆"，"人在伊势佐木町，一直以为她是法国人偶"，"虽然沦落至此，但出身却是华族"之类，过于表面，没有什么抓手，实际上对真实的玛丽知之甚少。所有证言都没有真实感，基本都属于传言一类。如果打个比方的话，大家谈她就好像在说横滨这个城市的风景一样。但是她的存在本身显而易见是现实的，不能仅仅视作风景。首先，在横滨这个不断膨胀的现代城市里，玛丽与战后的日本形同影随。这样一个事实只能是一个强烈的讽刺。她

横滨玛丽：被遗忘的真实

从哪里来，又消失在什么地方？玛丽到底是什么人？我还是不清楚……那接下来要拍的电影主题如何定位？我的兴趣、关注点应该在哪里？我想应该是那些和玛丽相处过的人们。大家每一个人都有属于自己的玛丽。通过访谈大家各自的人生中与玛丽的交集，也许可以记录下生活在这座城市里的人们对横滨这座城市的集体记忆。

"战后史""横滨"，这都是些十分模糊的关键词。在学校学到的知识依稀还会记得一些，但都是纸上谈兵，并无实感。而战中、战后世代的话语已经开始风化。我无意为此大声疾呼，但我认为这是制作这部作品时必然会遇到的问题。在横滨这座城市，不，在日本这个国家，有一个与男人们周旋并顽强地生活过来的娼妓。我想以自己的方式，以某种形式留下这段记录，于是决定拍摄这部电影。

负责拍摄的是中泽健介。想到两年前跟他谈起此事，而如今这部电影已经开拍，我真是感慨万分。二人前往友都八喜相机店，购买了索尼的数字照相机 VX1000、采访用麦克风、三脚架、拍摄用录像带等。本想再添一名录音，因为钱紧，加上没有合适人选，只好放弃了。显然还达不到万事俱备的程度，在只有我和中泽两个人的情况下，1999 年 7 月 21 日电影开拍了。

中华街尽头的杂居大楼里，有一家摩托俱乐部"横滨半人马"。饭田繁男，1942 年（昭和十七年）出生。外号半人马老板，又称大将。个子并不怎么高，但体魄堪称巨汉。长长的头发很像美国的印第安酋长。1964 年，饭田及其他三名成员创立了"横滨半人马"。后来还有了以这个俱乐部为题材的漫画《半人马传说》，在这个圈子里很有一些名气。这位饭田也有着与玛丽打交道的记忆。

"我是在京急本线的黄金町车站第一次与玛丽偶遇。"

"所谓偶遇就是你看到了她？"

"不，她和我搭了话：'喂，跟我去玩一玩？'"

"你怎么回她的？"

"我嘛，落荒而逃呗（笑）。那会儿她那一身都是白的。当时我还相当纯情呢。"

饭田与玛丽"偶遇"的这个时期，正是50年代中期（昭和三十年代），黄金町还保留着青线地段。小巷里尽是些美国大兵、"伴伴女郎"和胡同串子。问及饭田当时还是少年的他对伴伴女郎的印象，他回忆道："就是很羡慕啦。我这边食不果腹，人家却想吃啥有啥。人们说，她们总是吃得爽歪肚皮，所以才叫'嘭嘭女郎'。当时横滨战后那会儿的典型印象就是，从美国大兵手里要来的好时巧克力，美军飞机升空时喷出的暖气流，再有就是'伴伴女郎'。特别是'伴伴女郎'，看上去神气得很呢。"

对饭田的采访，在他的办公室做了两次，又在东西屋顶仓库前的码头做了一次。当时我的采访还很不熟练，好几次我对他重复了同样的问题，他都不厌其烦地回答了我。

"那么，这次要拍什么呢？"

"这次想拍一下老板的日常生活状态。"

"骑摩托就是我的日常呀。"

于是我们就拍下了饭田骑着摩托在横滨的马路上飞驰的镜头。从山下公园到本牧码头距离约5 000米。摄影组借了轻型卡车，我们就在车上架起摄影机拍摄。森日出夫觉得"这个有点意思"，于是也搭车按起了快门。拍完这组镜头，我又厚着脸皮对森进行了第四次的采访。

"骑摩托呢，有人在高速上即使飙到 300 千米摔倒也大难不死，有人在公路上慢吞吞地骑，结果一打滑就摔死了。你说怪不怪啊？"

"是啊……"

"就这样说下去很重要。玛丽的故事也一样。大家不是都在谈论玛丽吗？这中间有的就是传言，所谓虚虚实实都有。可就算是传言，如果是完全没有意义的话，谁也不会说它。大家就这样说下去，在众说纷纭的过程中，去粗取精，剩下的便是干货。可谁也无法预设会剩下什么，因此放开说很重要。最后时代自有判断。"

我像是理解似的点了点头——尽管那时我还无法理解这番话的全部意义。但他流畅的讲话方式似有魔力将我说服。"我看你还是见见元次郎为好。"

森日出夫说，这个元次郎是讲述玛丽时不可或缺的人物。

永登元次郎，本名永登昭治。昭和十三年出生于台湾。作为香颂歌手，在日本维克多唱片公司发表了三张专辑。他还在京急本线日之出町车站旁边的公寓一楼经营着香颂演唱酒吧——"黑猫"（Chat noir）。我在他的店里采访到了他。

元次郎用女性化的动作和语调讲了起来。他坦承自己是同性恋，除了外观模样之外，整个一个女人。

"第一次看到玛丽的时候吓了我一大跳，主要是她那副打扮。后来从周围的人那里听到很多有关她的故事，慢慢也就理解她了。我元次郎也是在战后从台湾遣返回来的，因此很理解还有不少人像玛丽那样为生活奔波。"

"那之后你们常见面吗？"

"总能在街头撞上，但一直没有机会说话。"

元次郎第一次见到玛丽是在 1972 年左右，是在横滨高岛屋的家具卖场。

> 我记得一眼看到坐在待售床上的她从头到脚一身白，起初以为是个模特娃娃，走近一看却吓了一跳。玛丽正在那里打瞌睡。之后偶尔在夜晚的街头我还遇到过她几次。据说横滨地面上的老街坊都认识玛丽，她岁数已经很大了。不知道为什么我对她产生了兴趣，很想找机会和她聊聊。
>
> ——平冈正明编《横滨野毛》第四号，
>
> 永登元次郎《元次郎三十三年的梦》

"你们后来怎么认识的？"

"马车道上不是有个关内礼堂嘛，正好我在那儿举办个人演唱会。那天中午 12 点左右我要进后台的时候，在剧场门口和她不期而遇。我不失时机地和她打了招呼。当时她在看我的演唱会海报呢。'玛丽，今天我在这里有个演唱会，你要是有时间的话，也赏光听听？'我说完之后给了她一张招待票。"

1991 年这场个人演唱会，是元次郎初登大舞台。演出盛况空前，关内礼堂的 1 100 个座位全都坐满了。这天元次郎一共要唱 20 首歌，演唱到高潮的时候，奇迹发生了。

"玛丽能来就好了，元次郎唱的是和娼妇有关的歌，真希望让玛丽也听到啊。我一边想着她是否会来，一边就这样唱下去。最后在歌手返场之前有一个接受观众献花的环节。这时玛丽拿着礼物来到了舞台下面。那一刻我心里充满感激。很多观众也都知道玛丽，她一出现台下响起一片掌声。"

当元次郎从玛丽手里接过花束，全场观众不禁叫道："啊，玛丽！"街头老妓和同性恋香颂歌手的手就这样握在了一起。横滨的两个社会少数派的相遇，引发了全场的欢呼。一周后，元次郎又有了一次见到玛丽的机会。似乎那不是偶然，而是一种命中注定。

"大概是个人演唱会结束一周左右。从前马车道（艺术大厦）不是有一家叫有邻法沃里的文具店嘛。在电梯前面我们又邂逅了。我搭话说：'前几天多谢你了。又送花又赏光的，我们吃个饭怎么样？'她推辞道：'今天有点忙。'我拿出钱想塞给她：'那不好意思，你拿去自己喝杯茶如何？'她又推辞道：'别这样，大家都在看着呢。'"

在坊间的说法中，玛丽基本上等同于无家可归者。但是元次郎通过接触发现，她并不随意接受别人钱物，于是对她更加有兴趣了。

在此之后不久，他们经常见面，见面地点确定在位于伊势佐木商店街入口处的汉堡店——森永爱汉堡包店。

"马车道明治屋所在的大楼在二楼有一家语言学校——日法学院。我唱香颂总得会点法语，所以就去这家语言学校学习。一天（我正赶去上课），忽然看见森永爱汉堡包店里坐着玛丽。"

"我便不经意地坐在了玛丽的邻座。我打了声招呼'好久不

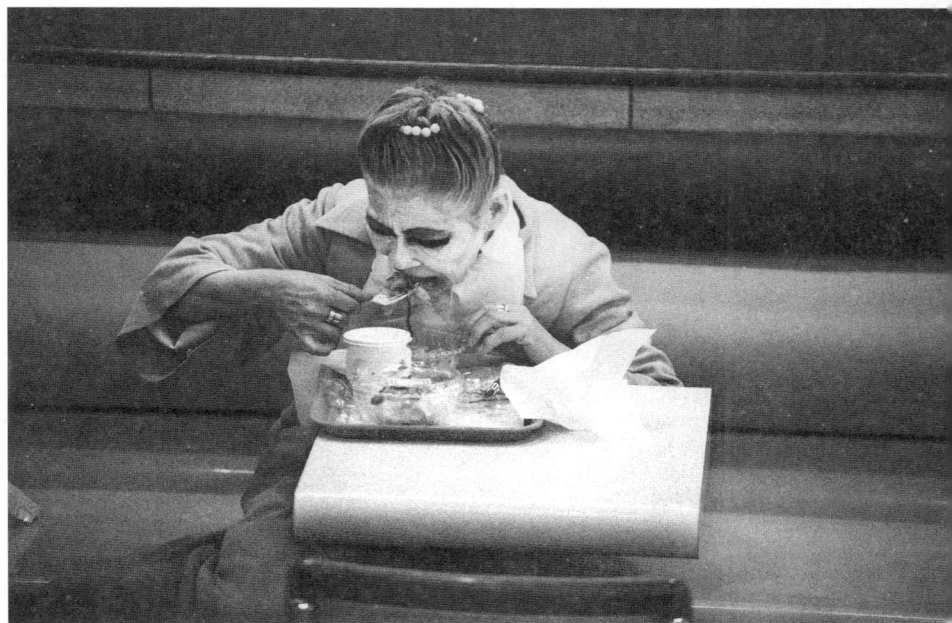

在森永爱汉堡包店内的玛丽（上、下）（森日出夫摄）

见'，便和她聊起了家常。从那以后每周都要和她在那家店里见一次面。结果逃了好多次法语课。"

"你们都聊点什么呢？"

"一般从天气聊起，'今天真冷啊，今天好热啊'之类的。正好那会儿玛丽正在画一幅画，就是用自来水毛笔临摹源氏物语画卷。我在旁边一直看着，觉得她画得相当棒。她还说画好了会送我一张呢。"

玛丽经常出现在画廊和展览会等场合。她不光是看别人的作品，自己也爱好书法、绘画。据说她还表示过，"自己的梦想就是将来能举办一次个人画展"。

当时他们两个人的对话记录在磁带上。这是用元次郎为了练习法语发音随身携带的录音机录下的。

> 元次郎：你自己满意的画画好了送我一张吧。
>
> 玛丽：等我画出来的吧。
>
> 元次郎：我会把它装进画框，好好地挂起来。
>
> 玛丽：画好很难啊，我都不晓得我能否画出来。
>
> 元次郎：不过这个小人偶画得太漂亮了。
>
> 玛丽：这个嘛，是昨天开始画的。
>
> 元次郎：画得真好。
>
> 玛丽：哎呀，画偏了。画成了个丑女人（笑）……
>
> 元次郎：画得挺好嘛，不要紧。

突然，玛丽从店里出去了。元次郎坐在那里等她回来。几分钟以后，玛丽双手抱着袋子回来了。

　　元次郎：你去哪里了？

　　玛丽：你还一直等着？

　　元次郎：你买了什么？为什么买这么多？为什么花那么多钱？

　　玛丽：这是给你的礼物。

　　元次郎因为法语学不好而烦恼，他和玛丽讨论学语言。人们都叫玛丽西冈。

　　元次郎：西冈，你英语已经很流利了吧？

　　玛丽：……

　　元次郎：英语也很难啊。

　　玛丽：是呢。

　　玛丽在森永爱汉堡包店中意的美食是鲑鱼汉堡、玉米汤。元次郎总是给玛丽添点什么。

　　元次郎：这汤趁热喝了吧。

　　玛丽：Thank you！

　　两人在汉堡店的交往，一直持续到1995年玛丽从横滨销声匿迹。从1991年那场个人演唱会算起，已经过去四年了。1999年，当我听到这盘录音带时，森永爱汉堡包店已经停业，店面换了汉堡王的牌子。如今又改成居酒屋，玛丽在时的店面已经面目全非了。

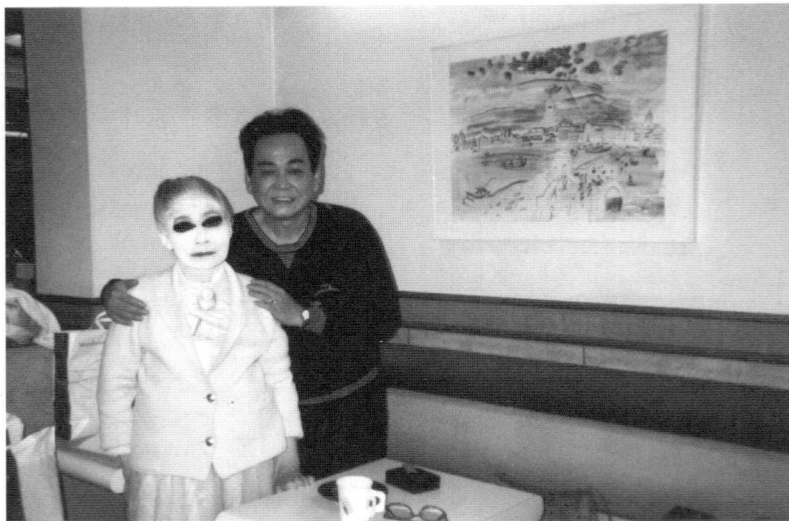

玛丽和元次郎在森永爱汉堡包店内合影留念（永登元次郎提供）

　　元次郎不仅仅陪她喝茶。他想让玛丽能生活得稍微体面一些，于是发起了各种各样的行动。

　　"说照顾玛丽生活，于我而言实在是不自量力，但玛丽事实上就是个无家可归者嘛。我问她：'你现在最想要的是什么？'她就说了一句：'好想有间栖身的房子'。我很想帮她实现这个梦想。但现实中有许多法律上的坎儿迈不过去。虽然我觉得她已经是横滨市民，可她没有做过居民登记，属于无固定住所。因此无法享受'低保'。为了这个我还好几次去横滨市政府和他们吵过呢。"

　　"结果如何？"

　　"和他们掰扯了半天也没用，于是我就想自己掏点钱周济她。每次见她都想给她点钱，让她买点所需的东西。可她特讲究自尊，直接给钱她不接受。于是我把钱装进红包里，红包上写上

'买花钱'再送给她。'玛丽，买些好看的花装饰一下吧。'"

"你没想过和玛丽一起生活？"

"这倒没有。我喊她过来玩儿，其实想请她到'黑猫'来吃饭，顺便再泡个澡。可她却用很妖冶的语气对我说：'谢了。今天我还没有洗澡呢，下次再说吧'。似乎那一瞬间把我当成向她送秋波的客人了。（笑）"

到了 90 年代，玛丽的客人越来越少了。我采访时了解到，一些日本绅士被玛丽拉住，就和她开个房，闲聊些家常，留下房钱和接客钱而去。这些好心的绅士希望这样可以让玛丽在床上安睡一晚。不仅是元次郎，那些横滨汉子也用自己的方式对玛丽表示了同情。

2. 元次郎三十三年的夙愿

元次郎递给我一本城市杂志《横滨野毛》："有兴趣可以拿去看看。"因为上头有一篇记叙他本人半生的文章《元次郎三十三年的夙愿》。虽然和玛丽没有直接关系，他还是希望我看看。

我喜欢港口城市。这和我在神户长大有关。我特别喜欢平民区，住在野毛地区日之出町已经 20 多年。我已经把野毛认做自己的故乡。今年我 54 岁，算起来神奈川县接纳我让我住下来已经有 30 年了。人活了 50 年，就有了种种人生经历。有些经历如果能用橡皮擦掉的话真想把它擦掉。有些经历想一辈子藏在肚子里，但有些回忆不吐出来自己也无法释怀。

我从小就喜欢唱歌。战争结束之后那段日子里，即使每天饿得不行也会大声唱歌。十几岁的时候，我曾进过神户西宫日本水星唱片公司的歌谣学校，梦想成为歌星。19岁时，那家公司突然关闭了。那时候唱片公司只有在东京才能够生存（那个时期所谓歌手就是唱片歌手，歌手必须进唱片公司才能够出道）。我想去东京找机会进入一家唱片公司。当时我想，到了东京总会有办法的。这事要是跟父母说，肯定会被拒绝，于是只好选择离家出走。做着歌手梦来到东京记得是春季，那年我刚满20岁。

当时元次郎正处着一个同性的他。虽然彼此青涩懵懂，但却很认真。可在老家神户，周遭都是熟人的目光。于是就想两个人远走高飞。两个人心气正热谁都挡不住，像男女私奔一样来到了东京，而且是乘坐卧铺列车一路逃亡。

但是，元次郎和他的同居生活没有持续很久。他不像元次郎那样有人生梦想。元次郎白天在理发室工作，晚上则是在俱乐部当调酒师。而他没有任何目标，每天浑浑噩噩地混日子。没过多久，人生目标差异过大的两个人终于分道扬镳。孤身一人的元次郎，每天更是沉湎于工作。他不知道如何才能成为歌手，焦虑与日俱增。因为来到东京已经过去好几个月了。

有一天，我把自己的梦想告诉了俱乐部的经理。他听了后对我说："我没有熟悉的作曲家，不过你想成为歌手的话应该有更多的阅历才好。我一个朋友的剧团正在新宿松竹文化演艺场公演。我先给你介绍一下吧。"于是就带我前去面试。他直接带我去了大楼地下的后台。在狭长屋子的最里头，一个双眼忽闪、嘴巴很大的男人正往头上戴白发婆婆的假发。此人便是剧团团长石井均，日后西川洁[1]的导师。

"呀，欢迎你啊！""幸会幸会，我是永登。您多关照！"我点了下头算是鞠躬致意。

喜剧剧团"石井均一座"，成员除团长外，还有财津一郎、伊东四朗、前些年去世的"天福三重奏"的户冢睦夫以及三位女演员等共有十人左右。

"什么时候开始都成，你来吧。"

"谢谢您，我调整一下白天的工作。您多关照。"

我立刻辞了白天的工作进了剧团。每天我理所当然地早于所有人来到后台，擦拭化妆镜，打扫房间，等着大家的到来。每天我站在舞台内侧看大家在台上的表演，自己参悟。

最糟糕的是，我改不掉自己的关西腔。手里拿到台词，可怎么也无法用关东腔念出来。不像现在有点关西腔反而遭人待见。有时虽然让我上回舞台，却都是没有台词的角色，跑跑龙套什么的，但这样拿不到工资。白天无法打工，晚上打工一晚上 8 000 日元，三叠榻榻米的公寓小屋房租 3 000 日元，剩下的 5 000 日元要维持一个月的生活。这样的状态难以为继。想找能赚到更多钱的夜班工作，但是找不到。生活渐渐陷入疲于奔命的状态。春天时告别神户，以为只要来东京马上可以成为歌手打开局面的梦想，现在看来只是个人

---

[1] 日本知名搞笑艺人，后当选为参议员。——译注

天真的一厢情愿了。新宿街头已经刮起了寒风。走在街头，自己的内心也劲风激荡。这时，在遍地枯叶中我瞥到一张报纸。无意中捡起来定睛一看，报纸上的一行黑字醒目地映入眼帘："求美少年，高薪优待"。

我抠下报纸上的电话号码，试着拨通了电话。

"我在报纸上看到这个广告，就拨打了这个电话……"

"那你尽快过来面试吧。"

我去接受了面试，也清楚了工作内容。这家店采取会员制，专做男性向男性出售身体的生意。说是陪伴客人一晚甚至能赚到一万日元。虽然内心很是抵触，但人已穷途末路，乞丐、小偷又做不来，只好出卖自己的身体。当时还没有便利店等深夜打工的选择。我狠下心来决定试一试。我给自己打气："又不是要你的命。"

可我还是想简单了。这是一个完全没有自己自由的世界。有时候生意好，有时候没生意。生意好时客人多，搞得你一直到早晨都睡不上觉。这样一来去剧场上班也总是迟到。渐渐地剧团也难得一去，差不多就相当于辞职了。想到剧团的伙伴对我那么好，我真心感到内疚……好这口的客人差不多都来往之后，生意渐渐惨淡起来。越干越吃不饱。穿衣服也要花钱。钱根本攒不下来。也许金钱就是这么回事。

元次郎来东京是 1958 年。此前一年，被称为"修女男孩"的丸山明宏（美轮明宏）用日语翻唱香颂《梅戈梅戈》（吉尔贝尔·贝可作曲的法语歌曲），一下子火得不得了。但当时社会对同性恋的偏见还是很强烈的。

有一年的平安夜。这天还是没有生意，饿着肚子走在回家的路上。我住的房间在新宿百人町，位于陀螺剧场[1]的最里头，离新大久保很近的地方。我回家时总是打陀螺剧场前面过。那天，走在歌舞伎町的后街上，看见餐厅后门的垃圾桶周围聚集了几个乞丐，美美地吃着客人吃剩的还冒着热气的食物。我这时突然闪过一个念头：犹豫了一下自己是否也要加入这个队伍中去。肚子咕咕地叫着，催我迈出这一步。但我听说过，这一步迈出去可就停不下来了。

"你小子可得挺住啊。想想自己为了什么舍弃一切，甚至离家出走？"另一个自己在喊叫着。

我回过味来，到了陀螺剧场前。这里有一处广场，有长凳和饮水处。我喝了个水饱，坐在长椅上。街上还听得见"铃儿响叮当"的歌声。一个男人打了个招呼在我旁边坐下。这个人目光炯炯有神，胡须浓密而结实，说话却语气温和。我向他讲了我的故事。

"来川崎吧，那里能赚着钱。""是什么工作呢？""和你现在的生意差不多，就是扮成女人拉客。"

……

我决定去川崎。第二天我去了他告诉我的碰头地点——东京西边京急本线六乡土手车站。我跟在他后面走，过了道口，沿着铁路线稍微朝蒲田方向走一段路，有一个叫太阳庄的廉租公寓。其中一个房间从今晚开始成了我的卧室。这座建筑大得很，有好多个房间，住着各种职业的人。大部分人

---

[1] 陀螺剧场即"新宿コマ劇場"，名字由来于剧场的圆形舞台酷似陀螺。——译注

都是住一天算一天的人。这里聚满了沦落社会的人，但是大家都很热情，彼此关照。

　　明天晚上我要去上班，置办齐了廉价行头之后，手头就剩下200日元了。快到熄灯的时间了。这里晚上9点拉电闸。之后只好用蜡烛。今天晚上好好睡一觉！躺在像薄脆饼一样的被子里，尽情地伸展手脚，静静地闭上眼睛。今年马上就要过去了。有生以来第一次这样一个人过活，还不知道今后自己会命运如何？回顾这一年，想来想去总觉得自己大概当不成歌手了。想着想着眼泪流了下来，湿透了枕头。就这样过了一个不眠夜，明天开始打拼吧。

在川崎的堀之内打拼时的元次郎（永登元次郎提供）

　　当时的川崎，是京滨工业地带的核心地区，支撑着日本的经济高速增长，花街堀之内一到晚上，便充斥着在工厂打工的工人。元次郎回顾当时的情形说道："这一带有家日本钢管公司（现在的日本钢铁工程控股公司）的厂子。打厂子里来的客人可真多啊。他们平时无暇消遣，从早到晚都在干活。休息日或下班以后他们就来堀之内放松一下。我就站在那里等这些客人。"

元次郎的花名叫百合子，寓意像"像百合花一样美丽"。

第二天领班向大家介绍了同伴。同伴有七个人，加上领班和我正好九个人。准备好了之后我们都走了出去。这一夜冷得很。领班走在前面，我们过了六乡桥就来到了川崎。简直就像鸭妈妈带着一队小鸭子。过了桥就是堀之内，这里曾经因"泡泡浴乐园"远近闻名。当时一家"泡泡浴乐园"都没有。这条街以前属于红线地段。小饭馆模样的店铺林立于大街两侧。店铺有漂亮的圆窗，在红光照耀下，女人们对着路过的男人频送秋波。这条街又长又宽。女人们不管年轻的还是上了些岁数的，看起来都很漂亮。这条街很是热闹。

领班跟我讲了一番规矩，我就站在了街角。（当时，夜里出来挣钱的女人也有 50 人左右，在外面招揽着客人。有时候我们也会吵架，但大家关系都很好，就像兄弟姐妹一样。）

我尽量站在暗处。对面走过来一个男人。可我就算想打个招呼也叫不出声。有好几个男的从我眼前走过去了。最终我没能拉到一个客人。天蒙蒙亮的时候，大家都来到饭团店里集中。

"没成。"领班说："今天就这样了，振作起来，明天好好干。"

领班请我们吃了饭团，大家又排成一队过了六乡桥，回到了我们的鸟巢太阳庄，可这太阳庄在我眼里应该叫黑暗庄。

元次郎说："关键在双目对视那一刻。"男扮女装站在街头，向走过身边的男人打招呼。客人不是什么同性恋，都是异性恋。如何让他们相信自己是女人？

据说在客人擦肩而过的时候盯着对方眼睛看，那一瞬间决定能否成功。一旦客人相信你是女人，一般都不会再怀疑什么。

出来打拼一晃快要三年了。在同伴的帮衬下我终于可以独当一面了。租下了公寓，也存下了一点钱，能过普通人的日子了。这时已经是东京奥运会之前那一年，昭和三十八年（1963 年）的春天。街头洋溢着活力，东京的高速公路正在全速施工，四处尽是在建的高层建筑。

奥运会汇聚了来自全世界的人们。想一想战后不久那段日子，如今日本已经变身为当时无法想象的一流国家。但是我们这类人却遇到了麻烦。男扮女的生意给日本带来负面影响，于是不知什么人制定了法律。市条例规定禁止"类似卖淫"行为。从此我们不能再在街头做这个生意了。

对于元次郎来说，这个条例成了人生的一个转折点。

"在市条例出台之前，我们和警察关系还都融洽。没什么生意的时候，脸熟的年轻警察还会开着警车带着我们兜风呢。"

警察开着警车搭上一帮男妓招摇过市，讲给你你都不会信。那是一个现在无法想象的豁达时代。可是这样的日子已经是一去不复返，元次郎再次面临困境。

这个时候，经人介绍我认识了一个开纸箱公司的女社长。

她说："以后的日子真不好办呢，你手头还有多少钱？"

"我银行里存着 30 万。"

"那你在我这里投资的话，每个月可以给你 5 分的利息。"

我盘算了一下。今后即使找份新工作糊口，公寓房租也要 1.5 万日元。利息五分的话就是 1.5 万日元，也不会蚀了本钱。靠利息就可以交足房租，这样挣口饭吃就很轻松了。

"行，我决定把钱投给你。"

我把 30 万给了她，她说"下个月的利息我先付给你。"

于是她从 30 万中抽出 1.5 万日元给了我。我觉得自己已经开始赚到钱了。

我找了一份新差事干。我一直在用宝丽牌化妆品。和这个牌子的推销员商量，他同意让我入伙一起推销，我先从熟人那里开始做了起来。这也是份很辛苦的差事。向熟人推销了一圈之后，我得向陌生人上门推销了。可这无法保证稳定的收入。这种情况利息就成了关键收入。

接下来的付息日是 7 月 25 日，左等右等也没等来付息的她。第二天，我找到工厂，发现那里已经是个空壳。我顿时眼前一片漆黑。大夏天的我全身却在不停地打战。我真不想活了，觉得一死就能得解脱。当时其他几个同伴去北海道、东北等还没有发布条例的城市去找生意了。我已经没有心思和他们同行。法律自 8 月 1 日起施行，就是明天。我已经失去了生存下去的能力。

今晚就自我了断吧。不过横竖是死，怎么死回头再说。我还没有体验过和家人一起生活的乐趣。我把伙伴们看作兄弟，把领班当作亲人，大家一直相处得很好。现在我很寂寞。我想在自我了断之前见一见留下来的同伴，然后再自杀。拜访了留下来的同伴，向大家一一表示了感谢。我心里默念着这两年里大家对我的好，告别了同伴，回到公寓。

"真糟糕，你去哪儿了？"

"去见了朋友。"

"你爸爸病危了。"

　　住在同一公寓的邻居太太们很慌张，给我拿出了电报："父病危速归"。

　　怎么回事？我正想着要自我了断呢。邻居太太们七嘴八舌地对我说："不管怎样你先回去一趟吧。"

　　"可我连车票钱都付不出。"

　　"我们借给你，快走吧！"

　　"这可真对不起。"

　　元次郎的父亲战前在台湾经营城建。战争结束时他和家人一起撤回日本，在台湾积攒的家当全部被没收，回到日本后的生活极为贫困。元次郎的生母因为不是正房，不得不和父亲分开生活。不久年少的元次郎回到了父亲身边。因为正房没有男孩，指望他继承家业。"从那时候开始，就学会了察言观色……直到现在也改不掉这个毛病。在永登家看来，我是偏房生的孩子。小孩子嘛，就拼命想让大人多给他一点好脸色"。

　　但这样的生活也没有持续多久。有一天，元次郎想自己的妈妈离开了这个家。只要和妈妈和妹妹在一起，其他任何东西他都不奢望。这是年少的元次郎唯一的心愿。

　　和父亲在一起的日子只有三年。他因故和母亲分开生活。父亲是广岛人。回到家中见到父亲时他已陷入沉睡，鼾声如雷。怎么叫他都没有反应，原来是脑出血发作。过了一个星期，8月6日上午8点15分，父亲咽气了。

　　这一天的这一刻，正是广岛市民集体默哀的时刻，当年就在这一刻，世界上首颗实战原子弹投向广岛。因为当时家在台湾，父亲和我都躲过了这场轰炸。但父亲的兄弟们全死于原子弹的浩劫。我觉得，是父亲的兄弟们挑这一刻来接他上路。我记得那一天热得不行。在秋蝉灼人的鸣叫声中，父亲的遗体在火葬场化为灰烬。不知为什么我竟一滴眼泪都没掉下来。拾骨头时，一阵凉风吹过，骨灰飞扬起来。这是漫长的六天。这中间自我了断的想法也烟消云散。父亲虽然没有对我尽过什么父亲的责任，但我觉得他告诉了我死不过如此。

他好像在对我说："你要好好活着，找到你的幸福！"

我发誓要再努力一次。拿了些钱，我再次回到了川崎。被骗的钱就算了吧。这时我才第一次意识到，上当受骗我自己也有不是，还是努力打拼吧。钱都是人挣的。我那种吃利息的想法本身就有问题。

到了9月，我开了个小店。这家小店只有三坪左右，全靠着在广岛拿到的钱和几个朋友的帮助才得已开成。我不管时间早晚，只要客人在就坚持营业。10月，奥运会第一次在日本举行。路上全是奥运会色彩。奥运会结束了，街上仍然充满着活力。因为经济繁荣，我的小店也总是熙熙攘攘。店面不够用，还租了旁边的空店扩大营业面积。员工也一个、两个地增加，最后增加到13人。从18岁年轻的孩子到70岁年长的老人都有我的顾客。各年龄层都能在这里找到快乐。都说人有时来运转，我的生意越来越好。这时我想到，长此以往会不会腻烦起来呢？于是我开始组织大家学艺。我让每一个店员都学习日本舞蹈，我自己也率先垂范，学习长歌、小曲、书法、日本画。不仅学技艺，更要求大家学习前来指导排练的前辈们的一举一动。对于只上过中学的我来说，这些学习帮助甚大。另外也从客人那里学到了很多东西。银行、交易等各种知识都是这么学到的。我周围真的都是一些极好的人。终于买了房子有了自己的家，事业也不断扩展。

十一年以后，我把这家店让给了最信任的帮手，转而去横滨发展。

元次郎的店"河童"现在还在营业。掌管店铺的是他的好帮手增田毅，也是元次郎的长女。

"虽说是长女，我们并没有血缘关系。这是我们同性恋圈子里的故事。妈妈（元次郎）开了这家店，头一个进来帮工的就是我。"

向增田问起当年元次郎的事情，他回忆说："基本印象就是要求特别严，脾气也很暴。有一次甚至把一个店员从二楼给推下去了。"

特别是和其他男人的关系最为难办。如果他和元次郎中意的男人或男朋友有了那么点意思，元次郎会毫不留情地大发雷霆。"真拿他没办法。他这个人情欲太重（笑），其实我不会夺他所爱的，我和他爱好不一样。"

增田想起元次郎的往事十分怀念。

我从前常来横滨玩，也有很多朋友，对横滨最为向往。于是我在最为喜欢的野毛附近开了家香颂歌厅童安寺沙龙。童安寺寄意于无论是有钱人还是穷人都能保持童心，心平气和地聚集在一起。以这家店为中心，我作为歌手开始启动多年梦想的活动。

四年之前（昭和六十三年），在这座我最喜欢的城市里我以歌手身份举办了出道演唱会。借下了大厅，首次在500多名观众面前演出了反复练习的保留节目。这是人生50岁举办的第一场音乐会。

——漆黑的场子里一道聚光灯照亮了舞台，我站在舞台中央唱起来。演唱一结束，全场掌声雷动。我努力抑制自己飘飘然的感觉，深深地呼吸。少年时代的梦想33年后终于实现了。那以后与淡谷典子联袂演出了四场演唱会，去年维克多唱片公司发行了我的专辑《心灵的香颂》和我所演唱的原创横滨歌曲《横滨探戈》《横滨海湾大桥》（山上路夫原创作词、铃木庸一原创作曲。作曲者曾让《伊势佐木町布鲁斯》火起来）。

淡谷典子与元次郎的交往，始于在童安寺沙龙（"黑猫"的前身）举办淡谷演唱会。据说起初淡谷来到店前一直拒绝进去："我不想在那种同性恋的地方唱歌。"

不过经过工作人员做工作，演唱还是顺利完成。见到元次郎后，淡谷倾倒于他的人品。到了后来两人甚至联袂举办音乐会，关系亲密无间。

"不吃元次郎送

淡谷典子与元次郎联袂音乐会（永登元次郎提供）

来的'风吕吹大根'[1]就过不好新年。"

　　每年年末，淡谷都会要求元次郎将亲手做的"风吕吹大根"寄到自己家来。他们之间的交情一直持续到1999年9月淡谷去世。

　　我每年都会参加野毛的"大道艺"（街头艺人表演）活动。街头艺人表演对我来说是最能学到东西的地方。香颂便是大众文艺，唱出了贫苦百姓的心声。伊迪丝·琵雅芙（Édith Piaf）就生长在贫穷的街头艺人的家庭，还是小女孩的时候便在街头卖唱，被酒馆老板发现后才一步步成为大明星。因此香颂歌手绝不可忘本而装模作样。比起那些大腕评论家，来观看街头表演的观众们的眼睛和耳朵是最靠谱的。演了几场下来，我觉得观众的眼睛就是聚光灯。因为如果自己没有让他们觉得眼前一亮，他们就不会特意停下脚步来听歌了。

　　今后只要生命不息，我将继续在街头演唱。谢谢大家。

　　　　　　　　　　——永登元次郎《元次郎三十三年的梦》

　　野毛街头表演始于1968年开始的街头艺术节。原本野毛一带战后黑市猖獗，樱木町站还是国铁的终点站时，这一带是充满活力的餐饮商业街。后来由于三菱重工横滨船坞关闭、京滨东北线线路延伸等原因，闹市逐渐归于平静。野毛街头艺术节就是为了打破这一困局采取的举措。艺术节一直到1994年每年春秋各

---

[1] 风吕吹大根，其日文为"風呂吹き大根"，萝卜切段以淘米水及海带汤炖煮，上浇味噌，谐意'不老富贵'。——译注

128

举办一次。从 1995 年起改为每年一次。

艺术节每年观众都在增加，2004 年创造了 128 万名观众的纪录，成为日本顶级的街头表演活动。元次郎在离野毛最近的车站之一——京急本线日之出町站附近开了"黑猫"店，自 1988 年开始，15 年间他从未歇业坚持演出。

读完这份材料后，我突然意识到元次郎为什么关注起玛丽了。一定是他的经历与战后混乱时期艰辛地活下来的街头妓女的境遇相似，因而才有了共鸣。但后来我才知道，这里面还有更为深刻的切身情感。从那一刻起，我构思的电影开始静悄悄地成型。

定下神来，发现已经是 8 月中旬了。拍摄的节奏也不错，盂兰盆节过后的拍摄日程也排得满满的。可就在这时，负责拍摄的中泽冒出了一句我万没想到的话。

"不好意思，我自己的活来了。"

原来他接到了一份剧情片摄影助手的工作。他突然这么一说我可犯了难。我全力开导挽留他，可是他看来主意已定。

暂时先把拍摄放下来？我一度产生了迟疑。可那些马上就要拍摄的采访对象的面容一个接着一个地浮现在我的眼前。事到如今绝不能半途而废。当还差几天就要进行下一场实拍的时候，经熟人的介绍定下了替换中泽的人选。

这个人选叫山本直史，曾在松竹大船电影厂的摄影部工作，如今在有线电视台等单位掌机做纪录片节目。

"现在我拿不出给你的报酬。饭费和交通费也拿不出来。就这个条件，如果你有兴趣的话欢迎参加。"

头一次见面我就提出了过分的要求，而实际上是我手头的钱已经用完了。当初准备好的资金开拍半个月左右就都花光了。预算计划做少了，（我）还以为纪录片花不了那么多钱呢，结果低估了开销。我眼看着万元大票一天天花出去，感到不妙，但为时已晚。

3. 玛丽的竞争对手

马车道艺术大厦一层的长椅是玛丽的固定座位，也是我第一次看见玛丽的地方。《魅影：滨城玛丽》的许多照片就是在这里拍的。玛丽在洗面台前化妆的照片是在二楼的文具店有邻法沃里的厕所拍的。我向森日出夫问了当时的情形。

"我接到了女儿的电话，她告诉我，'爸爸，现在玛丽在有邻法沃里的厕所睡着了。'于是我赶忙过去，先让女儿确认厕所里再无他人，然后我进去按下了快门。"

六川胜仁是艺术大厦的楼主，也是大厦一层艺术宝饰店的老板。根据我收集到的街头传闻，他应该是"玛丽的恩人之一"。于是我在艺术大楼的顶层六川的办公室采访到他，了解了缘由。

"每到中元节和岁末的时候，玛丽总会寄给我些东西呢。"

玛丽坚持一年两次给六川寄礼物。可六川起初对于这位一身雪白的老太婆送来的东西颇有抵触。

"她那么个怪打扮，总是有人会觉得别扭。我们公司职员也有人吐槽'又来了'，就这么着寄来的东西原封不动地堆了有两三年

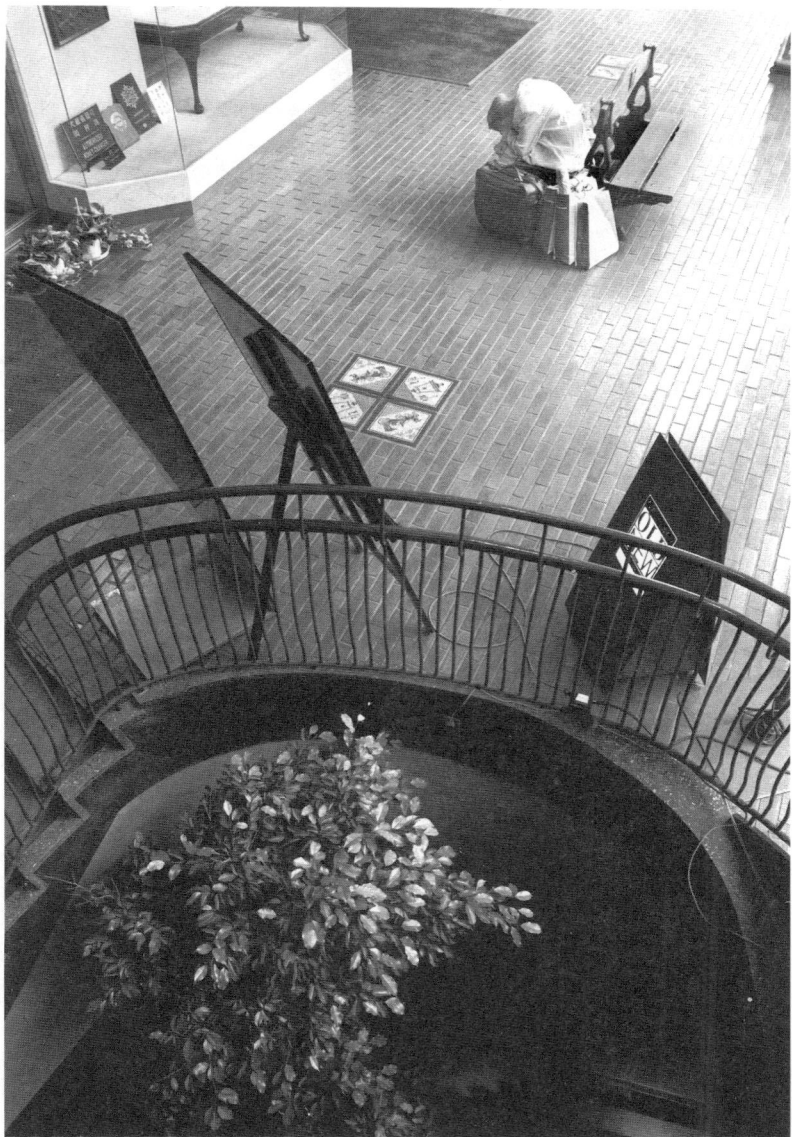

艺术大厦一楼的长椅是玛丽的"指定席"（森日出夫摄）

吧。后来把这些寄来的东西统一打开一看，原来里面全是毛巾。"

为什么玛丽偏爱艺术大厦一楼前的长椅呢？我坐在玛丽的固定座位上马上明白了。长椅后面就是艺术宝饰的橱窗。玛丽是设计好的要选择这里，她是想以华丽的宝石为背景坐在长椅上给人看。不仅如此，我还从关内中心大楼的皮货店店员那里听到过这样的故事。

"我对玛丽说请不要触摸商品。她身上喷了太多香水，让人觉得呛得慌。哪怕只是路过，那香水味都久久不散。"

随着时代变化，许多大楼禁止玛丽进入，但是六川并没有拒绝玛丽。

"许多大楼不再容她，只有我们没这么做，玛丽因此对我们心怀谢意吧。"

"所以中元节和岁末就坚持寄礼物来？"

"是啊，是啊。一开始我们都很吃惊。"

假设玛丽一直留在横滨会怎么样呢？

艺术大楼前面玛丽的专座长椅已经被拆除，一层艺术宝饰的店面换成了星巴克咖啡。这就是再明白不过的答案。时代和城市夺走了玛丽最终立足之地。

8月23日，元次郎给我介绍了一位女性。她叫三浦八重子，昭和三年（1928年）生人。她曾和玛丽同在伊势佐木町站街，是生意对手。三浦17岁时在福冈市迎来了战争结束。她说那时候的事情至今也无法忘怀。

"就是浑身泄了劲，一切都完了的感觉。再加上生活的艰辛吧。战争结束那天，我给女校时的老师寄了封信。记得在信里我写道，'我要为建设新日本而努力。'"

坐在长椅上的玛丽女士[1]（森日出夫摄）

---

[1] 玛丽女士坐的长椅已经撤掉了，原件现存于艺术宝饰店。

由于家庭变故，三浦的生活中没有父亲。三浦为了母亲和弟弟撑起了一家的生活。在女子高中时的朋友帮助下她开始工作，工作地点在距离福冈市约 70 千米的小仓市，是一家占领军的专用舞厅酒吧。

"那个酒馆很严格。不许在桌子下面搞小动作。无论是大兵还是女人，手都必须放在桌子上面。（去大厅）跳舞的时候才可以男女配对。就是这么个规矩严格的地方。我住进了单身宿舍就开始工作了。"

"像女招待那样的工作？"

"不，我算是伴舞吧，被编入了乐团。有一处很宽敞，像餐厅一样的地方。在那里和大兵跳舞。"

"能挣着钱吗？"

"挣不到几个钱。跳一次舞给多少钱来着？好像是相当于 20 日元吧。工作结束后把美元换成日元，第二天去邮局往家里寄钱，自己留下 20 日元吃碗荞麦面。"

1946 年（昭和二十一年）时，公务员的工资是 540 日元。三浦的月薪是 4 000 日元左右。她也曾诳称自己是"专伴"，骗走过上等客人美国大兵月工资的将近一半。故伎重演几次之后，美国大兵们开始相互提醒："那个女人嘴上说做你的'专伴'，拿到钱就溜了，真是不靠谱。"于是客人都离她而去。这时她要决定是否迈出关键的一步了。不去做'女人'，不去卖身的话，既没有工作也挣不到钱。

"但我还是挑人的。要找又年轻又对我好的男人。那会儿我也很年轻嘛。我傍上一个叫英格尔森的瑞典裔美国大兵。是一个满头金发，人很不错的家伙。我觉得'这个男人真不错'。他跟我说，'我是家里的独生子，还要照顾家人'。所以'只能花在你身上二三十美元。其余的我得寄回家。'"

当时的日元行情是 1 美元兑换 15 日元，30 美元只能换到 450 日元。尽管如此，三浦想了很久，觉得 30 美元也行，就决定做他的"专伴"。不破处拿不到钱，也就无法养活三口之家。实在没有其他办法，这是一个艰难痛苦的决断。那一天，三浦把被子丢上自行车后面的挂斗里，蹬车去英格尔森租给她的独栋房子。

"我（对宿舍同室）说那我就走了哈。于是把被子丢到自行车后面挂斗里，就蹬着车走了。"

"这就是所谓处女将失去贞操的时刻……"

"不是处女失贞，而是破处。你知道破碎之心的说法吧。一样的道理，破碎在先。破裂的恋爱，破处的说法应该是这么来的。这不是标准英语说法，而是伴伴英语的表达。"

"你一直都傍着那个瑞典裔大兵？"

"不，一起待了三个月左右他接到了回国命令，就回去了。没多久朝鲜战争就开始了。"

三浦下定决心当了回"女人"，可英格尔森回国后，她又回到了酒馆工作。就在韩国（釜山）眼皮底下的小仓市成了美军的前方基地，大量战争特需订单雪片似地飞来。她已经没必要再做什么"专伴"了，光是伴舞就已经挣得盆满钵满了。

"这样我光是陪着跳舞就足够了。只要说句'门口等着'，那女子宿舍前后就会有三四个人排着。一过 12 点宿舍就关门，这时候宪兵就赶过来，把这些家伙都拉走了。"

"可你这么做会不会又……"

"大兵总在不断开拔，他们就是为了去朝鲜打仗才从美国国内开过来的。所以他们在这里逗留时间很短（刚一被骗就上战场去了）。"

"那你赚了不少？"

"嗯，可是赚到不少。"

再不久，又不满足于只是伴舞了，她的欲望进一步膨胀，觉得"卖身钱来得更快"。街头拉客，就是一门心思想赚更多的钱。

"于是一咬牙就出去站街了。因为朝鲜战争一开战，那些大兵带出来的钱可不是小数。不是几万，那可是几十万啊。一到日本先放五天假。他们知道休完假就要奔赴枪林弹雨的（朝鲜），于是在（日本）尽兴寻欢，大把花钱。要想从他们那里挣个颗粒归仓，那就得豁出去身子骨接客。"

可这样的好光景也没有一直持续下去。朝鲜战争一停战，出手阔绰的休假大兵都改到福冈基地。

"可我不敢去福冈。我就是在那儿的学校毕业的，那座城市熟人太多。因为不能去福冈，这才来了横滨。"

1953 年（昭和二十八年），朋友帮忙介绍三浦来到了横滨。那年她 25 岁。她对横滨一无所知，硬着头皮就过去了。她不想靠中介拉客，于是自己找了个地方站街。这就是大众酒馆[1]根岸家的店门口。这家酒馆 24 小时营业，总是酒客满座。

"那儿最近，就在当街嘛。"

"大概就在伊势佐木町一带活动？"

"就在伊势佐木町拉客。活动范围从二丁目一直到三丁目、四丁目一带。"

---

[1] 大众酒馆是充满活力，吵闹不堪、酒菜廉价的下层百姓酒肆。——译注

"很快就习惯了环境吗？"

"开始也没少和人吵架。"

"因为你初来乍到？"

"就是。"

"你说的吵架，没动过手吧？"

"差一点打起来的时候也有。比如对方说'嘿！你过来'就是想掐架了。因为她们不想在人家的店门口动手。我就回句'不服你过来，咱们这边聊聊。'"

因为三浦没有同伙，总是独往独来，很快其他妓女对她仰视，俨然成了站街女的老大。三浦站街的固定地点一眼就能看见根岸家的大门门口，就在伊势佐木大街的拐角。

"可那里不是很显眼吗？很容易被警察盯上啊，那可是危险地带哦。"

"当时拉的客里有很多美国大兵吧？有没有和其中的谁发展出感情关系？"

"哪有那个闲工夫！当时就盯着钱，真是冲着钱才干这个。"

"那美国大兵有没有人提到感情什么的？"

"也不可能结婚。所以也是开口就提钱。"

"又是'我还要给家人寄钱'之类？"

"我们也是对人家生拉硬扯嘛。根本就是男女间的生意。所以打一开始就控制情绪，不能动真格的……"

"那到底有没有过动情的一刻？"

"完全没有。动感情那样的事情，还真从来没有过呢。"

1975 年（昭和五十年）越南战争结束后，美军在横滨也慢慢地不见了踪影。不得已只好跟日本人拉客挣钱。三浦说："开始很不习惯，还有抵触感。"用英语谈交易没有障碍，可换成日语话就说不出口，更别说大声揽客了。另外，做皮肉生意的行当站街女风险最大，没有店家庇护，一个人站在街头拉客，其艰难度是很容易想象的。

三浦也曾卷入生死攸关的纠纷。一天早晨完了事以后，她正走在伊势佐木町大街上，有个毛头小子从后面撞过来。一瞬间三浦感到腹部一阵剧痛。她盯住逃走掉的那小子的脸，再将目光转向侧腹，发现一把攮子插在肚子上。三浦回忆当时的情况分析道："那小子前一天晚上我曾臭骂过他。这小子手里没什么钱，却虚张声势地来向女人诈圈。一看就是个小街串子，估计是被我骂急了，挂不住脸了。"

三浦曾听熟人讲过，被攮子刺中如果马上拔出来，会导致失血过多而危及生命。三浦就这样肚子上插着攮子一步步挨到医院，好歹算是保住了性命。尽管遭遇了如此危险，她也没有想歇手。"为了家人还得干下去"，这个想法成了她唯一的信念支撑。

"三浦女士您自己也有过这样的经历，您对'伴伴女郎'这个问题怎么看呢？"

"伴伴嘛，就是形容向占领军卖身，赚一口饭吃的战败国女人的说法呗，应该是战后出现的独特表述吧。可当时真的没有办法嘛，为了生存，不得已而为之。也不知道出于什么心理造出了这么个词，反正有人就这么叫。"

"当时您也被人这样叫过？"

"人家怎么叫我也管不到。即使听了很懊悔你也没办法嘛。因为当时活不下去，谁管你啊？谁能管我口饭吃？对吧。其实也没什么大不了的。管它别人怎么说呢，随他们去好了……老话不是说了，哪怕别人嘲笑你穿着破烂，奈何不了我心中穿着锦缎。也只能这么安慰自己了。"

对三浦的采访进行了四个小时。第二天我被泼了一头冷水。元次郎打来电话将我一顿严厉训斥："你怎么问得那么伤人呢！"

元次郎因为我想了解玛丽的过往介绍了三浦跟我认识，他听说我刨根问底地追问三浦本人的往事感到特别愤怒。我赶忙解释，因为三浦和玛丽女士生活在相同时代，从事相同营生，她的话是非常宝贵的记录。通过聚焦三浦的半生应该可以捕捉到玛丽生活的影子。正因为如此我有必要这么做。可我解释了半天，元次郎还是气得不行。

元次郎为失去收入的三浦办理了"低保"手续，成了她的身份保证人。据说他惦记着独自生活的三浦，定期给她打电话，自己有演出时也一定邀请她来。对于元次郎来说，不只是玛丽，三浦也是共过患难的伙伴。我只是一心"想拍出好电影"，结果对其他都不管不顾了。这是个难以挽回的错误，但我必须全力挽回。

很快 1999 年的夏天结束了。在长达一个半月的拍摄中，制作资金岂止是捉襟见肘，简直就是入不敷出。叫个不住的蝉鸣，与我不甘放弃的情绪产生了共鸣。

（本章资料提供：永登元次郎。）

第四章
罗莎与玛丽

1. 寻找成为传奇的电影

　　2000 年 2 月，距夏天的拍摄已经过去半年了。这期间，我给采访对象以及关照过我的人都寄了信。应该如何与对方建立关系，我还没有找到答案。也许不过是我一厢情愿，只是抱着一试的信念走笔写好了每一封信。

　　在这之前我拜访洗衣店白新舍时，就被店员拒绝过。事先没有联系便唐突地登门，被拒之门外也是自然，是自己礼数考虑得不周。后来当意识到自己的不对时，白新舍已经闭店。我朝卷帘门紧闭的店铺信箱里塞进一封夹着策划书的信，也不知信件能否到达收件人手中，反正只要还有一线希望我都想试着努力一把。结果半年后我接到了一封信，是白新舍的老板娘山崎君子寄来的。

　　　　向您致以寒冬的问候。几次收到您的来信实在诚惶诚恐。真不知道能不能给出您所期待的回答。因为时间已经过去了好久，我们只能试着尽量唤回从前的记忆。我在写这封信时就在想，战争期间和战后那段时间活下来的人，很多人付出了各种各样的牺牲。而我先生也是在从军多年之后成了苏军的俘虏，被送往西伯利亚腹地从事了四年的繁重劳动，好歹复员活着回来了，对此应该感到幸福……

　　　　　　　　　　　　　　——山崎君子，1 月 21 日

横滨玛丽：被遗忘的真实

电影开拍那会儿，最初设想在去年夏天用一个半月就能拍完。回头看来这个想法过于天真。现在，我已经不预期具体完成时间了。我暗下决心，一定要拍到满意才收手。就这样开始了拍摄的第二阶段。

采访了三浦八重子以后，我尽量常去"黑猫"走动。这一举动是基于良心备受苛责的赎罪意识。可如此一来，我和元次郎的关系反而更加亲密，甚至在采访中披露了我没敢问到的内容，比如他对家人和母亲的感情⋯⋯

拍摄重新启动后我马上去找元次郎，是想让他介绍一个人给我。这个人就是色情电话女王清水节子。据说她在 1993 年制作了玛丽的纪录片，可是拍到一半时夭折。这部未能完成的电影，已经超过玛丽成为一个话题性传奇，诸如"片子已经完成，在横滨日剧影院公映了"，"电视台的纪录片节目已经播出了片段"之类的不实消息时常见报。这是因为当初拍摄期间，《日本体育》小报刊载的报道一直独家垄断着这方面消息。在这之前中泽跟我说的"有一部关于玛丽的电影"，指的就是这部纪录片。

> 17 日获悉，人称"横滨玛丽"的 83 岁现役妓女将被收进纪录片。广为人知的色情电话业务第一人、活跃于当今的风月场作家清水节子女士（44 岁）将掌镜拍摄本片。拍摄当然得到了当事人的同意。清水导演充满激情地说："希望能够通过我的镜头讲述一个生活于战前、战争期间以及战后时期的妓女的人生活剧，从而构筑一部昭和女性史。"
>
> ——《日本体育》1993 年 8 月 18 日

元次郎读了这篇报道，马上问到清水的联系办法。"好开心啊。电影完成并公映的话，玛丽也会有些进项。我愿意尽我所能全力合作。"与清水一见面，我马上感到很对脾气。大概是有玛丽这个共同话题，都觉得彼此是朋友吧。

"'ikuiku'[1]，这个号码很有节姐风格呢！"元次郎一边朝我使眼色，一面拨动了电话号码的后四位数 1919。"是我呀！我是元次郎。咱们有几年没见了吧。我想介绍一个人跟你认识一下。"

横滨站根岸公路从"黑猫"所在的京急本线日之出町站一直通向伊势佐木町方向。沿着这条路直行，登上打越坂顶，就是富人居住的高台——山手了。清水家在这片地区的尽头。

清水出生于横滨市金泽区。昭和四十七年，她 22 岁就在福富町开了一家名为"Non Non"的日式酒吧。昭和五十年，她发明了色情电话业务，在社会上引发了现象级关注。

　　她家公寓的电话号码在中青年电话性爱同好中颇有知名度，日式酒吧下班后回到家里，大约从午夜零时起，她家粉红色的电话就响个不停……

　　下面是与姓名年龄不详的年轻人的对话——

　　"你现在身上穿着啥？短睡衣还是长睡袍？"

　　"黄睡袍，很薄的哟。"

　　"里边还穿啥了么？"

　　"都穿着呢。"

　　"啥色的小内裤啊？"

---

[1] "ikuiku"，是 1919，谐音"不要不要"。——译注

"白的呗。"

"脱了得了。"

"不嘛，多冷啊……"

"快脱嘛。"

"你就没有个情人？"

"啊……啊……啊……"

"你多大了？"

"啊……啊……你脱了吗？"

"嗯。你是不是闲得慌？不如去土耳其浴[1]找找乐子。"

"土耳其浴太不卫生了。我想和节子搞一下。"

这种电话一小时能接 60 个。到凌晨 2 点节子筋疲力尽就把听筒摘了。接下来第二天夜里又从凌晨零点开始进行约两个小时的色情电话或认真的人生咨询服务。当然一切都是免费，节子的声音又"让人联想到藤圭子的沙哑味"，为了回应拨打过色情电话男性的想象，本刊补充透露一句，"她的脸蛋像绿魔子一样性感迷人"……"开始色情电话、电话咨询服务，源自一个来店客人因为烦心事对人生想不开。我看到后，成功地开导他鼓起了勇气。从那以后便想到开始这个服务"。这项服务一传十，十传百，大约从半年前起，她家深夜里电话便响个不停。

——《周刊邮报》1976 年 2 月 27 日

色情电话流行一阵热闹劲过去以后，清水转而在深夜电视节

---

[1] 土耳其浴是泡泡浴乐园的旧称。——译注

目《11PM》（日本电视台）中报道风月场八卦等，作为情色艺人始终活跃在一线，引领潮头。目前她身为主妇，兼做以中年女性为对象的性事咨询。在清水家二十张榻榻米大小的会客厅等待了几分钟，从前的女王现身了。清水看上去年轻、妖冶，完全不像年过五十的人。就在我看得发呆那当儿，她已经坐到我身旁，和我聊了起来。

"你在《个人广告》上打广告了吧？"

"是呀。"

"我见过那广告。还想给你打电话呢。"

"是吗？那怎么没打？"

"我也不知道你是个什么样的人啊。一迟疑，就忘一边去了。"

我没有马上进入正题，而是先和她聊了聊色情电话的事情。

"太遗憾了，我怎么就没想着申请专利！连克林顿总统也玩这个，我要是有专利，现在那还不得是亿万富翁？"清水吐出舌头笑道。这个动作很撩人，我不由得心跳加快。也许清水正是凭着这种性感和聪明才赚得一大笔财富。

清水与玛丽初次邂逅是在 80 年代。"我看到玛丽第一眼，就吓了一大跳。"

经营日式酒吧的清水，向客人和熟人等打听了玛丽的故事。听人们讲，玛丽在福富町惹到了黑社会，大庭广众下被拖着走；在新格兰酒店还曾受到员工十分过分的对待。

"新格兰酒店的厕所是西式设计，门板底下空着，能看见里边人的脚。店里的员工可能透过空档看到了玛丽的脚。坏心眼的员工就从厕所门顶上把满满一桶水浇了下去。"

玛丽没说一句怨言，全身湿透着离开了酒店。她并没有做什么过分的事情，只是想在酒店里待一会。不过玛丽也有她的问题：她身上的混合香味实在过于浓烈。"有个人被玛丽拉了客，一起去了酒店。两人上了床，却被浓烈的化妆味熏到了。那是香水和化妆品的混合气味。客人连呼'太冲了，熏死我了，真受不了了'，就跑掉了。"

清水听了这些有关玛丽的故事，脑子里闪过一个念头："这个有意思，保准能赚钱。"果然清水嗅觉灵敏，才智过人。电话性爱她就能抢占先机，这次她又从中嗅出了商机。

接下来她没事就往森永爱汉堡包店跑，和玛丽讨论接受采访的条件。"最初跟她打招呼，感觉她完全是爱答不理的态度。于是我不厌其烦地总往她那儿跑，我觉得必须先和她交心交友。当时我把孩子也搭上了，没送孩子去幼儿园，直接带去见她。这样活动了差不多一个月，终于她跟我搭话了。""然后怎么样啦？""我就是想拍这部电影啊，我跟她说：'我说玛丽，咱们拍个电影吧。肯定能卖钱。'她回我：'嗯，那行吧。'""你为什么想到要拍电影？""书读完就过去了，电影却能留在人们记忆里，我希望通过电影让观者受到震撼，思考人生。"

我并不认同清水所言电影和书的不同。不过我很理解玛丽的形象非常适合影像描述。

清水马上和熟人打招呼，搭起了制作班子。制片人请到了野上真果，编剧请到了石森史郎——他因《旅途的重量》（斋藤耕一导演）、《同居时代》（山根成之导演）等作品而知名。影院公映等环节则由横滨日剧影院经理福寿祁久雄具体负责。带着五个人组成的摄像组，清水开始了跟进拍摄。拍摄内容主要是追踪记录玛丽的日常生活。

"从森永爱汉堡包店出发，玛丽会怎样行动呢？我想跟拍她一天，就让摄像跟在她后边开启了机器。她先是走到关内，去了富士银行（现为瑞穗银行）往储蓄本上打钱；然后进了有邻法沃里的化妆间，始终没见她出来。拍摄组守在门外三十多分钟也没见她出来。悄悄开门进去一看，她没在化妆间外边，估计是进到厕所里睡着了。"

玛丽休息打盹的地方，除"GM"大楼走廊外还有几处。据说在洗衣店白新舍的更衣室，她换完衣服就地打了两三个小时的盹。艺术大厦二楼的文具店有邻法沃里的化妆间也是其中一处。

在清水的拍摄组面前，玛丽站在了洗手间镜子前。她不紧不慢地仔细地涂好口红，又涂白粉遮住透过衣服间隙能够看到的布满沧桑皱纹的肌肤。清水说，这一刻她最能够感觉到"女人的

"GM"大楼顶层玛丽权作卧榻的折叠椅（森日出夫摄）

玛丽在有邻法沃里的化妆室洗脸台前（森日出夫摄）

执着"。因为同是女人才明白，作为一个女人的执着有多么强烈。之后，玛丽走向横滨市营地铁的关内车站，在月台的长椅上坐下后，掏出小瓶的威士忌慢慢地往嘴里送。喝完酒，她轻轻地叹了口气，然后坐上电车去往横滨站。

　　玛丽的活动范围也包括横滨站西口。她最中意的去处是高岛屋横滨店，进门直奔乐器卖场。在那里她很开心地弹起正在展销的钢琴。她拿手曲目是《樱花》和《大海真大》（林柳波作词，井上武士作曲）。

　　　　　大海辽阔
　　　　　大海真大
　　　　　月升东天日西挂

　　　　　碧波滔滔
　　　　　起伏有加

汹涌绵延无际涯

真想坐船
漂流天下
看看外面的国家

清水这样分析了玛丽选唱这首歌的意义，"我问过玛丽：'你也有过喜欢上别人，为此而痛苦，为某个男人而痛苦的事情吗？'她回答我说：'嗯，有啊。'"

玛丽虽然饱受骚扰和欺负，但没有选择离开横滨的原因应该就在这里。

"'那你最喜欢的是哪一个？'她告诉我，'就是那个军官'。看来她始终没有离开横滨，是因为心里想着自己最爱的那个人。她忘不了那个军官，相信他有一天会回来（接她）。就是这份念想让玛丽在横滨等了几十年。"

玛丽究竟是怀着怎样的心情唱那首《大海真大》呢？开拍之前的采访过程中不止一次听人说起，玛丽经常站在大栈桥上眺望大海的远方。难道她是在思念着自己动了真情的军官，想眺望到大海那边的美国吗？

说回到高岛屋横滨店。玛丽弹完钢琴，就会去洋酒卖场整理摆在架子上的威士忌酒瓶。她好像看不得酒标有的朝东有的朝西，总是动手将酒标调整齐，码好酒瓶。据店员说，玛丽经常光顾，但并不买酒，就是来调整酒瓶位置，把酒标摆正。

"玛丽做事的认真劲，让我怀疑她绝对是 A 型血（笑）。"

拍摄持续了将近两周。清水最投入时间的部分是对玛丽的采访。

"我很会采访，诀窍是把自己摆进来提问。比如我会这么问：'我从前也经历过离婚，一想起来难受。玛丽怎么样，有过类似的感觉吗？'"

我向她问起当时的资料，好在采访的笔记还留着。我请清水又过目一遍资料，再向她了解当时的情形。

"（玛丽）到底出生在哪里？怎么问她都不告诉我。只是感觉像是某处的乡下。就算问她：'还记得小时候玛丽自己的样子吗？'她也就回你一句：'记不清了。'总之，关于她自己小时候的事情什么都不肯说。"

一提起故乡，玛丽便垂下双目。清水穷追不舍，玛丽就打断她："够了，别再问下去了！"于是清水转换话题，问她为什么看上了那个军官，是否因为专找白人才如此，但玛丽还是没有给她满意的答复。不过清水说，从玛丽的话语中能够感到一点。

"玛丽的自尊心极强。说着说着就冒出一句'一般的男人不行'，问她'为啥不行'，她又闭口不说了。于是，我只能用我的理解来解读了。"

两人交流中清水有了她自己的独特解读。为什么玛丽觉得一般男人不行？为什么她眼里只有美国大兵和白人军官？

"那是她的自尊心。她觉得自己和一般女人不一样，非军官以上绝对不睬。"

这也未必不对。美国大兵中也有人不睬黑人，无缘由地表示"我就是烦黑人"。尽管对客人挑肥拣瘦，在占领军驻扎的时期日子也还算滋润。

可是1993年清水拍摄玛丽的时候，她的生活又怎么样呢？

虽说是娼妇，打扮得如此全身雪白，看上去就像是个老妖精，真怀疑哪个男客会要她……但老到这个份上还在卖，还想继续干娼妓，这甚至令人感到这个女人生命的韧性。

"年轻时候专做洋人，可洋人渐渐地少了。于是开始拉日本客，最后就干起这个了。"

即便每天的生活如此困顿，玛丽仍然保持着一颗慈悲之心。

"她甚至还给那些可怜人、没钱的人倒贴钱。"

"给客人钱？"

"是啊，所以她还得了个外号——'玛丽菩萨'。"

拍摄渐入佳境的时候合伙人之间发生了纠纷。元次郎保存的笔记上记载着整个过程。

　　与导演清水、制片人野上真果见面。我把演唱会的录像带（有一段拍到了玛丽）、与玛丽合拍的照片等资料带过去，表示愿意全力合作。二人十分高兴，决定一起干这件事情。

　　"咱们一起拍一部好看的电影。"

　　我提出，"店面白天可以用来办公。传真和复印机都可以随意使用，还有两台电话。请二位方便时到店里来看一下"。过了两三天，导演和制片人来访。剧本也完成了，万事俱备，只等开拍。

　　可到了说好见面那一天，没有任何联系。一天，制片人野上真果打来了电话："有一点小差池，拍摄改到下周开始。"我问："9月份只剩下十天了，还来得及吗？'黑猫'的店员，已经做好准备就等大家来办公了。"

　　"元次郎，求你救个急，今晚就能还你。因为遇到点信用问题我正犯愁呢。银行也赶不及了，能否设法借给我21万日元？"

我没有片刻迟疑从店里的现金中拿出钱来借给了他。他道："我先打个借条。"我说："你今晚就要还我，借条就算了。"他还是把借条样的东西留下走了。

可晚上他并没有把钱带来。后来倒是又来过几次，却都没有还钱给我，只是改写了借条的日期。就这样他总共写了四次借条。

我开始觉得事情不靠谱了，猛地想起8月18日小报《日本体育》的报道来。

就算是二流小报，好歹也是报纸，还不至于胡编乱造。就这样10月过去了一半……

街道两旁的树也渐渐染上了秋色。玛丽自己可能还不知道，有人拿你的故事说事蒙吃蒙喝……给玛丽拍电影就是一张画好的大饼。"我们爱玛丽之会"的会员、导演清水、作家石森史郎……元次郎，这些大活人都给人骗了。

此次元次郎被骗事件，是在清水利用拍摄间隙去夏威夷旅行的时候发生的。"好像合伙人之间发生了一些纠纷，最后这件事就算黄了。"

"拍摄就此停下来了？"

"开拍两个礼拜左右后，我为放松一下，就去海外旅行了。这当口制片人野上真果找到我老公要钱。我老公倒是没借他。发生了这档子事，我就不想干下去了。乱得一地鸡毛，我就烦了，决定不干了。其实还真想把它做完，因为还差一点就完成了……"

这结局真是令人无话可说。那么，连拍了两个礼拜的录像带在哪里呢？

清水记忆模糊不清，录像带至今下落不明。

我从清水那里借到了当时的资料，电话联络了拍摄组所在的技术公司。

"请问 1993 年左右您是否参与拍摄了横滨那个叫玛丽的一身白的老婆婆的电影？"

"这个我记得，就是我拍的。"

也是巧了，对方出来接电话的正是当时的摄像。我马上转入正题，问起他当时的情形。

"当时的拍摄过程是怎样的呢？"

"记得是制片人找来委托我们去拍……事情太久远了（已经记不清了）。"

"那个制片人是叫野上真果吗？"

"啊对，就是他。没错就是他。说好的报酬还没给我呢。"

他说，两周的拍摄告一段落后，野上真果就再也联系不上了。提起这个野上干过的事，和他打过交道的好几个人都说到了他的惯用套路：先拿自己参与拍摄的电影说事，让对方相信后拿出钱来然后便跑路了之。

"这个家伙最好躲他远远的。"

这是告诫我，像我这样的毛头小子，根本不是可以与之较量的对手。其实我并非想和此人过招。我感兴趣的不是野上的消息，而是录像带的去向。拍好的录像带往往在关机之前都集中在技术那里保管。也许录像带还在他们手里呢。我对摄像抱着一线希望，紧盯着提出了这个问题。他回了我一句，"我问一下其他参与拍摄的人哈"，就把话筒搁在一边离开了。电话里传出的通话保留音乐旋律响了一圈的工夫，他又接起了电话。

"问明白了，带子在制片人野上手里呢。"

我还是执着地想再努一把力试试。我想看到活动的玛丽、正在说话的玛丽，无论什么影像，画质不好也没关系。因为这样的影像无疑都是珍贵的资料。

"（为编片子拷贝的）工作带之类也没有留下？"

"包括工作带在内，全部都让他拿走了。"

后来查清楚了，这批带子和剧本曾被拿到民间电视台试图卖掉，甚至找到了野上发放的资料，但野上口碑太差，谁都不理睬他。首先是富士电视台的广告插播流程时刻表，显示片子安排在名叫"Nonfix"的纪录片节目里。播放时间是 1993 年 10 月 12 日，播出时间段是星期二凌晨 1 点 15 分至 2 点 10 分。联络笔记上写着"计划播出，节目制作中"。可向富士电视台一查，那个时段播放的节目与玛丽无关。

接下来我们又找到了石森史郎脱稿不久即告失踪的、传说中的策划文案片段，其内容可概括如下。

妓女玛丽（暂定）——策划文案

夕阳映照下的（横滨）港，外轮起航的汽笛声响彻四方。停泊的船只、码头的煤气灯灯火通明，横滨海湾大桥等"港湾未来 21"地区的现代的建筑群耸立在鲜艳的色彩中。街头（中华街、伊势佐木町、本牧等）霓虹光怪陆离，各种不同表情的人们熙熙攘攘川流往来……人群中既有矜持的贵族，也有如漆似胶的年轻情侣。

肮脏黑臭的河流——废船、破旧自行车、黑伞杂乱地遗弃在河道中。河壁上沾满了黑贝（黑色的玻璃），里面开着无名的花……很早以前就存在的棚户一样的小酒馆密密麻麻，河面妖艳地摇曳着它们的倒影。这条黑色的河承载着古往今来妓女们的悲伤泪水，大雨冲不尽，大海淘不尽，淤淀在河中。这是一条爱恨交加的河流。

酒馆里，妓女们为了接客正在打扮自己。她们在精心地化妆。不知为什么这里外国女人比日本女人多。

一处又一处的"泡泡浴乐园"。一栋又一栋的情人旅馆——情侣们正出双入对。脱衣舞剧场——性感舞女摆好了姿势，观众用好奇的目光直勾勾地盯着看。在河边伺机拉客的"翘尾蜻蜓"——她们是那些躲着警察的监视，没有店面庇护的站街女。她们就在公厕中、大楼的楼道台阶上、河中破船的船舱里与客人完成交易。即便是这样的地方，如果被流氓无赖盯上也要向他们交场地费。

还有那些在有许多洋字码招牌的大楼内酒馆群工作的夜蝶们。

"GM"大厦的电梯前。白衣装束、面涂白粉的老妓。这是玛丽固定的拉客地——没有哪个客人会带她去酒店。但玛丽一旦发现自己中意的男士，就会用舞女一样优美的动作迎上前去。没有哪个客人会表示嫌弃或施以白眼。熟客会温情地看着她，问上一句"玛丽还好吗"，并给她一张千元小费。玛丽会还以可爱少女般娇憨的招呼："谢谢啦！今晚我们在一起好吗？"

横滨玛丽：被遗忘的真实

通过横滨的各种场景和印象，交代玛丽活动的城市夜晚生态。山下公园、港湾未来，以及中华街、伊势佐木町、本牧的灯火霓虹。镜头一转，画面上出现黄金町、福富町，以及玛丽所在的"GM"大厦。横滨的光和影交相辉映，形成对比。

"这个叫作玛丽的女人，总是这身打扮，多少年一直从事妓女行当。她住在哪里，夜里回到哪里？作为女人她度过了怎样的一生？她的身世充满谜团，谁都说不清。"——伴随着旁白，推出片名。

本片开场部分，使用从前的新闻片片段，交代玛丽生活的时代与历史背景。一切开始于太平洋战争战事正酣的时期。

画面出现淳朴的故乡风景以及出征的士兵，苦于乡下贫困去大阪当佣工的民众。年轻士兵出征，但日军败局已定，大空袭下城市化为焦土。战败之后的贫困世相（黑市、倒卖），妓女向占领军出卖肉体。

战后流行的歌曲《谁让她沦为这样的女人》在播放……

伊势佐木町的午后。人群中，右手拖着有轮大包，左手拎着纸袋的玛丽走了过来……人们的视线集中在玛丽身上。

玛丽在森永爱汉堡包店像伯爵夫人般举止高雅地用餐。每次都是点同样的内容（沙拉等）。接下来，她像歌舞伎演员勾花脸一般开始她独特的化妆。

清水节子抓住时机开始采访玛丽。玛丽始终拒绝回答，紧闭着嘴像贝壳一样不肯开口。

（例）　☆　你为什么喜欢横滨？

什么时候在横滨安顿下来的？

☆ 你出生在哪里？家人情况如何？

☆ 为什么做起这个行当？

☆ 从什么时候开始一直做这个？

☆ 你现在住在哪里？

☆ 为什么一身全白的装束？

☆ 你在横须贺待过一段时间吗？在那里你做什么生意……

☆ 恋爱过吗？有没有成过家？有过孩子吗？

横须贺今昔——横须贺港、美军基地、"EM"俱乐部[1]旧址、沟板街。如今仍在专做美军军官生意的妓女——当初和玛丽做同样生意的女人木元的口述。"如果没有我们给占领军提供性服务，那么还没嫁人的女孩就很有可能遭到性侵害。""为了在贫困中养育孩子，普通家庭主妇（寡妇）就出卖了自己的肉体。""玛丽遇到那些可怜的男人就会给他们钱。"

有关玛丽的回忆："玛丽当时人称伯爵夫人，在美国军官中很受欢迎，他们都排队等她。""玛丽和军官成了情人，军官登船回了美国，玛丽追他追到了横滨……"接下来是玛丽在高岛屋横滨店弹钢琴。老新闻电影片段（日美海战、败势已明的日本、化为焦土的城市），以及和玛丽有过萍水之情的男人们（日本和美国）的笑脸，这些画面交替淡入淡出。音阶有些跑调，不过很快我们听出来玛丽弹奏的音乐旋

---

[1] "EM"俱乐部即"Enlisted Men's Club"，日语全称为横须贺海军下士官兵集会所，是1938年日军设立的下级官兵俱乐部，提供各种服务。战后供美军使用，1983年归还日本政府。——译注

律是《君之代》。眼含泪水的玛丽，带着白手套弹钢琴的手剧烈颤抖。

清水拍摄的部分。

玛丽在银行查看存折。玛丽在画廊热情地欣赏画作。玛丽在厕所里小睡之后精心地化妆。玛丽坐地铁去百货商店。玛丽在洋酒卖场将酒瓶朝向摆正。玛丽在家具卖场像贵妇人一样，摆着姿势坐在高级成套家具的椅子上。走过的孩子在说："哇，这里有个白色的人偶"。在洋式点心卖场玛丽在买伯爵夫人牌点心。

随着这些场面的展开，电影渐入佳境。

应元次郎之邀来听个人演唱会的玛丽给元次郎献上花束。团鬼六讲述他对妓女行当的看法。

……之后是有玛丽镜头的各种画面剪成的蒙太奇。玛丽在港口看海。玛丽夜里去上工。玛丽在"GM"大厦活动。玛丽在瑟瑟北风中睡在公园长椅上。雨天玛丽睡在大厦的楼梯。玛丽和老绅士去酒店开房。最后是旁白、剧终。

"这个故事很让我感动。玛丽的心灵和肉体都知晓昭和时代真实的、甭讲大道理的历史……玛丽的人生哲学到底怎样？我始终无法接近……"

经向清水确认，在高岛屋横滨店玛丽弹奏《君之代》并非事实。这应该是石森史郎的创作。因为与玛丽认识的人、打过交道的人都没留下什么和玛丽在一起的照片，因此情节部分打算运用真实再现手法。原本这个就不是最终完成的剧本，而是策划文案的摘要，所以很难对此作出评价。片子如果真的完成了，会有怎样的反响呢？但是假设是没有意义的。这个世界上，有多如牛毛的电影最终没有完成，永远难见天日。

《妓女玛丽（暂定片名）》也不过是其中之一。不过，玛丽是那场战争的产物，她的故事令我对于讲述战后史这种形式产生了生动的既视感。如果不在旧有的基础上做出突破，我心目中的电影就不可能降生。

2. 憬然碰壁

图册《横滨再现》（奥村泰宏、常盘刀洋子共著，平凡社1996年版），记录了战败之后的混乱时期生活在横滨的芸芸众生。其中一位摄影师常盘刀洋子出生于昭和五年（1930年）。这本图册中最早的照片拍摄于昭和二十九年，当时常盘24岁。她发表了不少图片，主题多为充斥着占领军的城市里生活的横滨百姓，特别是妓女的活动。她在其著作《危险的毒花》（三笠书房1957年版）中这样说明拍摄妓女的理由。

从那之后没过多久，我再次感觉到自己意识中对占领军的反感与憎恨挥之不去。伴随着对父亲惨死的记忆，那种憎恨使我产生了针对老外的冲动。我拿起相机，去附近的横滨港专门盯着美国人拍。好像镜头对准驻扎的美军就能够一解心头之恨。这种情绪进一步奇怪地延伸，我进而将镜头转向了满不在乎地向那些趾高气扬的驻军了无新意地卖身的女人。

横滨玛丽：被遗忘的真实

这些俗称"洋伴"的女人在我的拍摄对象中占据重要位置。比起那些洋人，我的眼睛更加渴望抓住她们的真实存在。

森日出夫告诉我常盘也拍过玛丽。她与玛丽及当时那批妓女是同一代人，作为摄影家她试图把她们收进自己的镜头。这令我产生了兴趣，很想会一会她。通过森的介绍，我很快就见到了她。

抬眼望去一片蓝天。这是一个仍觉寒冷的星期天下午。我来到关内站前的赛尔特（原关内中心大厦）一层咖啡店露天座位上坐下等候她。不一会，一位很优雅的、初显老态的女士出现了。她的眼镜后面闪着敏锐的目光。这是我对常盘的第一印象。我刚做完自我介绍，她便开口说道："（玛丽）我拍是拍过，可也没拍出什么名堂。拍片这件事，与拍摄对象的关系最重要。可反正我不会出现在你的电影里接受你的采访。"

我还没提电影呢，就被她一口回绝了。一瞬间，我脑袋一片空白找不着词了。这还没完，她甚至穷追不舍地追问我拍摄有关玛丽电影的意义所在。"你叫中村是吧？你为什么拍玛丽？她已经是过去时代的人了，属于我们的时代。像你这样的年纪，怎么拍得了她？""不，你听我……""你年纪轻得很，可拍的多了去了，你说你拍什么不好？还是拍些个如今时代的故事吧。这样我还可以帮帮你。"

像我这样的年轻人根本拍不了玛丽——这似乎就是常盘想说的。确实，我不能说自己真能理解战后的混乱时期和生活在那个时代的人们。我也想回怼她，但确实挤不出词来，这是事实。看来再说也没用了。尽管她不肯出镜，最后我还是提出了一个任性的要求，"如果可能的话，请允许我在电影里借用《横滨再现》中反映战后横滨的照片。"

常盘不留余地地把话说死："这可不行。照片上的人都是我承诺了责任拍摄的。这个责任你负得起吗？你怎么可能负得起呢？前段时间有个五大路子吧，在神奈川电视台播放的有关她个人的节目里，就想擅自使用我的照片。我在电话里质问电视台，'你得到谁的允许了？谁来负这个责？'结果在用我拍的照片时都打上了马赛克。"

常盘笑着端起了咖啡。我也下意识地跟着抿了一口我杯中的咖啡。这口咖啡有点儿苦。

虽然不存在谁胜谁败，可叫人怼了个落花流水，想想毕竟憋屈。后面整整两天，我把自己关在家里就没下床。

不过这个令人无语的挫折感过了不久便化作冲天怒火。头一次见面为什么要把话说到那个份上！如果没有体验过那个时代就不能表述那个时代，按照这样的逻辑，当事人都驾鹤西去之后，青史岂不尽成灰？正因为我们这代是没有实际经历过那段历史的人，才应该有我们按自己的理解去表述的历史！这样想通了之后，满腔愤怒转化为重新投入创作的激情。

重新振作起来，马上去见下一个采访对象。平冈正明，昭和十六年（1941 年）出生于东京。既是爵士乐评论家，也是对"全共斗"一代人曾产生过巨大影响的作家。我翻阅《野毛的》（解放出版社，1997 年）一书，其中有一篇题为"马车道的玛丽"的文章。这篇文章原本是给杂志《横滨野毛》（第二号，1992 年 6 月所收"马车道的玛丽"）投去的随笔。

　　我知道，那些从雪子那里收到贺年卡的实业家和大商店的人中，有人把滨城玛丽称作老花妓，对她明显地流露出厌恶。这种厌恶绝非针对午后出现在马车道，傍晚时分从吉田桥上离去，而且并不在马车道拉客的街头老妓本身，而是一个妓女居然可以牛气地拥有属于自己的传说，他们对这一点怒不可遏……

　　有一天，我的朋友对滨城玛丽随便那么一问："你的衣服拿哪儿去洗？"她突然闭上嘴一句也不肯说。知道洗衣店在哪里也就意味着叫人知道了自己的住处。只要涉及自己的过去或实际生活她都拒绝讨论。她是靠传说活过来的。脚上的红鞋子是从本居长世的《穿红鞋子的小女孩》那里借用的。白发、涂白的脸、白色的衣服将雪子视觉化了。于是脚穿红鞋子、身着白衣裙、打着一把阳伞在马车道漫步的滨城玛丽，分明幻化成从前的洋妾，向今人传递着那种在古风犹存的客轮时代，男人拎着手杖，女人撑着阳伞，在米利坚码头迎接船客，漫步前往新格兰酒店参加舞会那会儿的风情。正是"最后的洋妾"这样一个形象，守护她在这座城市里待了下来。

　　这个平冈与元次郎是野毛街头演艺前夜活动"野毛街头戏"的演戏搭档，应该可以说上话。像往常一样请森日出夫帮忙过了个话，我就给平冈家里打了个电话。一周以前策划书已经寄给他了，正想提这个话题，那边就来了一句："你那个我看过了，我帮不上你什么。"通话刚几秒钟，就被明确拒绝了。

　　"能告诉我为什么吗？您觉得有什么问题吗？"

"你在策划书里写了什么玛丽是这座城市的风景。我可是从前帮足立正生和松田政男拍过片子的。你知道《外号连续射杀魔》吗？"

这个我当然知道。这是一部实验性很强的纪录片，将死刑犯永山则夫的犯罪现场及其行动地点拍下来，只记录了据推断他本人所看到的场面。因为永山在坐牢，当然没有出现在画面上。拍摄对象不出现在电影中，这部电影的概念在拍摄玛丽这部纪录片的过程中，对我产生了直接影响。

从平冈的强硬语调中，明显地感觉到他对我的排斥。我要尽量冷静处理，避免和他杠上。

"我知道。是永山则夫吧。"

"哼，你知道啊？所以跟你说吧，你所做的那点事，几十年前我们就做过了。你大概知道多少部纪录片？龟井文夫战时拍摄的那些东西，你不知道吧？"

"您是说《战斗的士兵》？还是《上海》？"

自从开拍这部电影以来，我找遍了古今中外能找到的纪录片，边看边研究，还阅读了大量相关书籍。与其说喜欢看，不如说是强迫自己必须看。因此我觉得平冈问我什么，我都能答得上来。

"……看来你倒是下了些功夫。可我还是帮不上你什么。我对你的这个计划不感冒。"

"这为什么？"

"无法赞同，仅此而已。"

说到这份上，只能挂电话了。如果说得出理由倒是可以理解，像这么回绝，也太不讲道理了。不过想到有常盘在先，平冈会表现出拒斥我也有所预料。在这之前预采访的时候有人对我说过："玛丽是要慎入的禁地，切不可胡乱插手、涉足。"

反复碰壁，也许就是突破禁地前必须接受的洗礼呢。讲真，我也对自己碰这个题目有些后悔。刚开始拍摄的时候，我根本没有想过这个题材竟然是这么麻烦。但是现在再发牢骚也只是马后炮了。这时候，"妈的，怎么能输呢！"这个念头成了推着我往前走下去的动力。

3. 横滨罗莎告诉我们的

那个时候，我还住在根岸森林公园附近的父母家，那个公园里有日本第一个西式赛马场。那天，我从离家最近的车站——京滨东北线根岸车站上车，倒了几次车之后在调布站下车。此行是为了与《横滨罗莎》的作者、剧作家杉山义法见面。

体魄壮如大相扑，笑容好比惠比寿——这是我对杉山的第一印象。与常盘和平冈不同，他态度看上去明显友好，这使我感到宽慰。不过从他的经历来看，在这个人物面前讲话我也不敢轻松、造次。他不仅在舞台剧方面成就斐然，在电视剧领域他还执笔了日本放送协会大河剧《天与地》《春之坡道》《宫本武藏》等作品，同时还写了纪录片《雕刻——栋方志功的世界》（1975 年制作）、剧情片《极道战争武斗派》（1991 年公映）等剧本，绝对是这一行当的老前辈。我初见他正有些拘谨，杉山先开了口："你的事我听说过。据说你在拍有关玛丽的纪录片？"

我开机已经半年了，这中间我一个接一个地联络和玛丽有关的人，他一定是在某个环节听说了我的事情。

"最近，我为五大君新写了一本《横滨行进曲》（横滨梦剧团成立公演），主题又是横滨。只是我跟横滨既无深缘，也无深思。所以我觉得我的作品不能只放在横滨，而要成为全日本观众都能共鸣的东西，否则就失去了意义。"他接着谈到了包括《横滨罗莎》在内创作横滨题材的作品的意义："只是五大君出生在横滨，又要在这里成立剧团，所以题材就又写了横滨。"

这时，我突然想起《横滨罗莎》的传单上杉山的一句话："这里讲的不是玛丽一个人的故事，而是那些生活于战后的妓女们的故事"。

《横滨罗莎》到底是什么？我想详细求教于杉山，于是就和他商量接受采访的事。在那以后，我对杉山做了采访。

"我出生在新潟县的一个穷乡僻壤。乡下人也议论'伴伴女郎'，但并不清楚是怎么回事。昭和二十三年（1948年）那会儿，我家经营的电影院上映了沟口健二的电影《属于夜晚的女人》，记得当时座无虚席呢。"

鲜活的妓女形象出现在银幕上。杉山当时刚刚19岁，昭和二十六年（1951年）大学入学时来到东京，径直去了有乐町铁路桥一带。他就是想看看真正的"伴伴女郎"的样子。

"去了一看，好多呢。她们很勇敢，肩上搭着披肩，穿着短裙，英姿飒爽地走在街上。脖子上围着头巾，就像刚洗完澡出来的样子。她们拉住美国大兵吆喝'嘿！约翰！''傻帽！'勇敢地战斗着。"

横滨玛丽：被遗忘的真实

看着眼前的情景，杉山萌生了一种认识："战败之后，男人不管怎么说思想上已经输掉了，因为他们已经失去了旗帜。他们一败涂地时，女人却在战斗。所以我觉得日本女人挺了不起的。"

他说由此察觉到女性与生俱来的坚韧与男性存在着本质上的差异："男人输了战争举手投降就完了，但女人的战斗却不是这样。回到家里总要做饭，照顾孩子，还要照顾婆婆。忙起家务那是没完没了。从这个意义上来说，女人真是很了不起啊。"

我脑海中一下子浮现出那位玛丽的对手——三浦八重子。我想她的故事正好印证了杉山所感受到的"女人的坚韧"，杉山说的没错。杉山在写剧本之前进行素材采访时见过三浦。如此说来，《横滨罗莎》的出发点，与其说是玛丽，不如说是杉山对当年的"伴伴女郎"的记忆呢。

"战争结束时我正在上中学，目睹了发生在大人身上的各种变化。当时的印象中有这种人生选择的人真是不少。未必只限于横滨，日本全国各地都有。生活在同一时代的人应该都抱有同样的感觉。"

杉山的视野里果然不只是玛丽。他是想将自己经历的时代在如今的时空中讲述出来。对于杉山来说，为了结战后那段经历留给自己的旧账，他才写了这部独角戏。

"如今玛丽还以那样的形象站在横滨的街头，这本身就是一种强烈的现代讽刺。拍成电影的话，光是她走在街头的画面就足够震撼。因此我想写一部体现我自己视角的女性战后史。"

《横滨罗莎》以玛丽为切入口，也融入了那些生活在同一时代的女性们的故事。看来这部作品旨在求出最大时代公约数。正因为如此，它得到了很多人的共鸣与支持。我不认为玛丽个人的另类人生会引起所有人的共鸣。相反，我的《横滨玛丽》应该定位在求出最小公倍数，聚焦于玛丽，深挖细节，从而镂刻出她所生活的时代和历史，以及日本的社会和社会心理——这才是我想要的东西。当初看《横滨罗莎》时那种莫名的别扭感，我终于知道是为什么了。两种取向都有其道理。正因为如此，我们这代人并非那个时代的当事人，要抓住只有我一代才能讲述的故事。这应该就是我对常盘刀洋子和平冈正明的回应。

再说回到《横滨罗莎》，其实杉山对玛丽还另有特别关注的地方。那就是玛丽每年必定去皇宫做公众拜贺。

"五大听了问我，'咦，为什么？'按照战后受的教育来说，'那些人被战争害成那样，为什么还要去皇居拜贺呢？'但是在我看来，她出生于大正年间（20世纪20年代），受的是所谓皇国史观的教育。所以她去皇宫拜年一点都不奇怪。"按照杉山推断，每年坚持公众拜贺正是破解玛丽精神密码的关键："玛丽从事的那种职业，没有低保，没有居民身份，过着浮萍一样的日子。所以我认为在她心目中昭和天皇就像父亲一样。这一点可谓意味深长。"

罗莎步履沉重地走到舞台中央后侧朝向观众。

"昭和六十四年正月……天皇陛下驾崩，我来到了皇宫前的广场……虽然这是一个人们屡遭不幸的乱糟糟的时代，可昭和时代已落幕，我总觉得连自己也要随之消亡了，一想到此心里就非常不安。我那严父昭和八年去世，可我总是忘不了他。我觉得像是能见到父亲，就去了皇宫前广场……顺着人流涌入广场，踩着脚下的碎石子，不知不觉挪着步进入签名的大帐里。"

　　罗莎迈步向前深深地鞠了一躬，拿起笔。"我无意识地拿起笔，想写下自己真正的名字……"

　　罗莎拿着笔好像害怕地颤抖起来。"我……我写不了……如果写了我的真名，父亲非骂死我不可……我怎么也下不去笔……"

——杉山义法，《横滨罗莎》戏剧剧本

　　这段情节表明，昭和天皇对于罗莎来说就像父亲一样的存在。随着昭和时代的终结，自己的存在是否也丧失了理由？一种虚无感袭上罗莎的心头。我的脑海里闪过一个念头，或许玛丽一定也有过同样的想法。在采访结束以后，杉山说出了如下构思。

　　"实际上，我一直在考虑《横滨罗莎》的续集。"

　　"什么时候上演？"

　　"虽然是一部独角戏，也要花很多钱呢。"

　　"那可不是。"

　　"我手中还有一个段子。中村君，你想不想把它拍出来试试？"

　　杉山开始讲述这个故事。这一段他似乎从未写进他的文章里，我手头只有当时谈话的记录草稿。

　　罗莎还在横滨街头徘徊。穿着一身雪白，勾白的脸一如歌舞伎演员。但是，无法逃避的现实是罗莎日渐老去。就在这个时候，她认识了一个上了些年纪的男人。此人从外表穿着看很像是流浪汉。起初罗莎并不爱搭理他，但他的言谈中流露出的知性，令罗莎渐次对他产生好感。他们彼此不谈自己的身世。因为两人都清楚彼此不愿对方问及自己的过往。两个人一起度过的时间逐渐多起来。这场黄昏恋也许是最后的一场恋情。一天晚上，罗莎前往约会地点去见他。偏偏这一天下起了雨。霓虹灯光在道路的水洼里映出陆离的倒影。在城市的喧嚣声中，由远及近传来暴走族的摩托刺耳的爆音。摩托的尖叫在接近二人约会地点的时候益发刺耳。几十台摩托灯光照得人睁不开眼睛。那个老男人浑身是血倒在地上，被摩托围在当中。罗莎最后的情人处境惨不忍睹。罗莎推开摩托，将老男人搂在怀里不住地哭喊着。仿佛罗莎的恸哭引发了老天的感应，这时候雨也越下越大。罗莎自己的眼泪和飘泼大雨，冲洗掉了她脸上如歌舞伎演员般厚厚的白粉妆，露出了她真实的面貌。暴走族们骑着摩托，围绕着二人狂奔。这时《恋人啊》（作词、作曲、歌唱：五轮真弓）的歌声响起。在摩托车队耀眼的车灯和刺耳的鸣笛的包围中，两个人萍水相逢的爱情结束了。

昭和五十八年（1983 年），横滨发生了"流浪者遇袭连环案"。这一事件被引申为社会问题，当时各大媒体都连日炒作。杉山的构思就是基于这个事件。

杉山笑着问我："怎么样，有趣吧？"他心中对玛丽并没有特别的关爱或拔高，只是想以玛丽为切入点，思考在现实世界中应该如何对待此类社会问题。我虽然没有被《横滨罗莎 2》的情节所打动，但我十分赞许杉山的话语中体现出的作者的自信。

"如果拍玛丽的纪录片，还是跟五大君打个招呼比较好。"

杉山冷不丁的一句话让我一惊。其实我一直想着有那么一天要和她打个招呼，可心思不在状态，一拖再拖。通过媒体报道，我基本了解五大对玛丽的认识。正因为如此，她如何看待我正在拍的纪录片？我因未知而不安。

"我正想见她一面……"

"我这就给她打个电话。"

"不妙。"我在心中嘟哝道，但是一切为时已晚。

"五大君，你听我说。现在有个年轻人正在拍玛丽的纪录片呢。他现在正在我这里采访。他还表示很想见你。"

我低着头听着杉山在说，中间甚至尽量不被察觉地叹了口气。就在这时杉山说了句"那我让中村君和你讲话"，就把话筒递给了我。

我前言不搭后语地和她了通话。说了什么自己都不记得了，但记得电话里向她做了自我介绍。

结束了在杉山那里的采访，我在回横滨的路上，用便利店的传真给她发了一份策划书。过了几分钟，我的手机响了。"中村先生吗？我叫五大路子。传真收到了，谢谢！"

"不，不敢当。"

"我看了你的策划，很感动。有什么我能做的你就尽管说好了。"

她的反应出乎我的意料，我有些发懵了。五大在电话里继续诉说着她心中的"玛丽"。我隔着电话听她说着，终于松了口气，心中大喜。真是感到心中大喜。我当然从未指望每一个我求到的人都会同意帮助我，但在切身感受到拍玛丽的选题如此艰难之时，五大的声音对我来说无异于声援。我感到眼前一热："这部片子我一定能够拍下去！"

五大先是让我拍了《横滨罗莎》的舞台演出，此后还在后台接受了我的采访。"遇见玛丽是纪念横滨开埠'港节横滨盛装游行'那会儿。山下公园前有银杏树的地方，我看到一个拿着大件行李的女人。她脸涂白妆，脊背弯曲，眼盯前方，站在那里。我被她的存在和她闪动的目光所吸引。那目光好像在向我发问：'你如何看待我？你觉得我是怎么活过来的？请回答我！'当时我觉得那目光好像揪住了我的衣领。我问了身旁的一位路人，路人告诉我：'她叫玛丽，那可是横滨的重要财富呢。'于是，我开始思考玛丽现象到底是怎么一回事。"

"起初是从一个笼统的概念开始的？并不是具体针对玛丽某个细节的兴趣？"

"不是的。具体原点是她那目光。我感到她在向我追问，'请你回答！'"

1991年"港节横滨盛装游行"时邂逅之后，五大大量查阅了与玛丽有关的书籍、杂志、传闻，并见了相关人员。之后她萌生了一种想法："有了！我萌生了这样的念头——用我自己的身体语言来讲述、演绎我的体悟。"

五大查阅收集的资料日见增多。她将这些资料传真发给有密切交往的杉山义法。其实杉山并未保证给她写本子，起初只是五大执着的一厢情愿。

"看了材料后，杉山老师心中具象的构思不断成型，他将自己经历的战争期间和战后时期的时代背景也融入其中，决定动笔写本子了。"

　　我径直向五大追问道，既然如此纠结于玛丽，为什么剧中用了罗莎这个名字呢？

　　"这和杉山老师也说过，这部戏写的不是玛丽一个人的人生，在她身后还有几十万个玛丽。我们不是在讲述某个特定的个人史。罗莎是遭遇同样境遇的女性的总称，我们试图将她们的情感与生活作为战后史来讲述。"

　　罗莎是以玛丽的传说为基础创作的有关妓女们的虚构故事。无疑这也是一种探求历史的方法。可是是什么原因将名字定为罗莎呢？简单点的话，将玛丽稍做变形，比如叫马莉不是也可以吗？

　　"我在给杉山老师发的传真上画了个玫瑰花，还写上了'来自罗莎'几个字一起发了过去。于是杉山老师就把主人公命名为罗莎了。"五大还反复强调说，"我并非想讲述玛丽的个人史。玛丽前后左右都有很多相似的人。我要讲述的横滨罗莎身上汇总了她们的全部情感。"

　　五大正是基于这样的真诚动机，坚持上演着这部独角戏呢。从1996年首演到现在，这部戏一直持续上演。如今保持着每年公演五次的频度，约有1 700人观看了此剧。

　　五大说，随着反复公演，大量来自观众的反馈多得让她吃惊。我从大量来信和传真中看到这样一个观众反馈。

　　　　我现在在"泡泡浴乐园"打工。收工回家的路上，在便利店见到过玛丽。深夜里便利店非常明亮，近距离看着玛丽的脸，真的有些受不了。我无法知道在她脸上、手上深深的皱纹里烙印着她怎样的情感。当时我总在想："白天和晚上分成不同的面孔就好"。而她到了那样的年龄，为什么会如此高调，至今我也没有想通。昭和天皇逝世时她无法写下自己真名的心情，我真的非常能够理解。

我也和她一样，对已经不在世的父母抱有深深的内疚。和父母之间不管多少年不见，哪怕是阴阳两隔，我还是父母的女儿。

"泡泡浴"小姐的告白深深地打动了我，令我不仅关注从前的妓女，对现在的性工作者也产生了兴趣。我的采访中无数次出现这样的"跑题"或"绕行"，因而所花时间也就成倍增加。我清楚这意味着什么，但我停不下来。关注所至一往无前，我绝不考虑任何后果。

4. 黄金町的地下世界

京急本线日之出町与黄金町站之间相连的一条 500 米左右的街，是人所共知的色情街"销魂一刻"。大街上妓女们公然上前拉扯行色匆匆的男人们的衣袖。

随着时代的变迁，日本站街女的身影很少看见，如今来自中国、东南亚、南美的女孩充斥街头。

我不是第一次来这里，已经多次徜徉于此。来此的目的是寻找现代玛丽，采访现如今在横滨卖身的女性。所谓街头女玛丽和"销魂一刻"色情街女孩虽然所面对的状况不同，但还是应该有

20 世纪 80 年代前叶位于黄金町的"销魂一刻"（森日出夫摄）

某些共同之处。我在这里遇到的女性中有这样一个女孩，名叫张媛媛，但我不知道这是不是她的真名。我很喜欢这个女孩化妆不那么艳俗。当我作为客人与她混得很熟以后，她告诉了我她的身世。媛媛的父母是战争孤儿，媛媛6岁时跟着父母来到日本。看来在日本她接受了义务教育，因此日语发音全无口音。

"我爸妈已经不在日本了。"

"怎么搞的？好容易才回来的不是？"

"说是过不惯日本的日子，就回中国了。"

"媛媛怎么不一起回去？"

"我嘛，我是在日本长大的，比起回那边去，还是在这里好啊。"

媛媛说，现在父母在中国的黑龙江生活着，她一年也能回去几趟看看他们。她来到黄金町这里也是因为奇妙的机缘。原本她是在东京都内的约会俱乐部打工，但赚不到多少钱。这时候在店里她认识了一个和自己经历相同的战争孤儿后代。两人意气相投，决定相互帮衬打拼。她约她来到了横滨这座城市。媛媛说，父母对自己从事的行当完全不知道，她自己也没想好要干多久。她和我在一起时总是聊些无聊的话题，时间很快就打发掉了。

"你喜欢听什么音乐啊？"

"张学友。"听我说出香港当红明星的名字，媛媛很开心地笑了。

外表和容貌跟日本的同龄女孩毫无二致，但她心中却有两个祖国，无所适从。不过像媛媛一样的女孩是少数特例。在黄金町地面上，多是那些在本国借债买了来日本的船票来日本讨生活的女性。

　　"销魂一刻"的规矩是，每晚向房东支付一笔固定的开房费。因此接客越多自己挣下的也越多。房间按两班制轮换着用。从早晨到傍晚，和从傍晚到深夜两拨女性轮流开工。

　　一天我跟熟悉的女孩打着招呼，在街上溜达。突然，河边一家店的贴纸进入了我的眼帘。"本店有日本女孩接客"。这条街上很难找到日本妓女。这家店就想以此为噱头揽客才贴出告示的呢。我朝店里瞄了一眼，一个女人坐在柜台里，稍早前流行的紧身裙穿在身上。我毫不迟疑地跟她打了声招呼。

　　"你真是日本人？"

　　"是呀。要不要一起玩玩？"

　　"这一带日本人真少见啊。"

　　"听客人说的，算我在内好像有那么两三个。"

　　她名字叫舞——当然是化名，年龄 27 岁。以前她曾在横滨曙町的色情按摩店工作过，但最近转行来到这里。

　　实际上，比起按摩店，"销魂一刻"似乎挣得更多。实际工作只有半天左右，收入却将近按摩店的三倍。舞也有回头客，平日总有七八个人光顾，到了周末，据她讲能接上十来位客人。

　　尽管电影制作费不足，赤字不断增加，但我还是给自己找到理由——"这也是采访的一个环节"——来到了舞的店里。因为年龄相近，融洽沟通并没花费太多时间。于是，我决定试探了一下。

　　"可否接受我的采访、拍摄呢？"

　　我和她谈起我在拍的电影，她好像对玛丽产生了兴趣。

　　"啊，真有趣。如果我可以的话，我愿意协助你。"

　　她出乎意料痛快地答应了我。舞没见过玛丽。虽然她和玛丽没有直接的关系，但我还是想拍下在横滨这座城市，而且是在黄金町的"销魂一刻"色情街工作的日本女性所讲述的故事。

拍摄地点就定在舞的房间。也就是说在"销魂一刻"色情街上。进到房间里，粉红色的荧光灯将没有窗户的小房间照的通亮。看她只穿着一件吊带衫，我心跳怦然加速。这正是我中意的情趣……我装作冷静，首先向她问起干起这一行的由头。

"还不是为了钱嘛。拖欠了五六个月的房租……当时正处着一个男友在干个体经营，赶上泡沫经济崩盘，钱一下子全没了。为了帮他，我就跳进了火坑。"

"一开始就去了黄金町？"

"没有。听说过'上门按摩'吗？先干的是这个。类似'性保健上门服务'，在福冈当地干了一段。后来去了'色情按摩''泡泡浴乐园'，后来才做现在黄金町的工作。"

"不想做点别的工作挣钱？"

"知道这个地方之前，也许我还在'康体服务'方面打拼。不过现在这里已经最好了。"

"不，我说的不是风俗业……"

"刚刚三个月前我找了份普通的工作，白天去打工。同时晚上还做我的风俗业，就像做小时工的感觉。"

"最初对这份工作有没有抵触感？要和完全不认识的男人发生关系呢。"

"已经习惯了。现在已经习惯了，完全没有抵触情绪。"

"都是些什么样的客人呢？"

"甚至有70多岁的老爷子，什么人都有。"

"但是现在和'康体服务'不一样，完全是你一个人在做，你就不怕有危险？"

"有是有，嗯。不过街上有保镖样的人维护着这条街的安全。给他打个电话就会过来帮我。当然首先要自己看清人哟。如果是危险的人……接客时说'お客様をあげる（请客上楼）'，这是我们行当的隐语。看上去悬的人我们就会选择'不请'，嗯。"

毫不夸张地说，这可是命悬一线的职业。保镖并非在店中常驻，接客时发生什么意外毫不奇怪。

另外，作为一名妓女，舞对社会没有任何道德负疚感。虽说如此，也并非有什么深刻的想法。因为有人买，所以也有人卖，不过如此而已。

"我没对父母说过，没有这个必要。"但因为没有罪恶感，她在我面前毫无躲躲闪闪的意思。我找不到立马回应她的词。一个疑问涌上心头，我问道，那你打算做到什么时候呢？

"最少两三年吧……也许还会再干一段。"

"你不觉得这个生意并非长久之计？"

"哪里，且能干着呢。我认识一个人70多岁，就在这个城市，还没歇手呢。所以干是可以干下去的，嗯。不过我还要考虑结婚和生孩子。我想用自己的身体做这个工作，再坚持两三年吧。"

"你不想干到70吗？"

"如果可以的话，当然想做。不过我想最多也就再干十年吧。考虑到身体，嗯。为抑制下身炎症，一直在用抗生素，这样久了就生不成孩子了。"最后我向她问起如何看玛丽。我想知道如今的妓女是怎么想的。

"那样的年纪还接客，了不起。而且不像我们那样在房间里接客。真了不起。谈不上什么尊敬，但真是了不起。"

这场采访三年之后，在黄金町再也见不到舞了。据说她和当年的男友回福冈县老家成家了。有言必行，毫不犹豫，漂亮地隐退。

后来，2005 年 1 月 11 日神奈川县警察采取行动，黄金町的"销魂一刻"色情街顷刻土崩瓦解。

> 针对色情店半公开成片经营的（横滨市中心区）黄金町周边的净化行动 11 日正式开始……据县警方透露，黄金町周边的夜店街上约有 260 家"特殊饮食店"鳞次栉比。这里成为暴力团体等犯罪组织滋生的温床，同时也导致身边治安加剧恶化。去年 11 月警察厅长官漆间严来此视察。当时陪同视察的县警本部长伊藤在 12 月 1 日的记者招待会上说："一个即将迎来开埠 150 年的国际都市，现状令人感到羞耻"，表现出采取措施，坚决整治的态度。综合整治行动命名为"告别行动"。
>
> ——《色情店最后一盏灯熄灭》，
> 《神奈川新闻》2005 年 1 月 12 日

> 松泽成文知事于 19 日晚视察了横滨市中区的黄金町周边地区，并巡视了县警清理特殊饮食店"告别行动"的成果。去年 4 月也视察过此地的松泽知事表示："具体的街区重建不断推进，令人振奋。今后，县政府将与当地居民和警察合作，为大冈川的街区建设提供支持。"
>
> ——《净化作战成果验收》，
> 《神奈川新闻》2006 年 4 月 20 日

　　神奈川县警方认真落实"用足相关法令，采取彻底、持久的取缔态势"，"站在维护县警威信的高度战斗到底，直到色情街最后一盏灯熄灭，直到街区得到重生"等指示要求，全力摧毁了黄金町的"销魂一刻"色情一条街。妓女消失之后的街区变成了一座鬼城。当年战争结束后不久，在若叶町建造美军的飞机场时，被迫搬迁的居民们作为临时住所，为了糊口而开设了饮食店，这就是铁路桥下繁荣的滥觞。开始和结局都是当时的权力意志在翻手为云，覆手为雨。想到此，愁思恨缕不绝于心。

　　（本章资料提供：清水节子、杉山义法、五大路子。）

第五章
滨城玛丽：横滨与横须贺

1. 与"战后"拥眠的女人

潮乎乎的暖风和刺耳的夏蝉叫声中我们迎来了开拍之后的第二个夏天。为了整理目前拍摄过程中弄清楚的事情，我们按着不同时期的顺序，分段追寻玛丽的足迹。

确切有人看到玛丽的活动始自横须贺时期。玛丽在此之前的行踪有各种各样的传闻。比如有一种说法是，"她在神户的慰安机构工作时，爱上一个美军军官。后来她追着调到东京工作的军官来到东京。可是不久军官接到回国的命令。独自一人留下的玛丽，失意中去了横须贺。"

但是神户、东京几乎没有任何与玛丽相关的信息。于是我决定从有确切目击者信息的横须贺起步。

作为旧日本海军军港，横须贺于战败之后的 1945 年 9 月 2 日被美国海军接收，成了朝鲜战争、越南战争的前线基地。据说那时候横须贺的繁华街——300 米长的沟板街两侧，酒吧、酒馆、土特产店鳞次栉比，美国大兵摩肩接踵。店门前挂着大写"A"的牌子是美国大兵可以进店的标志，如果没有向由横须贺市长、警察署长、工商会议所会长组成的 A 级店铺推荐委员会提出申请，没有接受横须贺市卫生部和美国海军医院负责人的审查，就无法得到该牌照。1960 年（昭和三十五年）横须贺拥有"A"执照的店达到了 230 家。

我找到了当年曾在这里向美国大兵提供过服务的女招待木元

淑子，向她了解了当时的横须贺的情况。

"也许你也知道，昭和二十六年到三十七年（1951—1972年）那段时间，是横须贺生意最火爆的时候。航空母舰都接二连三地开进港口。沟板街上充斥着白帽子水兵，挤得日本人简直无法在街上行走。"

"当时你具体做什么？"

"我可不是什么站街女，我做的是女招待。都是针对洋人的酒吧，当时的取酬方法是'计杯制'。"

所谓'计杯制'，就是向美国大兵卖出的酒水数量和收入挂钩。与大写"A"的牌照一样，女招待们也必须填写住址、姓名、出生年月日，将贴有照片的名单在美军、横须贺市立性病诊疗所、具有 A 级资质认证的店铺组合——交际沙龙协会、所属店铺四个地方登记才能开工。管理相当严格，甚至规定从业者有义务每隔十天接受一次血液检查、尿样检查、X 光检查、性病检查。

"有的店甚至会严格地提醒：'南希（木元的上岗艺名），你还没有接受检查，不能做酒水服务。'"

"女招待有多少？"

"总有几百个人吧。"

"女招待们是否分帮结派？"

"确实分了帮派。我们也一样。只是玛丽与众不同。她不喜欢被某家店束缚，是真正的站街女。她自由得很，舰队进港她白天就来拉客。她总是打扮得很讲究，就像 17 世纪的路易几世似的，头上戴着很漂亮的帽子，手上戴着蕾丝边手套，撑着一把长柄阳伞，翩然若仙，颇有古风。还喜欢以唱片店等橱窗漂亮的地方为背景，想尽心思秀出自己的漂亮造型。"

"那会儿就已经开始叫她玛丽？"

"没有，都叫她皇后陛下。反正她是一个话不多的人。当时她女人味正足，人也是最漂亮的时候。和后来在横滨时不一样，虽然也涂了白粉，但皮肤还是很漂亮的。"

"美国大兵很多吧？"

"那阵势真是不得了。忙得三班倒，舰队一进港那阵势才叫壮观。恐怕 20 世纪再也遇不见那样的时代了。那会儿日本很穷，1 美元能兑 360 日元。尽管贞操观念还很传统，但冲着钱还是有人出来做。"

"你对玛丽怎么看？"

"她是真陪睡的，靠上床挣钱。我们不一样。比如大兵跟我们说：'May I spend time (with) you（一起可以吗）？'我们就会对他说：'Ok，Ok。'然后设法让大兵痛饮一通。喝差不多了就把大兵朝门外一推，哄他'在唱片店那边等着我'，就这么骗他们消费。这就是我们的生意。"

"之后大兵不找麻烦？"

"上我当的家伙还真不少。傻小子跑到店门口问：'Where is Nancy（南希在哪里）？'店里人说：'正走着那个不就是吗？'其实说的还真是我。可傻小子却说：'不对，南希可不是那副扁平面孔。'因为我卸了妆，摘了假发，傻大兵就认不出来了。不蒙他们上哪儿挣着钱去啊，再也遇不上那样的时代了。"

这样的女人光是横须贺就有 2 000 人。据说其中三分之一从事卖淫。标准行市是一晚上 2 000 日元到 5 000 日元，不过活儿好的女人能挣到 10 000 日元……交际沙龙协会的副会长对外谈话时绷着脸先解释说自己的说法并非经过理事会的认可，然后说道："我们这个行业撑着市里收入的三分之一，希望市政府和工商会议所能对我们加大支持力度。"。也不知道他希望加大力度支持什么，但是在 A 级店工作的 2 000 名女性成为横须贺的重要产业支柱当是不争的事实。有个商人说："毫不夸张地讲，横须贺每家每户必定有一个人从事此类行当。这里从前就是海军基地，这座城市离开军队消费就活不下去。"

——《周刊漫画星期日》同前

藤原晃曾在沟板街经营酒吧"田纳西"。他 1929 年出生于横须贺，1950 年上了美国海军的扫雷舰，参加了朝鲜战争。后来他回到横须贺，开办了"田纳西"。1991 年，他根据自己的亲身经历创作出版了《横须贺沟板物语》（现代书馆出版）。与跟客人逢场作戏的南希（木元）的故事不同，这本书写的是美国大兵和日本女人的罗曼史及其过程始末。如果玛丽漂洋过海的话，也许会是这样的结局。

"我家有三个汽车旅馆，有牧场，景色也很美。我一定会让你幸福的，跟我走吧。"如果信了这话真跟着去了就会发现，所谓汽车旅馆是勉强能住两个人的破旧小屋，牧场是荒芜的草原。不仅牛、马，熊和野猪都有出没。据说这样的地一罐果汁的价钱就能买到一坪。虽然人家并没有骗你，但是和主观想象毕竟反差太大，只好每天以泪洗面地过日子，有的女人实在受不了就回到了日本。那些大兵因为远离故乡

寂寞难耐，和一个日本女孩相好带了回来，可冷静下来之后
又意识到，在家乡自己身边可爱漂亮的美国女孩有的是。这
样一来陷入郁闷，每晚在外闲逛不着家。

《横须贺沟板物语》中也有横须贺时期玛丽的记载。我径直
来到藤原经营的店，向他了解了当时的情况。"天一黑，她就戴
着奇怪的帽子，端着从前的皇后那样的范儿站在街拐角。跟她说
个话儿她也不理你。未必每晚都出现，但只要一出现就默默地站
在那里。人家是个名人嘛。"

"你向她打过招呼吗？"

"不，我没有过。看她觉得别扭，嗯。"

"从一开始就是从头到脚全白的吗？"

"是啊。打扮得像皇后似的。在横须贺市本町，沟板街附近
的酒吧服务员喝醉以后，竟有人跑到她身边跪下。她就是那么有
人气。白天她绝不出来溜达，天黑以后，八九点钟那会儿吧，她
就会出现，像妖怪一样站在那儿。"

"每次她都站在同一个地方吗？"

"是啊，一周来两三次——她并非每天都来。三十多年前的
事儿了，我也记不太清了。可她确实就像幽灵一样站在那儿。好
像她绝对不搭理（下级）士兵，专傍军官。军官们也很欣赏她呢。
从没有人看见军官拉着她的手走在街上。估计是在哪儿等她吧。
真是奇怪，没人见过他们在一块走。谁也不知道她家在哪里。"

"一会注意到她在那儿，再过一会又发现她不在了？"

"就是啊。有时候在店里正忙得不可开交，偶然听到客人聊
到玛丽。一个说：'哎呀，我跟她去了，一看，她居然长着"鸡

鸡"，吓得我落荒而逃啊。'"

"美国大兵说的？"

"是啊。估计是开玩笑吧。就这些，我知道的就……"

此后，南希——木元淑子从横须贺迁到了横滨。因为基地收缩，出手阔绰的美国大兵人数少了。听说横滨还有美军住宅，美国人也很多。于是她就换了地方。

"我动作比较快，昭和三十七年（1962 年）就来了。越战的时候，我说'横须贺不行了，去横滨吧'。我比较早就看明白怎么回事了。玛丽也是因为经济不景气去了横滨。"

"从横须贺搬到横滨的人多吗？"

"多了去了。大家从'计杯制'酒吧转向'拉客制'酒吧，做所谓'三三四'的生意。也就是收入中，店家拿三，女孩拿三，'派勒'拿四。所谓'派勒'就是拉皮条的。没有'派勒'的话，就无法把客人弄进昏暗的店内，用天价酒水敲他的竹杠。用我们的话说'敲酒水'，就是蒙骗客人的意思。"

1962 年（昭和三十七年）左右，玛丽也将活动地点迁到了横滨。同行三浦八重子与玛丽的邂逅，是在她和朋友正要走进伊势佐木町的松坂屋百货店的时候。

"在商店门口，看见从头到脚都是白色，只有头发是漆黑的她，挺直脊梁一动不动地站在那

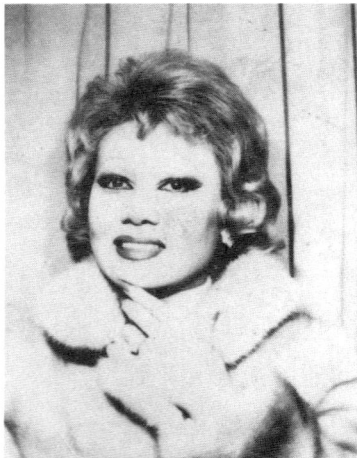

"现役"时期的三浦八重子（三浦八重子提供）

里。这把我也给吓了一跳。”

三浦从朋友那里听说，这就是以横须贺为根据地的“伴伴皇后”。三浦并无兴趣地从她身边走过时，感觉到了她的视线一直在后面盯着自己。

“我猛一回头，发现玛丽正看着我。也许因为我染了金发，让她觉得奇怪吧。我本觉得她很奇怪，难道她看我也很惊奇吗？”

几天以后，三浦在自己的拉客地点——伊势佐木町的根岸家前，与从横须贺辗转而来的新伙伴玛丽再次相遇。

“那阵子根岸家周围到了夜里非常华丽，24小时灯火通明。我在人家门口站街也算厚脸皮了。忽然打旁边传来声音美妙的问候‘晚上好’。我转身一看，意识到，‘啊，这不是上次见过的皇后陛下嘛！’虽然白衣裙依旧，但却没戴帽子。这次她染了金发（笑）。她跟我说：‘你总是很漂亮啊。’”

玛丽默默凝视着三浦的范儿。因为还在等生意三浦想把她撵走，就对她说：“你让开一点好吗，那边去！”按三浦的说法这只是一次短暂的接触，可为什么玛丽对三浦有兴趣呢？

“后来我还琢磨她为什么这么看我，原来是在看我化妆啊。在这之前她只是涂白脸画黑眉毛。现在又加上了眼镜。因为是皇后嘛，所以才那样打扮。”

“你是说玛丽参考了你的化妆？”

“估计她这么看我，回头就盗用了我的创意。”

但是对三浦来说也发生了麻烦的事情。因为相貌近似度过高，有好几次被人错当玛丽了。

“曾有人大老远举手对我喊‘玛丽’，我就知道又是搞错了。当然这个人是我从没见过的，于是我问他‘咱们在哪里见过？’

他说'横滨站西口啊。'我便对他说'不好意思，那不是我'。那个人大概 30 来岁吧，是个年轻的小伙子。"

玛丽不止一个，好像有几个。我曾从多人那里听到过这类的故事。有关玛丽的都市传说之一，也许就是从这里开始的。我还得到了 1964 年（昭和三十九年）东京奥运会开幕前有关玛丽的信息。契机来自《神奈川新闻》的白鸟明美记者。"看大野一雄的舞踏[1]《我的妈妈》的时候，脑海中总是浮现出玛丽。我无论如何都想把这一点直接转告他本人。"

白鸟带着图片集《魅影：滨城玛丽》，在大野演出之后去见了他。当他向大野说了观看感受之后，大野凝视着玛丽的图片，只是深深地点头。

"很有意思。光是这个场面就有足够的画面感。"听了白鸟这番话，我马上去了位于保土谷区上星川的大野一雄舞踏研究所。可得到的答复是，大野几年前搞坏了身体，正在疗养恢复中，还无法接受采访。但我仍不肯放弃。哪怕不说话，看着玛丽的照片，只要点点头就可以了。为了拍个镜头，我开始去做研究所的工作。当时出面见我的是一雄的儿子大野庆人。庆人 1938 年（昭和十三年）出生，也是舞踏家，实力与乃父比肩，有"一雄之动""庆人之静"之说。1959 年庆人在土方巽（1928—1986年，日本著名舞踏艺术家，其舞台作品《禁色》开创黑暗舞踏派先河）的《禁色》中饰演少年角色。参加黑暗舞踏派演出之外，他也参加父亲大野一雄的演出。

---

[1] 舞踏是 20 世纪 60 年代由坊巽开创的一种日式前卫舞蹈，以肢体扭曲、弯形呈现一种原始、自然的舞蹈美。——译注

年轻时的玛丽[1]（森日夫摄）

一天排练结束之后，大野庆人像是要劝说纠缠不休的我似的，开了一瓶红酒。他抿着酒，向我吐露起他的心声："其实，我也对玛丽的一段故事难以忘怀。"我一听这话觉得很有意思，便趁他微醺，央求他在我的电影里出镜。采访时，不搞些实际动作就不知道能否有意外收获。当然瞎动作也是没有意义的。这次就是一个成功的范例，我真的有了意想不到的收获。之后我就在他舞踏研究所的排练场对他进行了采访。

_____

[1] 虽然正是上升时期的"现役"，但在这条街上年轻时的玛丽已是颇为醒目的存在。

"那是东京奥运会开幕之前不久。我的太太在丝绸中心经营着药妆店。我正处于自己的舞踏步入僵局的转型阶段，于是就去药店帮太太忙。在药妆店上班时我遇见了玛丽。"

"那一刻有什么印象？"

"我们当时不叫她玛丽，而是叫她'艳丽'。你看她脸涂得白白的，一身穿着又像是戏装。也许在一般人看来，她这身打扮看上去太奇异另类，不过在我看来她浑身散发着华丽的光彩，叫'艳丽'正合适。"

当时大野上班的那家药妆店在大栈桥一带也有分店。那时候码头和栈桥都泊满了外轮。大野就目睹到玛丽浪漫的一幕。

"我总是忘不了那一幕。轮船就要起航时彩色纸带从船上抛下来，《萤火虫之光》旋律响起，于是船就开动了，乘客与送行者彼此挥着手惜别。一次，玛丽和一个看上去并不那么年轻的乘客（估计是她的恋人）跑过来了。再晚一步船就要开了，我看见两个人拥抱着吻别。"

"你是说那男的要回自己的祖国了吗？"

"是呢。真是让人伤感的离别，完全就是一个电影情节呢。"

玛丽的恋人回国了。玛丽一直等着他。另有旁证可以佐证故事的真实性。在我的脑海里闪回出未完成的纪录片《妓女玛丽（暂定片名）》拍摄过程中导演清水节子听到的玛丽所吐露的心声。

"结果她一直没离开横滨。因为玛丽忘不了自己心中最爱的人，那个军官。这样一个情结让她在横滨一直待了几十年……"

我还听露娜美容室的汤田辰讲起过有关戒指的故事。

"她说戒指不见了。就是那个她平时戴的翡翠戒指，说是那位送他的，是她一直珍爱的戒指。所以她跟我说，丢了戒指伤心得很。"

"是恋人给她的？"

"是的，看来是这样的。所以她都没怎么说话，只是朝美容椅上一坐，那意思你随便剪吧。临了跟我说了句'谢谢'就走了。估计她心里难过的不行。过了几个月又见她戴上了戒指，我说：'啊，戒指找到了？'她说：'是啊，找到了！'当时看她那高兴的样子，我也为她高兴。"

几方面说法拼接起来看，"玛丽等待着已经回国的恋人"之说有很高的可信度。当然，这只不过都是些间接证据而已……

前面提到的藤原晃所著《横须沟板物语》也写到，战后有不少女性被与之相好的美国大兵带到美国。可玛丽未能随他漂洋过海，却一直坚持在日本等着他，这是为什么呢？

像三浦那样为了家人干这个行当的妓女应在多数。可也有豁出一切，为了与美国大兵的爱而活下去的妓女。

> 保土谷区岩井町住着山田秀子（27岁）、和江（19岁）、美子（15岁）、春夫君（11岁）（均是化名）四姐弟，十年前从事建筑承包业的父母相继离世后，秀子一个人拉扯着妹妹、弟弟三人。战后生活艰难，秀子为了弟弟妹妹牺牲自己，沦为干夜活的女人，勉强拉扯三个弟妹过活。今年春天认识的一个美军士兵说好了要娶她为妻，可这个士兵不久就回了美国。秀子抛售了父母留下的唯一财产——房子和所有家具家什变卖充作船费，于去年8月12日上了横滨出发的美国轮船，去美国追寻那个美国士兵。剩下弟妹三人无房可住，每天吃饭都成了问题。好歹找到一户熟人家寄身，现在

和江当了舞女照顾弟妹。保土谷民生安定所了解到情况之后，正在探讨如何帮助她的弟弟和妹妹。

——《读卖新闻（神奈川版）》1952 年 11 月 12 日

从辉煌的 60 年代进入 70 年代，整个这段时间玛丽的故事出现了空白。虽然有信息表明有人见到过她，但并没有可用于电影的令人怦然心动的素材。

到了 1980 年 8 月，三浦和玛丽的拉客地——大众酒馆根岸家宣布倒闭。那些美国大兵和外国船员等主顾也从横滨的街面消失了，对于当年的"伴伴女郎"玛丽来说艰难时刻开始了。关门三个月后，根岸家于 1980 年 11 月被一场离奇的大火烧了个精光。这场火灾甚至殃及附近的十栋住宅。

玛丽抱着行李游走于街头，似乎也和根岸家的结局有些关系。据化妆品店柳屋的老板娘福长惠美子说，玛丽就住在根岸家附近。

"那会儿我们给顾客办服务卡。卡上记号填满之后可以享受五折。当时我对玛丽说，在卡片上填写一下你的名字和地址，于是她就用很漂亮的字迹写下西冈（玛丽自称西冈雪子）二字。我就知道了她住在根岸家的后面。后来根岸家烧了，一点都没剩下来。玛丽就觉得'要是自己不在的时候发生火灾把家当全烧了就糟了'，于是开始随身携带行李走在街头。"

玛丽并不是直接对福长说的。据福长讲，是在和玛丽聊天时听出了这个意思。但明白无误的事实是，玛丽开始随身带着家当活动的行为发生在根岸家那场大火之后。可是有一天，玛丽随身带着的要紧的家当被人盗走了。

玛丽带着行李在"GM"大厦一楼入口处小睡（森日出夫摄）

"西冈喜欢在'GM'大厦一楼入口处盯着玻璃窗看，她特别喜欢看自己的样子映照在橱窗玻璃上。她那样子的确很漂亮。可就在'GM'大厦橱窗玻璃照镜子的当儿，她的茶色提包被人盗走了。她来我这里叫了我一声'妈妈'就哭诉起来。眼线笔勾好的眼线已经被泪水弄得黑作一团。"

其实她走背运已有先兆。根岸家倒闭的两年前——1978年11月伊势佐木大街被改造为商业街，成了步行者专用道。三浦八重子说："车辆不再可以通行，就无法在路边拉客了。我们的生意走起了下坡路，我就借机彻底洗手不干了"。三浦用自己的积蓄在亲不孝街开了家酒吧。南希——木元淑子也一样，那些与战后拥眠的女人们静静地走下了自己的舞台。但还是有人在"舞台"上坚守，那就是玛丽。她失去了拉客地。别说美国人，连外国客人也见不到，这使她收入锐减。后来她连房租都付不起，

197

在若叶町散步的玛丽（森日出夫摄）

住房也没有了。她终于像战后的亡灵一样，孤魂野鬼般在街头游荡。

1982 年（昭和五十七年），石黑圭[1]的《港城玛丽亚》、"Da Capo"[2]的《横滨马丽》、根本美鹤代的《黎明的玛丽亚》、淡谷典子的《昨夜的男人》、1983 年（昭和五十八年）大卫平尾的《人称玛丽安娜的女人》等以玛丽为题材的歌曲不约而同地接连发表。也许不少人都想以自己的方式，对老迈的妓女玛丽及横滨行将结束的一个时代做个了断。其实玛丽作为传闻和都市传说的聚焦对象，被人们以好奇的目光广为关注也是从那时候开始的。

---

[1] 石黑圭是 1977 年在神奈川县茅崎出道的歌手、女艺人。——译注
[2] "Da Capo" 为 1974 年出道的歌唱组合，名字来自意大利语 "从头开始" 的意思。——译注

第五章
滨城玛丽：横滨与横须贺

《周刊邮报》（1982年1月29日号）的文章《你知道'港城马丽'吗？》中"马"字的写法和今天还略有不同，但一看杂志上登出的照片，就知道那就是玛丽。这篇文章是一篇纪实报道，内容讲的是和玛丽共度一夜的过程，给人的印象是，玛丽耄耋之年仍正常在岗。

夜色笼罩横滨，在曙町找到了马丽。"哎呀，你知道我啊……我好高兴。"她化了浓妆的脸上几道皱纹瞬间显现出一丝活力，反射着街角忘记关掉的霓虹灯的光芒。在酒店开了房，她说："咱们可以玩玩哟。"娇滴滴的造作之声估计是她每回接客时的惯用表演。"看看我的身子？"脱衣的动作不见了表演，倒有了几分可爱的感觉。她全身涂着白粉。她解释说："因为年纪大了嘛，皮肤松弛粗糙很难堪，就用白粉这么涂一下……"从前人称"港城马丽"，如今"横滨皇后""横滨克莱奥帕特拉"等尊称更为横滨人所熟知。作为骄傲的电话应召女郎在伊势崎町一带落脚之前，"马丽曾在横滨和横须贺两头忙乎，对象是美军军官。过去三十六年里曾受过23次辅导矫正。很少被逮捕，因为从不触犯卖淫防止法，也不碰毒品，不涉及欺诈犯罪。"据（神奈川县警方某刑警）了解既无子女也无亲人。"曾和日本人、美国人各结过一次婚，可现在谁都……估计死的时候也是孤身一人"。对于自己的身世她说的不多，自己边说边点头。她的眼睛在银框眼镜的后面露出笑意。

在床上向生客叙说的身世估计真伪难辨。但这种生猛采访却

199

令我扫兴。因为我的兴趣绝不在丑闻连篇的老妓女。但是对于周刊杂志来说，玛丽应是再好不过的"料"了。

曝光玛丽鲜为人知的"性事"，是符合八卦杂志特点的切入手法。我脑海中浮现出清水节子有关玛丽特长所讲的同样内容。不过这些内容和《周刊邮报》一样，对我的电影来说毕竟是无关紧要的。

差不多同一时期在三重县津市也有一个玛丽，据说人称红玛丽。我的兴趣点显然指向这样的逸闻。

> 三重县津市最红的名片当属玛丽。就说她那一身行头，从服装、鞋子、手提包到头发、口红、指甲油等全部统一为红色。这样一个人，每天在城区中心公交站候车室坐着等客，在人口 14 万多一点的地方城市里不引人注目才怪。因为穿着齐整，表情可人，不知从什么时候开始被市民称为"玛丽"。不过，她的家、她的名字无人知晓，她的年龄也因浓妆遮盖而无法推断。具体说到她在候车室的举止，看上去就像是一直在等着什么人。从早上头班车开动到末班车到站为止，她就一直用直视的目光盯着上下车的乘客。从不见她开口，也不见她如厕、吃饭，就那么每天不离座位一直坐着已经有五六年了……当地广播的深夜节目常有她的粉丝为她点歌："这首歌送给玛丽，祈愿她等待的人早日现身。"
>
> ——《周刊文春》1984 年 12 月 8 日号

但是进入 80 年代以后，人称"玛丽"的老妇出现了多个版本的传闻。有在名古屋市昭和高中前活动的一身绿的玛丽，有在爱知县一宫市·尾张一宫站前活动、涂白脸身着艳丽礼服的玛丽。

> 关于玛丽的言说中意味深长的一个说法是，她一直等待着走向战场一去不回的丈夫。还有一种说法是，她在等着和自己夭折的孩子长相相似的孩子走过，如果看到了这个孩子就设法把他带回家去。也有人说这是一个性角色意识倒错的异装癖者。战后将近 50 年了，一直一个人站在大城市街头，这本身就是一个象征性的姿态。她给人印象深刻地摆出"红婆婆"的造型，成为大都市中被人传诵的一道风景线。
>
> ——宫田登《邀你进入民俗学的世界》

这些"玛丽"与"横滨玛丽"的一个共同点是，在某个特定的场所一直等待着某个人，化妆穿着搭配成同一种颜色。就两点共性之间的关联性，清水节子曾作出这样的推论："玛丽一直穿她那一身白，一定是为了恋人回来一眼就能找到她。"

也许是这样。不管年纪多大，如果穿着和当年一样的服装，来者一定会注意到这一标志性特点。白色、红色，还有绿色。这种充满悲情的容貌和打扮也许正融入了淡淡的浪漫。

野毛街头演艺经纪人大久保文香，昭和十五年（1940 年）出生于本牧，是地地道道的横滨人。从前她在"关爱关内会"事务局工作，玛丽曾和她在事务局所在马车道相生大楼里成为点头之交。

"来相生餐厅茶室的客人中有人抱怨说：'我才不想和有那种病的女人用同一个杯子呢。'服务员很善良，买来了供玛丽专

玛丽专用的杯子[1]（横滨梦屋提供）

用的杯子放在那里。玛丽每次来总是高声说：'用我那杯子来杯咖啡。'服务员应道：'来了来了。'就给她端上咖啡。"

实际情况是怎么样呢？

我向相生餐厅的老板井上圆三了解了当时的情况。他告诉我，"也有两个玛丽自己带来的杯子"。大久保证实，店里确实也为玛丽买过专用的杯子。杯子的生产厂家是"则武"（Noritake），艺术装饰风格的餐具非常有名。井上回忆起玛丽来店那段时间的光景，向我披露了一段小插曲。

"一次，玛丽在自己生日那天带来了一只装饰讲究的蛋糕。她把蛋糕分切成几块，自己取了一块之后说：'余下的请店里人分享。'估计她是想借此和大家多少联络一下感情吧。"

20世纪80年代后期到90年代前期所谓从昭和时代向平成时期过渡那段时间里，发生了很大的变化。玛丽的客人最后都是日本人了。尽管如此她还是挺挑人的。玛丽有她自己最后的自尊心。

"横滨的男人能和玛丽搭上话那是件挺荣耀的事儿。据说要入玛丽的法眼还是要具备某些条件的，比如戴眼镜人聪明，大腹便便人有钱，肤色黝黑人健康。如果不能满足这三个条件，玛丽根本不会打招呼。"

大久保文香是女人，并非玛丽的主顾，她讲过一个在横滨有名的故事。小说家团鬼六20世纪90年代前半期住在横滨，每次

---

[1] 2015年相生餐厅关门，五大路子恳求店方交她收藏。

去与伊势佐木町邻接的花天酒地的福富町喝酒时，玛丽一定会和他打招呼。团鬼六的容貌与穿戴，确实符合大久保所说的玛丽挑人的三个条件。

"最初冷不丁一照面吓我一跳，赶紧走开。结果她还一动不动地盯着看。之后差不多一周一次来福富町喝酒，经常会碰到她。（团鬼六看着写真集《魅影：滨城玛丽》说）就是这里！"

"那是'GM'大厦。"

"她就站在这儿，也

玛丽站在"GM"大厦入口处（森日出夫摄）

不再打招呼了，只是呆呆地像影子一样跟来。我很害怕，什么也没敢说。她也什么都不说。好像幽灵如影随形，令人毛骨悚然。觉得她真像死神附体。'伴伴'啦，妓女啦，总会热情地搭话说'喂，帅哥！过来嘛！'之类的。可她一句话也没有哦。只是像水一样静悄悄地跟着你就上来了，整个一个幽灵啊。"

"团先生如何看待妓女？"

"有乐町有个阿时（出演过日本放送协会广播《街头录音》）曾做过几年'伴伴'，后来突然消失了。原来嫁给了一个上班族，人也变得正经起来。可最后还是过不到一起，又回来干老本行了。这就是女人的悲哀啊。'啊，因为我从前做过妓女，社会就容不下我了吗？'这就有点小说的意思了。"

"你对玛丽有什么感觉？"

"算是一种怀旧吧，现在也常想到她呢。她招呼我那样子是不是在说，'看你挺能折腾，你还打算再活多少年？别太折腾了，早点回家睡去吧。'或者'跟我来吧，给你看看女人的丑陋。'总觉得对我有某种教示的感觉。这个玛丽，嗯。"

山崎君子曾经营玛丽常去的洗衣店白新舍。在距离已经关门的店面步行几分钟左右就是福富町西公园，在那附近她和丈夫

洗衣店白新舍[1]（图片为山崎君子提供）

---

[1]　白新舍现为中华料理店东方红，店内充斥着讲中国话的客人。

山崎正直两个人生活在一处公寓里。收到君子的信以后我登门拜访，听他们夫妇俩介绍了一些情况。

> 正直：（玛丽来咱家店里）好像是昭和三十九年（1964年）还是昭和四十年那会儿。
>
> 君子：嗯，好像是个与众不同的人。
>
> 正直：她到店里来，我也不会直接和她搭话，洗衣店接活的人也是如此。西冈自己一进门就喊"妈妈"，叫我妻子出来，给我的感觉是根本和你打不到招呼。
>
> 君子：和店里的服务员也全无接触。
>
> 正直：我从来没有从她手里收到过一张用过的有折痕的纸币。总是用别针别着的一摞钱。估计是在银行现取的、要在好几处支付的钱。可能在每个店她都这么付钱。我们店统计每天的流水，要数当日收上来的纸币。哪一天她来过我立马就知道。因为只要玛丽来付过账，收银抽屉里一定有她用别针别起来的一叠整齐的钱。
>
> 君子：记得她一周来这里一两次换衣服。她当时应该已经居无定所。那段时间她一直是那么个状态。一想那就让她来我们这里换衣服吧，我们这里有更衣室嘛，就让她用了。于是她就在我们这里换了衣服，换下来的就放在我们这里洗，存下来的衣服越积越多。每次都给她付费单，在她手里也攒了一厚摞子呢。
>
> 正直：付费单也是取货凭证嘛。她手里有一大摞。
>
> 君子：有好几年，她自己分年头把这些单据别在一起。

　　白新舍的规矩不是先付费而是取货时付费。玛丽手里压了那么多付费单，说明她欠了不少费。对洗衣店来说，玛丽显然是个欠费率高的主顾。存下的衣服也占了不少店内空间，店里专为玛丽设置了存货架。还有，有时候玛丽进了更衣室后好几个小时都不出来。

　　　　君子：现在回过头来看，估计她在更衣室内坐着睡过。偶尔她也在这里缝过开了线的衣服。她穿的衣服实在太旧了。有时纫针纫不上，还让我帮她纫了几次。然后她自己就坐在那里缝。

　　对于玛丽来说，白新舍已经是一处心灵的避风塘。洗衣店有时还专为她临时延长营业时间。

　　　　君子：除夕也关不了店。西冈有回老家时的专用衣服。除夕那天她就在这里换好衣服，两手拎着大包小包的年货回老家。过了三天她又回到横滨，叫道："妈妈，给您送拜年礼来了！"每次一定会买些家乡特产送给我。

　　这还不算完。玛丽和君子新年的头几天还特别忙碌。

　　　　君子：接下来要去皇宫参贺，她也有一套专用的衣服。这样我们家新年根本歇不成。

　　不过某一个时期，白新舍正月时从忙碌中解放了出来。全身

206

雪白装束回家探亲的玛丽似乎遭到了家人的排斥。

> 君子：过了年，四五号洗衣店就开始营业了。玛丽从老家回来以后看上去……怎么说……很落寞。在老家玛丽的弟弟是当家的。好像被当家的……她没跟我细说。不过感觉上她很受伤，打那以后好几年都没回老家。
>
> 正直：估计是回老家以后家里人之间有了些什么麻烦。
>
> 君子：也许是吧。可她自己什么也没说。好像是有点什么事。

为什么玛丽离开了横滨？问过元次郎、森日出夫他们，可谁也说不明白。这回山崎君子的一番话总算道清了来龙去脉。

"渐渐地她来到店里时的样子越来越……怎么说好呢……要是说可怜可能有点那个。身子缩得厉害，耳朵也越来越背。可她在横滨一直就没有固定的住所。我问过她：'你看，要不就回老家得了。'她嗯了一声说：'那就打个电话问问老家？'我就帮她拨了个电话。她不喜欢在店里，于是就在车库的车里用我的手机通话。玛丽本人电话里表示'想叶落归根'，家人那边也说'那就回来吧'。于是我就帮她买了车票，还安排些杂七杂八的事情。"

那是玛丽在横滨的最后一个晚上。她来到白新舍，向君子披露了从未示人的心迹。

"就在我们快下班的时候，她来到了店里对我们说：'那明天可一定来，别错过新干线的发车时间哦。'这天晚上我给她上了茶什么的不少东西，她基本都没动，只是喝了茶。从'真好喝'聊起，感叹地闪出一句'想不到自己一晃竟到了这把年纪'。我不敢相信从不向人聊这类话题的她，竟说起自己的往事。'**父上大人**去世后，我就走上了这条道。'我怔了一下：'啊，她用了父上大人这个词？'她接着说：'现在**家弟**继承了家业。'我跟了一句：'啊，是吗。'当时她的措辞很是让我吃了一惊[1]。"

第二天，君子和玛丽在关内站会合，打车去了 JR 新横滨站。在车站的月台，摄影师常盘刀洋子也赶来了。常盘是白新舍的主顾，她是听到消息赶过来的。君子一直目送着玛丽坐上新干线。

"她耳朵有点儿背，我们在出租车上也没法聊得太细。后来，我和玛丽就这么着走在新横滨站的站台上，引来周围人的注目。我倒没觉得有什么难堪的。"

君子还留着当年写下的日记，这让我也知道了"决定玛丽最后命运那一天"的准确日期。

　　1995 年 12 月 18 日，玛丽回老家。

人称横滨玛丽的妓女故事，就这样收官落幕了。

玛丽一大堆东西还留在白新舍更衣室。君子用了数月时间善后，收拾这些东西。

"打了好些个包给她寄回了老家。我把东西装在轻型四轮车上送去发宅急便。那些东西太沉，两手也拎不过去，又请宅急便上门来运。她的东西可真多啊。除了衣服，还有宝冢歌剧团的节目单啦，寄往皇宫的贺年卡啦什么的，以及她练字写坏了的书法墨迹。"

---

[1] 玛丽使用的"父上大人"（父君）和"家弟"（弟君）是从前皇族内部的称谓。
　　——译注

　　还有一些混在行李中的物件能够隐约佐证玛丽和家人的关系。这正是：本人虽已离开，资料仍会说话。

　　"估计是玛丽在她生意最红火的时候，给老家寄了不少东西。（邮政）汇款也有，盂兰盆节和年末时也寄各种东西。这些单据也都留在这里。她老家的人跟我说：'山崎女士，这些东西寄过来也不好处理，你就都扔了它吧。'"

　　山崎家留下了为数不多的玛丽的东西。手提包等小物件和署有玛丽本名的亲笔墨迹，以及写给老家的信等等。五大路子要走了手提包，她在《横滨罗莎》剧中把它用做主人公罗莎的随身物品。玛丽的亲笔墨迹抄写的是《万叶集》中山边赤人所作的和歌。

　　　　田子海湾边

　　　　走出家门抬望眼

　　　　富士高山巅

　　　　皓首奇妙不可言

　　　　峰顶瑞雪舞翩翩

　　玛丽写给老家的信看上去像是草稿，估计写得不满意就压了下来。字里行间可以读到玛丽对家人的思念。

　　　　才给家里写信请原谅。已是日本樱、牡丹八重樱烂漫时节，家里人都好吗？久疏问候，十分抱歉。不久前还寒意料峭，如在雪国。如今远近群山都一片春色，仿佛来到春暖花开的国度，又到了令人舒畅的季节。家人们一定都在精神

饱满地忙起来了吧……我初到大城市，什么也做不来，请原
谅。下次与家人见面之前，我一定要干出些样子来。我要学
会一技之长，做一个善良的人。请大家拭目以待。再过不
久，枝头将绽满新芽，赏心悦目的新绿季节就要到来。祝大
家保重身体，健康祥和。

在沿着玛丽的足迹寻访，向相关者了解情况的过程中我注意
到了一件事。玛丽 1995 年回到老家的前后，伊势佐木町和马车
道的店铺等完成了老一代人退出，新一代人登场的过程。山崎夫
妇和那些与玛丽经历过相同时代的人，他们那一代对背负着战争
期间和战后时期整个时代遗产的老妓女有着特别的感情。他们投
向玛丽的眼神充满无限温情。但是，对于那些不知道战争滋味而
成长起来的下一代来说，玛丽仅仅是城市里的一个怪物、一个街
头盲流，一个需要疏解的那类人。晚年的玛丽，为了避风躲雨只
好寄人篱下，只有马车道的艺术大厦、福富町的"GM"大厦等
为数不多店家给她提供了方便，其他千万广厦都不容她进入。一
个妓女成了一座城市的名人，最后被当作底层人员疏解掉，这是
何等具有讽刺意味的结局！也许这正意味着横滨这座城市开始丧
失"战后记忆"。

2. 这年夏天，见到素面的玛丽

2000 年 6 月，我知道了玛丽的住处。这并不是查到的，而

是偶然了解到的。至于怎么了解到的细节不便说。总之是和一个与玛丽同乡的朋友偶然聊起了解到的情况。

从前森日出夫、元次郎、作家山崎洋子三人曾去过玛丽的老家。当时玛丽的亲弟弟只是告知"她在养老院里健康地安度晚年"，至于问道玛丽的具体住处就闭口不谈了。所以我的意外收获正所谓踏破铁鞋无觅处，得来全不费工夫。应该怎么办？老实说，我感到很为难。我构思的电影，绝非为了曝光老妓女后来的故事。甚至实际见到玛丽本人产生情绪波动，可能电影都拍不下去了。突然，杉山义法的一句话闪现在我脑海中。

"如果将她的故事写成戏，总免不了触及人的弱点和受伤的部分。万一见到玛丽本人时，觉得她是个很可爱的老奶奶，就担心会不会伤害到她，这令人左右为难。"

与杉山见面几个月后，玛丽从横滨消失了。杉山说他下决心写本子是以玛丽不在为前提的。

我也正因为有玛丽不在这样一个前提，才开始制作这部电影的。众人谈玛丽这部纪录片是不需要玛丽本人出现的。我是基于这样的思路一路拍下来的。如果玛丽本人出现在片中，构筑这部电影的方法论本身就无法自圆其说。但这个时候我自己也已经感觉到这种方法论差不多走到了尽头。我意识到这部作品作为电影还差点"什么东西"。但是，因为没找到"这个东西"，焦虑与烦躁与日俱增。解决方案刚有点头绪便又断了思路，简直就是走进了死胡同。可我也无法保证见到玛丽就能找到"这个东西"。又转念一想，既然已经知道了玛丽的所在，难道不应该去见她一面吗？

得到确切消息之后，有两三个月我一直很纠结。小时候，母

横滨玛丽：被遗忘的真实

亲常对我说："你无论做什么都要谨慎行事，哪怕过石桥也要敲一敲石板桥面确认安全再迈步。"现在，虽然从年龄来说已经是成人，可一个人却没有那么容易改变。要是平常也就就此死心了，不过这一次我暗下决心：改变一下吧，不，必须改变自己。我决定不再敲打石板桥面径直通过石桥试试。无论是对于这部电影，还是对于我这个人来说，我觉得这都是必须经受的考验。我为自己想好了借口："不做采访，只是去见她一面。"

玛丽所在的地方位于中国地区[1]山谷里的一个小城。从新横滨站坐新干线要几个小时。然后换乘单线列车穿过几座山，抵达了最后要到达的目的地车站。

"玛丽就在这座城里！"

这种感慨涌上胸膛。车站的月台和候车室见不到什么乘客。因为没有高楼大厦和其他什么建筑物遮挡，8月的盛夏才见得到的蓝天和积雨云感觉近在眼前。四面环山的盆地特有的酷暑，让我很快渗出汗来。市中心只有一家百货商店，商店街也很冷清，是一座典型的走向衰败的地方城市。我向紧挨着车站的观光咨询处打听玛丽生活的养老院。

"那个养老院在铁道对面，建在半山腰上。您有熟人住在哪里？"服务窗口的职员一问，我马上拿起这座小城的导游手册。

"那倒没有。就是来游览看看。"情急之下我的回答驴唇不对马嘴。其实自己并非在做坏事，只是内心的负疚感难以遮掩。轻声叹了一口气，我将目光移向导游册子，上面写着这里是一处残

---

[1] 中国地区是日本国土区划中的一个大区域概念，位于本州岛西部，包括鸟取县、岛根县、冈山县、广岛县、山口县五个县。——译注

城迹尚存的古代城下町。我先是去了这个城市的旅游景点——城堡遗址。沿着陡峭的山路攀登，身上的汗衫很快被汗水粘在背上。到了高处的城址站定之后，举目望去小城尽收眼底，景色十分优美。四面环山，铁路从城中穿过，建筑星罗棋布，真是一个小小的城市。我来时乘坐的电车鸣叫着远去，越来越小。在这个小城市要是有什么传言，几天之内就会尽人知晓。

"不能干扰玛丽现在的生活，必须格外当心……"

我忽然意识到这一点。山脚下刮来的风吹到汗水浸透的汗衫上，我不由地打了个激灵。那列电车已经从我视线中消失，可电车的鸣叫却一直回响在我耳边。

我准备在这里逗留两周。住处不用担心，因为很幸运我父亲的朋友清川充一个人来此工作，我得以寄居在他的住处。

"哦，你长大了啊。"他说我还是小学生的时候，他来东京出差曾在我家住过。可惜我完全不记得了，不过我还是冲他笑着点了点头。

"今天你初到，咱们外头找地方坐坐吧。"清川带我去了一处小菜馆，女主人一个人隔着吧台招呼客人。我们彼此给对方斟满啤酒，碰杯。我一口气就把一扎啤酒喝干了。炎炎烈日下我一直走在街上，这杯啤酒顺喉而下，格外甘美，只觉得全身又补满了出汗流失的水分。清川接过老板娘递上的下酒菜，就跟她聊了起我来。

"他父亲是公司的前辈，也是我的媒人。"

"呀，是吗？"

清川又冲我说道："你父亲真的很关照我。工作上也让人敬佩。"

　　我还从没听过有人这么说父亲。父亲是典型的工作狂，总是工作优先于家人，我们好像只是在同一屋檐下同居而已。当然我和父亲也从未两个人一起喝过酒。这会儿喝着喝着，满脸通红的清川像是与父亲的脸孔重叠了。我好像看到了一些我所不知道的父亲的世界。这天晚上，将与玛丽见面的压力暂时放在了一边，我们推杯换盏，笑语不断。

　　第二天我又回到了现实，我起身出发去玛丽生活的养老院。清川居住的城郊公寓到养老院有一段路要走。这段路有些距离，乘公交前往比较合适。但为了感受全城概貌，我决定步行前往。用了一个半小时，穿过市中心，终于走到了昨天下车的车站，目的地就在铁路对面的半山腰上。

　　过了道口是一道长坡。远处空气蒸腾看不见坡道的尽头。玛丽就在那里。虽然我心已似箭，可冒犯圣域的畏惧感使我的脚步自然变得沉重。我看着路旁在山坡上建成的田地、已经变成废墟的从前的保龄球场，一步一步踩着柏油路前行，一路走一路不停地用衬衫的袖子擦去从额头上流到眉头的汗水。终于，空气蒸腾的尽头我看到了一座白色建筑物。

　　"这就是玛丽生活的养老院吗？"我不太自信地自言自语嘀咕了一句。

　　终于来了。随着呼吸变得急促，我的心跳加快了。进了养老院的大门，竟悄无一人。扒着接待来客的窗口往里看，好像也没有人。于是我高声问道："对不起，有人在吗？"

　　一开口，我反而感到情绪稳定了些。不一会儿，一个男职员出现在窗口。

　　"来了！您有什么事吗？"

"咱们这儿有一位 D 女士（玛丽的真名）吧？"

"是的，有啊。您是哪一位？"

"我有一个朋友，从前得到过她的关照。正好我休假，就来到了这个城市。"

喘口气顿一下，我继续说下去。在这里绝不能语无伦次让人生疑。如何开口讲话，事先想象了各种情况做了预案练习，现在正是检验预案效果的时刻。

"朋友想知道她的近况，所以我过来看看。"

"这样啊。那谢谢你啊。"

这个职员引导我向二楼玛丽的房间走去。我们缓慢地踏上铺在走廊上的色彩鲜艳的绿地毯。终于就要见面了，决定命运的瞬间就在下一刻。职员全不知道我高度紧张，随手打开了门。

"D 女士，有人来看您了。"

玛丽正在屋里，闻声朝门口走来。很雅致的淡妆素颜，一头浪漫灰短发。背弯曲着，但姿势不坏。衣服不再是白色，而是暗红与紫色相间的稳重花色，感觉上与年龄十分相称。

我心中暗忖："这就是玛丽？"这是一个随处可见的普通老奶奶，哪里是我所知道的玛丽。就在我以为是不是搞错人了的时候，一个声音传来。

"啊，是吗？那太谢谢了！"毫无疑问这就是玛丽的声音，和从元次郎的磁带上听到那种独特的高亢声音一模一样。我只是呆呆地看着她出神。

"那个朋友叫什么名字啊？"职员问我。

"洗衣店白新舍的山崎君子。还有香颂歌手元次郎也承蒙过关照。"

215

横滨玛丽：被遗忘的真实

玛丽只是笑着点头。她的点头是什么意思，我完全无法知道。之后我被让到房间里，就和玛丽两人聊了起来。玛丽还有一个室友，现在正好外出不在。我告诉她，我将在这个城市住两个星期，并希望在玛丽方便的时候再来拜访。玛丽只是点了点头。窗外的风铃悦耳地响了起来。

第二天，我又来到养老院。进得大门，还是悄无一人。忽然发现放在接待来客窗口的登记册。写在最下面一栏里的人名，就是山崎君子告诉过我的玛丽弟弟的名字。访问日期正好是一周前。养老院的职员说，他每年会来一两次。

我来到玛丽的房间，玛丽正在看电视里的综合节目。她的样子和一个普通的老奶奶毫无二致。这天，我第一次环视了她的房间。墙壁上贴满了玛丽亲笔写的字、画的画。养老院的走廊上也贴满了她的"作品"，看来在这里玛丽对艺术的爱好也很出众。过了一会儿，玛丽的室友回来了，我们三个人吃着我从便利店买来的布丁闲聊起来。

下午玛丽约我去娱乐室，她和十几位老奶奶一起愉快地跳起了日本舞蹈。养老院组织了日本舞蹈老年舞队，玛丽是成员之一。在横滨那会儿曾经的特立独行好像完全没有那么回事。但和其他跳舞的人相比，玛丽明显弯曲的脊梁，可以看作是她在横滨逆境生存的证明。

"她可热心参与活动了。前几天还上了杂志呢。"养老院的职员递给我一本当地市政发行的季刊，里面的图片上玛丽正在愉快起舞。我实实在在地觉得"这里将是玛丽的终老之家"，于是感到踏实了许多。同时想到我出现在这里所具有的意味，就又觉得很郁闷。对于玛丽来说，我的出现极有可能干扰她目前平静的生活。一种罪恶感袭上我的心头，我在心灵熬煎中凝望着玛丽优雅的舞蹈。

每次在养老院里和玛丽见面聊天的时间差不多一个小时左右。这点时间对她和我来说都恰到好处，不觉得累。我心里明确的原则是，决不打听"横滨""玛丽的过去"等往事。因为玛丽既有室友，如今本人也未必愿意提起。而且只要打听过一回，恐怕就收不住我的采访冲动了。我只是想尽可能地从闲谈中抓住一些线索。最要紧的是和玛丽聊天必须有耐心。我发现我说的东西引不起她的什么兴趣。有时候我想找个话题聊下去，可她只是回一句"是呢"就止住了，完全不接你的话。只要她没兴趣，你说啥也没用。不过没过多久我就找到了些窍门。玛丽说起的话题只要我及时跟进，话就有的聊了。也就是说聊天的主导权完全掌握在玛丽手里。就这样我还是有了些许收获。一天，玛丽跟我讲了自己的过去。

"从前我离开老家的第一份工就是在这里做的。沿着这座城市的河边有一条街全是大宅邸，我就在那里打过工。"我并没有向她问起，但玛丽自己说起了往事。这让我感到惊讶。

我来到她所说的"这座城市的河边"附近，向街头与我擦肩而过的本地老人一打听，弄清楚了玛丽个人历史的一个片段。

"这里确实有宅邸街呢。"

"这条街曾经很大吗？"

"记得当年大街一侧是长长的高墙。现在谁都不知道那段事情了，你是怎么知道的呢？"

玛丽回到了最初离开老家做第一份工的城市！看来她住在这里并非偶然，而是一种必然的归宿。

除了和玛丽聊天，我还在养老院做起了志愿者。因为没有做护理的资质，我也做不了什么专业性工作，主要是打打杂，比如在食堂配餐，榨些混合果汁供老人们下午喝，或者帮忙打扫卫生什么的。

"看来现在我可以在这里待下去了"。这是我冒出的极其随意的念头，不过我确实需要找到一个在养老院"存在下去的意义"。只是每次与玛丽见面我还是很纠结……我必须做点什么回报玛丽和养老院。毕竟他们接纳了我这样一个外来的不速之客。

一天，我按约定时间去见玛丽，可玛丽不在。我担心是否有什么意外，便去问了职员。职员告诉我说："她大概是出去散步了吧。"

玛丽一高兴就独自散步。也许还是像在横滨的时候那样，她需要有一个人独享的时间。这天等了30分钟玛丽也没回来，我决定改天再来。第二天，我问了玛丽头一天爽约的事，玛丽并无歉意，满不在乎地说："天儿那么好，我就去了趟百货商店。"头一天我如约而来，干等半天却未谋面。可她连一句"对不起"都没有。不过最让我吃惊的是，从半山腰的养老院到市中心的百货商店坡路很陡，步行单程至少需要20分钟以上。往回走的路上，我顶着灼热的阳光，深感玛丽的体力真是超乎常人。

玛丽所在的这座城下町既是单线铁路的终点站，也是另外的一条单线铁路的始发站。这条始发单线铁路的沿途车站几乎都是无人车站。只有一节车厢的电车就像巴士一样，晃晃荡荡走了一个小时左右，终于到达玛丽老家附近的车站。我很想看看玛丽的故乡是什么样子，于是就搭这趟电车来了。车站的列车时刻表显示，上行下行加起来一天也不过只有几趟。这座无人车站为木屋风格，展柜里陈列着木雕工艺等小镇名产。

车站周边散布着木材加工工厂，四楞木材堆放在太阳下面晒着。街上几乎没有行人，是典型的人口过于稀少的村落。据说从前玛丽穿着一身白回故乡，估计在村里一定十分扎眼。家人因此而疏远她也就好理解了。

只是玛丽应该对自己的人生一点都不后悔。所以她才有底气把自己涂成全白回到她生长的村子。玛丽老家的地址是元次郎告诉我的。那是一座醒目的二层日本乡宅，沿着国道远远就能看到。当然现在我不能贸然前往。从国道越过护栏，在铁路上走着走着便登上了无人车站的月台。我坐在长椅上等着返程的电车，看到乘客们踩着铁路赶过来顺着站台往上爬。

过了一会儿，山谷间传来电车的鸣叫。玛丽也应该踩着铁路走过——我正冥想着这样一个电影镜头，电车驶进了站台。正好是傍晚，车内挤满了学生，很热闹。我想自己大概再也不会来这里了，于是凝望着玛丽的故乡从车窗外闪过，远去。这个情景久久定格在我的脑海中，挥之不去。

来到这座城市已经一个星期了。就像学生逃学一样，我对养老院产生了心理拒斥。每次见到玛丽都会动情。可同时一个新的念头也在萌发：难道不能设法将晚年的玛丽融入电影？虽然告诫过自己，来此不是为了采访而只是和玛丽见面，但无法割舍的冲动还是越来越强烈起来。

我像往常一样从寄宿的公寓出来，没乘公共汽车，而是花上点时间慢慢地走着去。走到了通往养老院的长坡路跟前，我在路旁的便利店习惯性地买了甜点充作伴手礼。

走出便利店，赤日炎炎哪怕是站着都汗流不止。可面对养老院我却迈不开步……一看表，约定时间马上就要到了。怎么擦都止不住的汗，让我更感焦灼。

其实已经几次想半路折返，结果还是去了玛丽那里。然后又反复陷入自我谴责的境地。一看到她的脸我就纠结得不行，可我真不知道到底应该怎么办。

我来到城边的电话亭。即便已经是黄昏时分，进到里面，灼人热浪仍令我窒息。我慢慢地拿出电话号码本，给森日出夫和元次郎拨打了电话。已经无法一个人承受下去了，我要向他们求助。

元次郎回我说，因为日程关系无法马上离开横滨赶过来。不过森接了我的电话决定尽快赶来。我们在电话中商量了日程安排。我拿着话筒的右手渗出了汗：此举是吉还是凶？连我自己都不知道究竟想干什么。这是在干什么呢，我……电话卡的格数从 50 减到了 5。放下话筒后好一会儿，我在电话亭里蹲着动弹不得。

几天后，森赶来了。我决定这一天要启动摄像机。虽然在此之前发誓来了绝不拍，可眼下我顾不上这些了。但我还是划了一道底线：绝不拍玛丽，也绝不拍养老院，只拍"去见玛丽的森日出夫"。

我在车站的站台上与森汇合，一起走向养老院。一路上，我手执摄像机追拍森的背影。我也期待着或许会有什么发生。

我像往常一样在来客服务窗口喊了一声，那个脸熟的职员就出来了。

"啊，又来看 D 女士啦？昨天天儿可真够热的。她昨天像是一直在街上转，结果回来就不舒服了。"

"是吗！现在怎么样啦？"

"我采取了措施，目前很稳定。"

森工作繁忙，是硬挤出时间插空赶来的。他必须当天来当天回，对他来说也是场强行军。他想再见到玛丽，所以特意从横滨大老远赶到这里。我正要和职员商量，森却直截了当地来了一句："那就没办法了，放弃吧。"

我朝养老院里看了一眼，空无一人的绿色走廊看上去比平时更显长。路漫漫其修远兮，我还没看到事情的终点。离开了养老院，我和森进了车站附近的荞麦面店。

"也许这样不错，没见着就对了，嗯。"森握着酒瓶朝我的杯子里倒着啤酒，嘟哝出这么一句。啤酒沫漫出酒杯，啤酒顺着杯子外壁溢出弄湿了桌子。

"大概不该见面吧，我觉得。"森像是自言自语地嘟囔着，点了好几下头。如果说人与人的相遇不是偶然而是必然，那这次的失之交臂有什么深意呢？

想起玛丽的笑脸，我又干了一杯。和往常一样的啤酒，今天却感觉格外地苦，不过又很好喝。

时间过得真快，来这里已经两个星期了。森回去的第二天，我又来到养老院。玛丽很精神，难以相信昨天躺了一天。我猜测她果然是察觉到了什么，于是就像往常一样和玛丽说起话来。

"身体不要紧吧？"

"嗯，已经全好了。"

"明天我要回横滨了，有机会我再过来。"

"是啊？"

221

玛丽只是笑着，没有任何感伤。虽然和她相伴了两周，但她的情绪平淡如水。

"难得来一次，咱们拍个纪念照吧。"

我向玛丽提议道。玛丽回我"请稍等"，就仔细地化起了淡妆。丁零零——就在等待她化妆的时候，传来了清脆的风铃声。我心头泛起些许伤感：难道再也不会踏进这个房间了吗？

"来吧，妆化好了。"涂了完口红，玛丽看着我微微地笑了。在我眼里这不是那个玛丽，而是一个普通女性。

来这里之前想要找到的"什么东西"，也许就是眼前玛丽的笑脸吧。我还真说不清楚，反正就有这样一种感觉。

"我这就走了。"就在我向她告别的时候，玛丽从她的衣柜里拿出一套毛巾递给了我。

她说我每次来看她都带了伴手礼，她也一定要回礼表示一下。我觉得这个毛巾套装在我手里分量很重。尽管毛巾实际很轻，但这两周的感情分量都浓缩在里面。很短暂但却炎热异常的夏天就要结束了。

最后一天清川充用自己的车把我送到了车站。我到最后也没和他提起玛丽的过去和电影的内容。因为清川和玛丽住在同一个城市，我终于无法毫无隐瞒地向他说出玛丽的故事。或许清川也有所察觉，他始终没有多嘴打听，只是用温和的目光守望着眼前的一切：一个没有单位到处跑的青年，寄居在他的住处晃荡了将近两个星期。我眼前浮现出和他相处的情景：晚归时他总是满面笑容地招呼我，"洗澡水烧好了"；每晚我们都穿着内衣边看电视边喝小酒。虽然这些和电影一点关系也没有，但对我来说却是弥足珍贵的温馨时光。他把车停在车站的环岛前，递给我一个牛皮纸信封。打开一看，里面装着 1 万日元。

"不，这个我不能拿。"我急促地推辞道。清川握着方向盘，只是一言不发。

我又说："本来是我一直承蒙您的关照。"就把信封推还给他："收下吧，收下吧。但愿能对你有点帮助。"

清川硬把信封塞进了我的口袋里。他不知道我在干什么，但他应该感觉到了什么。清川的热情让我很为难，但即便如此我还是什么也不能讲。我只想着尽快完成电影，到时候请他来看，并把今天本该和他讲的话一股脑说给他。因为是休息日，车站的环岛前只停着清川那辆车。我下了车，向车站的检票口走去，没有回头。只是感觉背后那辆车开走，远去。我把手伸进口袋，将那装有 1 万日元的信封紧紧地攥住。发车的铃声响了，我赶紧登上电车。和玛丽一起度过的夏天就这样结束了。

返回横滨后的几天里，我忙着挨个去见相关人士。第一个就去了"黑猫"，向元次郎介绍了玛丽的近况。

元次郎很生气地责怪我："你的电话来得太急。如果能再早点联系我就能去了，肯定的！"我确实无法辩解，几次向他低头乞求原谅，但元次郎看上去仍然怒气难消。于是我给了他写有养老院名称和地址的便条，决定再来一次。我还向白新舍的山崎君子告诉了玛丽的近况。这时，一种想法萦绕于我的脑海："真不能让已经改回本名的、曾经的玛丽出镜吗？"

我去见玛丽时确定了只见不拍的底线原则，但告别那天我却从玛丽的笑容中感受到了"某种东西"，在我头脑中挥之不去。但我绝不想拿着摄像机去拍下一段影像，告诉观众"这就是现在的玛丽"。《周刊邮报》的突击报道（"你知道'港城玛丽'吗"）

之类的镜头估计没有人愿意看。而且这样做的话也有悖这部电影的主题。

那么拍下玛丽当下的影像有什么必然依据？具体怎么拍才好？经过深思熟虑之后，决定去找和玛丽关系密切的人，试着掀起他们的情感波澜。如果他们知道了去向不明的玛丽的所在以及近况，说不定跟下来会有什么行为。这种行为将有可能撑起电影所需要的某个场景……虽然不知道我带来的"幼芽"能否"发育"成所期待的行为之树，但我决定先把情况告诉大家，播下通向未来行为的种子。

彷徨中电影拍摄进入了无限期的冬眠期。一路拍摄的定位本来是一部"记录对象不出现的纪录片"，可是现在……这个时候，我完全乱了思绪。

（本章资料提供：山崎君子。）

第六章
两个人的《我行我素》

1. 纪录电影的真髓

2001 年秋天，在养老院见过玛丽已经过去了一年多了，但至今恢复拍摄的头绪还没有理清。

副导演是我的本职工作，也是生活来源。这段时间，这份工作也来到一个调整节点。为了制作《横滨玛丽》这部电影，我要掌握必要的方法和技术。为此我从拍剧情片转向教学片和电视台的纪录片节目。虽然对剧情片很留恋，但眼下我强烈地认识到必须学好吃透纪录片！没想到电话俱乐部那次偶然的经历，竟对我的工作走向产生如此影响！人生真是莫测。

而且这段时间里我内心还一直纠结着："就这么花钱如流水般地投入，自己到底在做什么呢？"也许这和停机进入冬眠期有关。一旦停下脚，心思就会变得微妙：借此顺坡下驴也未见得不好……一种懒惰的选项在脑海中闪现。多亏了一封信让我彻底打住了放弃的念头。

"我有个东西要给你看。你能过来一下吗？"

好久没有接到元次郎的电话了，放下话筒我马上赶往"黑猫"。一见面他就把一个信递给了我。

"这是玛丽寄来的。"

"哦？"

一瞬间我头脑一片空白。信纸上流利的文字的确是玛丽的笔迹。看着我一脸懵然，元次郎道出了事情的经过。几个月前元次

两人在养老院再次会面（永登元次郎提供）

郎在某个地方城市举办了个人演唱会。

"演出结束后我一想，已经到了玛丽生活的养老院附近，索性就去看看她吧。"

2001 年 8 月 26 日，时隔六年两人在养老院又见面了。元次郎告诉我，对于他的不期到访，玛丽感到特别高兴。

"玛丽就说：'想听元次郎唱歌。'正好我刚演完独唱会往回走，钢琴家还在，养老院也有现成的电子琴。可养老院的人却说不行，举办这样的活动必须要提前申请。"

于是这次对元次郎来说是个留下遗憾的重逢。离别时玛丽给了他一包礼物。打开一看，是一盒蛋糕和一封信。

此次承蒙您来看望非常感谢。今天养老院的同伴们也许有人还想见到您。您要是能来给大家唱上一首，大家一定会非常高兴。特此恳求您再次远道赶来，专为我们展露您令人怀念的歌声。很多人将是头一次亲耳听您演唱，希望您这位当红巨星接受我的冒昧请求。

终于，不经意间我播下的种子发芽了！看来不能顺坡下驴。可如何把这段东西嵌入电影，我还没有想好具体的思路。这会儿还只能守护着这颗破土而出的嫩芽。

半年后，2002年春我认识了一个人物——旅日中国导演李缨。他曾在中国中央电视台制作纪录片节目，80年代末经历变故之后赴日。李导曾在1999年执导电影《2H》，相继

电影《味》的发行宣传单

获得柏林国际电影节亚洲电影奖、香港国际电影节评委特别大奖等，在全世界获得了很高的评价。李导正在拍摄纪录片《味》（宣传单），这部由日本放送协会出资的新作邀请我作为副导演加盟。该片情节如下。

　　佐藤夫妇二人年龄加起来有150岁。夫妇二人在东京开了一家私家风格的中国餐馆——济南宾馆。妻子孟江出生于战前的1925年，1948年以前一直生活在中国的山东济南。她年轻的时候学到了传统的山东菜做法，可这一秘籍竟然在"文革"时失传于本土发源地。后来佐藤夫妇被中国政府认定为"正宗鲁菜（山东料理）传人"，每年都受中国邀请来华指

导当地厨师。人生新篇章就在两人的料理传承中展开。

——纪录片《味》发行宣传单

李缨并不只是拍摄佐藤夫妇如何传承濒于失传的鲁菜，而是在构思作品时融入导演的作者意识，每一个场景都有脚本预案。只是这与电视剧的脚本不同，基于充分的事前采访，预想到"可能发生的情节"而写就的。仅仅叙述对象的活动和日常生活不能算是纪录片。如何通过拍摄对象这一媒介，将导演的作者意识呈现出来？在拍摄前要把这一点深思熟虑地安排好。李导提出的这样的概念简直让我目瞪口呆。我心中原有的纪录片概念一下子被打破了。

同时我还观察到在处理与拍摄对象的关系方面，李导独特的介入方式。比如，原本拍完饭馆老主顾们相聚的宴会场景，我寻思当天该拍的就算都拍完了。这时候，妻子孟江对着酒兴正酣、精神亢奋的丈夫突然提议："我的后半生还是想回到我出生的故乡济南度过，还可以帮助指导推广失传的鲁菜"。这时摄像机对准了对话的二人。她的丈夫表示强烈反对："我们俩都这把年纪了，移居到我连话都听不明白的中国，简直是异想天开。"两人就此争论了起来，争论持续了差不多一个多小时，摄像机不停地拍下了全过程。这一场景成了整部电影故事活起来的关键节点，是佐藤夫妇有关人生安排的一次重要对话。我当时在场，感觉在绝妙的时机抓拍到了好看的镜头。可事后我才知道，这实际上是导演和制片人事先做了孟江的工作"安排"好的。对于佐藤夫妇来说，移居中国是不得不面对的问题，由于制作者的介入使人物冲突表面化，从而得以获得所需的影像。我还说不好制作者介入到这种程度对还是不对……

不过经过长达五个月的电影《味》的拍摄，我开始重新思考纪录片是什么。我找到了感觉：尚在冬眠的电影再次启动之时，李导的导演策略一定要用起来。还有一条伏线也在推动激活这部处在冬眠中的电影。

"元次郎得癌了！"某天晚上《味》拍摄收工后，我听到了这样的传言，赶忙敲开了"黑猫"的店门。

"哎呀，你是从谁那里听说的？"迎我进来时元次郎脸上浮起往日的微笑。已经患上癌症的他抽着烟，像是在说别人的病一样和我聊了起来。

"在'黑猫'上班的时候我去了趟厕所，结果大量尿血。我赶忙去了樱木町站前的急救中心，当时也不知道是什么病。"之后元次郎马上去了警友医院看，可医生说没有必要急着做进一步精确检查。"于是活检推到很晚才做，发现的时候，已经是末期了。"

确诊是前列腺癌，同时发现癌细胞已经向其他脏器转移。如果最初就诊时医生马上安排活检的话，也许就不会耽误。元次郎很愤怒，要回了自己的诊断书、X光片等，转院到横滨日本红十字医院（现为横滨市立港红十字医院）治疗。

看X光片上面有无数的黑影，那就是癌细胞了。元次郎告诉我，要不断接受抑制癌细胞生长的治疗，但已经无法根治。

他收起X光片和诊断书，自嘲地笑道："元次郎得了癌[1]，这不算个梗吧。"接着他又从架子上的抽屉里取出一捆信件。元次郎和玛丽一直保持着通信，其中两封信内容如下。

---

[1] 在日语里元次郎的"元"和"癌"谐音，都读作"gan"。——译注

横滨玛丽：被遗忘的真实

日前，承蒙元次郎先生从横滨专程赶来看望，我非常开心。您在接待室见了院长先生等所有人。接着我又和您见面，这让我感到万分荣幸。我又想起横滨时代的往事和您对我的深情厚谊。元次郎先生，期望您的歌声在全国、在全世界唱响，广博人气，祝愿您梦想成真！

虽然和您见面时间很短暂，但能和了不起的香颂歌手巨星在一起，我感到非常荣幸。很快就要入秋，天气会变得舒服起来。

请保重身体，拼搏努力！希望您不要忘了我们，这里我再次向您表示感谢。

渐次入夏，天慢慢热起来了。昨天收到您美如梦幻般的来信，非常感谢。

我真想尽快再次回横滨看看。要是老家认可我曾在广阔的关东平原上的东京、横滨三十多年来的生活，我有信心今后做一个好老太婆努力下去。

我还有好多梦。这三十年高兴和喜悦我都记在心里，充满感恩。

我非常想念元次郎先生及各位朋友。

听说横滨的伊势佐木町变化很大，森永爱汉堡包店也关门了，丸井购物中心也改成博物馆[1]了，这些巨大变化都是我无法想象的。

---

[1] 丸井购物中心其实是改建成咖喱饭美食城了，博物馆是美食城的代称，玛丽不知就里，以为是博物馆——译注

　　我离开之后这五年间，一定是了不起的发展让城市变得如此漂亮。要是当家的弟弟同意，我一定重回横滨看看。希望到时看到朋友们都顺遂无恙，事业发达。我一定不辜负元次郎先生的人气与威望回到横滨。

　　我至今还记得元次郎先生在神奈川县民礼堂[1]的那场演唱会。愿您为了现代的发展继续大展宏图，并祝您身体健康！

　　以上。

　　元次郎用手指描着玛丽的笔迹，说起上次见面时留下的遗憾。

　　"当时没有为玛丽唱成歌，至今都追悔莫及。为了不让她在养老院感到跌份，我给那里寄了不少东西。"

　　元次郎除了给玛丽寄去礼物，还定期给养老院捐些款项。我当初播下的种子慢慢地、但却实实在在地就要结出果实。

　　"元次郎先生，我差不多该走了。"

　　"怎么，这就走啦？"

　　"如果有什么情况请您再联系我。"

　　"行。这个你拿去。"

　　我正要起身，元次郎塞给我一个随礼袋。不用打开就知道里面装的是钱。

　　"这个我不能要。"

　　"你拍片子拿去添些胶卷。别啰唆，拿去用就是。"

----

[1]　玛丽记忆有误，其实是关内礼堂。——译注

"不行，我不能要。"

"别推了，你把电影拍好就好啦。"

随礼袋里装着一张 1 万日元的纸币。我就用这笔钱又加了点钱买了一台摄像用液压式三脚架。一直以来都在用便宜的照相机三脚架，现在可以把电影拍得更好些，也算是对他的报答。

在做《味》这部片子的剪辑的时候也曾拜访过"黑猫"。当时我不可能做什么，只记得来见过面而已。

"我呢，倒是不怕死。唯一遗憾的是没能写下自己走过的半生——虽然还有想写写的心情。"最近元次郎经常说这番话。

2002 年 10 月，电影《味》完成了。这话现在可以说了——当时我还是想继续给李缨做副导演。重新启动做自己的电影，能做的只是借钱。我始料不及地走上了拍纪录片的道路，如今刚刚领会其趣味，渐入佳境。我想在李缨那儿多学习一段。但我马上意识到无法做到如愿。当时首先想到的倒不是玛丽而是元次郎。他坚信电影会完成而赞助了我 1 万日元，我不能让他的愿望落空。

但我还是有些彷徨，总是在想要有逃避的借口就好了。而在背后推了我一把的，正是李缨的一句无心之语。

"电影一开拍，被拍摄者（采访对象）持有的'情念'就会附体在我背上。这就成了很沉重的负担，挥之不去。拍摄完毕之后进入后期剪辑，使作品成型，这些重负才一个个从我背上卸下。因此在作品完成以前是苦不堪言的。"

这一点在我也是一样。负担沉重，苦不堪言，但又无法视若不见。我无法撇开拍摄对象的'情念'而不顾。

有了在参与拍摄《味》的过程中学到的纪录片导演策略，我再次向横滨出发。

2. 拍摄"日常"

距离营业时间还有一个小时，"黑猫"的员工一个都不在。我和元次郎正在沟通，彼此神情紧张，相持不下。

从 1999 年拍摄算起，时间已经过去了三年。

"让我再拍一次吧。"

"老早以前你不是都拍过了嘛！"

"这回不仅仅是采访，我是想拍元次郎先生的现状。"

我想在电影中增加元次郎的内容。我一直在拍摄众多的采访对象，元次郎不过是其中的一个。现在我想更多聚焦于他。为什么他那么在乎玛丽？经过三年观察，我终于明白了他。我播撒的"与玛丽重逢"的种子其实是元次郎一手培育破土成长起来的。和玛丽有关的人们当中，只有元次郎可称作唯一的核心人物。元次郎只是默不作声地听我说。他叹了一口气，把吸完的烟头摁灭在烟灰缸里，回了一句："行吧。那你什么时候过来？"紧接着他抬起头凝视着我的眼睛，有力地说道："之前采访时有些话我没讲，我想现在可以说了。"

我马上和元次郎商量了拍摄日程。考虑到元次郎的身体状况，拍摄控制在每周两次，都只在下午进行。

在我头脑中，这部电影的整体结构逐渐明晰起来。"所有的镜头、场景都嵌入着思想"。我反复回味着恩师李缨的教导，整理了已经拍好的内容，制作了电影拍摄文案。

我一直在思考的是："元次郎的日常是怎么一回事？"这应该不只是他日常生活的记录，如果拍不到体现人物感情和生活的"日常"，作为电影就难以成立。如何将这些印象有机地组织起来，当是今后拍摄的关键点。我改进了制作流程，搬到距离"黑猫"步行三分钟左右的公寓居住。这样即便是拍摄时间以外，只要元次郎一联系我，就马上可以赶过去。"中村就住在附近"这一印象应该有助于元次郎改变与我打交道的方式和意识。眼下我面临的困扰还是制作费……像以前那样，拍着拍着钱没了再去打工赚钱，这种方式恐怕难以为继。元次郎的病情每时每刻都在发展，从前的拍摄日程怕跟不上。我手头只有参拍电影《味》得到的片酬。什么时候资金能到位还是未知数，但那我也只有先做起来了。

最令我头疼的是摄影中泽健介。1999年电影开机的那个夏天，他曾一度离开拍片现场，半年后，又回来接手了下一段拍摄。原本这部片子是和中泽两个人一起策划的，要做当然应该一起做到最后。出于这种考虑，我一直坚持由他掌机。可是接下来的拍摄是不是继续让他做，我很是踌躇。原因很简单，中泽特别不喜欢元次郎。

"我不喜欢他总是强调自己如何不幸。女里女气太没出息了。"后来我才弄清楚他为什么死看不上元次郎。可当时和中泽话越说越拧巴。

"片子我会拍下去的。你怎么说我就怎么拍。"中泽犟着对我说。可在我来看话不是这么说。接下来的拍摄，重要的是要在情绪、情感上与元次郎靠拢。我几次去元次郎那儿吹风做工作。

"中泽听了元次郎目前的情况，表示无论如何想自己坚持把这部片子拍下去。"其实他从未说过这样的话，我就是顺口说了个瞎话。不过我内心真的希望两个人的关系朝好的方向发展。我同时也向中泽详细介绍元次郎病情的发展，为的是让他在感情上有尽量多的投入。就这样，我们终于开拍了。

先是在我家里和中泽商讨拍片事宜。我们不仅讨论了拍摄内容，还集中讨论了如何拍摄。然后一边看构成表，一边确认当天拍摄的东西在整个电影中处于怎样的位置。

○寻找原点

年轻时的元次郎的职业。曾经在川崎（堀之内）街头当过男妓。因为与玛丽从事相同的职业，二人的人生有重合与交集。

——电影《横滨玛丽》拍摄文案

在川崎"访问原点"的拍摄结束后，我们来到元次郎从良以后经营的"河童"。在这个店里我们又进行了一番拍摄。现在经营"河童"的增田毅，是元次郎的"长女"（即是那一行里的徒弟），算是旧知关系了。当我详细问起元次郎做男妓时的事情，一声怒吼响彻店内："你还有完没完！"发飙的是中泽。我不知道发生了什么状况，一下子懵住了。他嘟囔着就把摄像机收了。元次郎、增田等人担心地注视着我们。在这儿和中泽掰扯也不是回事，拍摄只好暂告结束。回到家里，我和中泽回放了当天拍回来的素材，目的是反思拍摄的不足，讨论下次拍摄要解决的问题。

我很自然地责问中泽："怎么突然不拍了？"

"你不能没完没了。我已经拍的足够多了。不要做让元次郎讨厌的事情。"

"就算他讨厌也必须拍下去。"

"可我的承受是有限度的。"

"……"

"总得有人出面叫停吧。"

中泽所说的从一个普通人立场来说也许是对的。但是，如果对被拍对象人生中的暗部不盯住拍下去的话，人物的亮点就无法呈现出来。我内心也有痛苦。尽管如此，我不得不迈出这一步并跨越这道障。让我更为吃惊的是，那么死看不上元次郎的中泽，如今竟以停拍的举动显示，他已经开始对元次郎有了感情的投入。我和元次郎打的马虎眼，不知不觉竟然成真。这个趋势相当不错。现在，悬而未决的事情还剩下一个……

这一刻出乎意料地到来了。这天拍摄结束后，我回忆起和玛丽一起度过的夏天，元次郎缓缓地嘟囔了一声："要不要一起去趟玛丽那里？我一个人不行，要是有你们在的话……我觉得这是最后的机会了。"

我一直等着他这句话。幼苗终于长成大树，花了两年多工夫终于要结果了。本来，二人见面的场面是否会在片中使用都还是未知数，因此我不好主动提出促成他们见面，同时我们过去跟拍。现在元次郎本人提出想去见玛丽，这是很有意义的。即便将来电影里用不上，我也隐隐觉得他们见面也许会发生什么未可预期的故事。虽然没有多大把握，但很想一试，或许有一丝希望。

在一部设定主人公不出现的纪录片中，他们的见面即使拍了也可能用不上。尽管如此，我还是抑制不住内心中因期待而产生的激动。

3. 与玛丽重逢的演唱会

赶紧联系养老院定下日程。2003 年 1 月 11 日，这将是决定命运的一天。这一天要在养老院为玛丽办一场元次郎演唱会。

现场会发生什么完全无法想象。这将是一场"强行军"：从横滨出发赶到这里，当天下午就举行演唱会。鉴于元次郎的身体状况，日程安排得十分紧迫，拍摄也许未必顺利。尽管如此，我还是期待着能拍到一段在舞台上献唱的元次郎和在观众席上倾听的玛丽。我希望拍到元次郎唱《我行我素》。这是元次郎患癌症后融入自己半生的经历经常演唱的歌曲。

　　我的一生，你可以见证……

我与负责拍摄的中泽说好，元次郎一唱完这一句，就把镜头摇向玛丽。这一段无论如何要拍下来。

1 月 11 日当天，我们一行从羽田机场起飞，飞机不久降落在中国地区某县的机场。从那一时刻起，中泽启动摄像机，跟拍元次郎在机场打车，走一段又转乘单线铁路电车的过程。车窗外的景色尽是山峦和田野，无法想象几小时前我们还在横滨日之出町车站随着拥挤的人流上电车。

在出租车里，元次郎和钢琴家井上裕规一聊起了他们和玛丽相遇的情形。

"关内礼堂那次演唱会是几年前来着？"

"大概是十年前吧（实际上是已经有十一年半了）。"

"我和玛丽走得比较熟悉大概也就这十来年吧。那么玛丽去养老院也有六年了。正好有六年了。整整六年（其实是七年）。"

"不过这趟路可真是够远的了，玛丽的老家怎么会这么远呢？"

"再有两三站就到了。"

"哦，那说话功夫就到了。"

我们终于到了终点站——玛丽所在的城下町。对我而言，阔别两年半的风景又在眼前展开。在车站前的环岛与清川充分手那天的记忆又被唤醒了。好不容易又回到这里拍摄了——我心里不禁热血沸腾起来。在车站前的咖啡店稍事休息之后，我们向养老院出发。玛丽正在那里等着我们的到来。出租车窗外，那个夏天我不知路过了多少遍、已经烙印在视觉中的田园风光不住地向后掠过，决定命运的时刻即将到来。

元次郎下了车，一路小跑奔向养老院大门。他速度快得连紧随其后的摄像都跟不上了。正在门口候着的院长带着我们来到娱乐室。那年夏天玛丽就在这里跳日式舞蹈。室内摆放着几把折叠椅，舞台上悬挂着写有"欢迎"的背板。来听演唱会的老人们集中在中间的座位上等候着。元次郎在老人中看到玛丽的身影，马上跑了过去。两个人的手紧紧地握在一起，高兴得不得了。院长告诉我们，玛丽一早就开始精心化妆，期待着这场重逢。可以说正是在今天，两个人的思念终于变成了现实。接下来，元次郎的演唱会马上开始了。

元次郎演唱了《下雪了》《百万朵红玫瑰》《细雨蒙蒙的小

路》《枯叶》《浪漫故事》《雨中布鲁斯》《惜别的布鲁斯》《爱的赞歌》等保留节目，之后向着观众席，不，是向玛丽说了下面这番话。

"我元次郎前年曾经来过这里。那以后我得了癌症。但我一直努力配合治疗，希望治愈顽症，战胜病魔。今天能够来到这里给大家献歌，我会当作我一生中弥足珍贵的回忆。请听《我行我素》。"

《我行我素》的旋律一响起来，玛丽的表情就变了。在此之前她一直微笑着听歌，这时她嘴角收紧，凝视着舞台。随着元次郎唱起这首歌，玛丽边听边品味着歌词，不住地微微点头，一阵激动袭上心头。这种感觉我从没有体验过，与是否拍到理想镜头无关。

我意识道："这部电影终于可以据此画上句号了。电影怎么收我心里有数了。"

自从电影开拍以来，在众多采访的过程中，我一直抱有一个疑问。我的镜头究竟向被拍对象寻求什么？难道对于电影而言他们回馈了些好用的信息就足够了吗？

这段时间我正迷茫纠结于此。当我目睹到玛丽听着元次郎融入自己的半生的歌曲高度共鸣不住点头的瞬间，我找到了我所希求的纪录片采访的本质性特征：我要拍摄的不是信息，而是被拍摄者释放出来的情感。哪怕记忆模糊、话语不合逻辑也无所谓，只要其中有真情实感就够了。玛丽默默地点头比任何采访都有说服力。这天我在拍摄过程中学到了很多东西。我觉得自己终于从1999 年那个炎热的夏天里走出来了。虽然还是新年刚过的隆冬季节，可我却感到周身发热。

在养老院门口告别时元次郎对玛丽说道。

"你可多保重啊。千万别感冒。"

"放心吧。元次郎先生也多加保重。"

"好极了。咱们都保重。咱们都活到 100 岁，说好啊，活到 100 岁！"

两个人都伸出小指拉钩发誓。玛丽笑着频频点头。我们一行上了出租车，告别了养老院。在养老院我们前后只停留了三个小时。

"星星真美啊！"元次郎看着车窗外，向坐在副驾驶位的中泽打招呼。中泽毫无反应，回之以如雷的鼾声。一定是这场不允许失败的拍摄，让他方才处在极度的紧张状态中。"呀！他许是累坏了。"元次郎看着旁边的我微笑道。我们都没再谈及玛丽。大家在车中凝望着天象仪般耀眼的星空。

4. 重大的挫折

一个月之后，2003 年 2 月，我急忙开始了片子的剪辑。

原来三个月前，就在开始拍元次郎的时候，我接到森日出夫的一个提议："可不可以放一下中村君的电影？"

2002 年 4 月，转为商业设施的横滨红砖房仓库开业，连日来吸引来大批游客造访，成为横滨新的观光景点。说是 2003 年要搞一个开业周年庆典，届时将举办森日出夫摄影作品展。可是光是摄影展有些单薄。因为摄影展上也要展出有关玛丽的摄影作品，于是就想到了同时上映相关的影像作品，"哪怕是一个压缩版或样片也可以呀"。

片子还没拍完，照理是不能应下这样的请求的。与其说是冒险，不如说是近乎鲁莽的建议。但是森日出夫对我帮助最大，可以说是我的恩人，他的请求我无法一口回绝。

"明白了。片子我来编。"能不能做到另说，作为表态我也得一口答应下来。利用拍摄间歇，我在自己的个人电脑上安了编辑软件，逐一过了上百本收录带。其实这时我还是头一次接触非线性编辑，只好连着几天看着编辑说明摸索着往前趟。摄影展的细节这时已经确定下来了。

森日出夫摄影作品展

2003 年 4 月 1 日（星期二）—15 日（星期二），横滨红砖房仓库一号馆二楼展示空间。

主办：横滨红砖房仓库一号馆"财团法人横滨市艺术文化振兴财团"。

后援：横滨市 / 神奈川新闻社 / 神奈川电视台 /RF 日本广播电台 /FM 横滨广播。

起初定的是在摄影展场地的一角的通过电视播放我的影像作品视频，后来担心电视机前观众聚集导致拥堵，又有人建议改在一号馆三层大厅直接银幕上映。还增加了一项：上映结束后举办元次郎的小型演唱会。我还蒙在鼓里，不知不觉搞成了一个大活动……森希望我定个名目，我就拟了个暂定片名《白色娼妇玛丽》。可原本说好希望在摄影展的一角不引人注目的情况下上映，为什么会演变成现在这个样子呢？从未经历过的不安，不由分说就把我逼到了绝境。这时，一个意料之外的事件发生了。一天晚上——这一天并不是拍摄日，中泽健介来到我家想借工作用摄像机。

和以往的气氛不同，他的口气有些郁闷："我的一个熟人搞演唱会，想请我去给他拍一下。"

"你不要紧吧？怎么有点怪怪的？"

中泽好像要说什么，可我也没想多听就把摄像机给了他，只是叮嘱了他一句，我记得大概是"可别出什么差池"。现在想起来当时的态度很不够体贴。当时正因眼前的事情忙得不可开交，根本没工夫过问别人的事情。那天晚上，一缕不安挥之不去，令我难以入睡。

第二天打过去电话，中泽意外的口气轻松地告诉我说："演唱会拍得很顺利啊。"看来是我杞人忧天了，当然这样再好不过。

几天后，2月14日。这一天要拍从横滨到川崎的电车车窗外的风景空镜头。中泽带来了他的女友麻衣。

"今天真好，不用拍元次郎，只是拍些空镜头。"

中泽有时公私不分。通常工作时他绝对不会这么做，但因为我们是朋友，明显看得出跟我有些耍赖，这很令人不爽。但这会儿埋怨他只会使彼此不快。这一天我们先是按照预定计划拍完了空镜头。这天全部工作就这些。可工作人员以外的无关者在场，总会分散注意力影响拍摄。没辙只好尽快结束拍摄，收工后和中泽和麻衣三人一起去了横滨站西口的不二家咖啡店。正赶上这天是情人节，店内坐满了一对对情侣。我在两人中间像是个灯泡，实在是不自在。别扭归别扭，中泽的样子更让我在意。他没了往常的霸气，根本不想说话，低着个脑袋一直盯着麻衣。

"俩人之间难道发生了什么事情吗？"我注意到这一点，尽管纯属替别人瞎操心。第二天，我接到了麻衣打来的电话。

"他样子很怪。"

"怎么回事？"

"一反常态，总是在那儿嘟哝什么。"

不幸被我猜中了。我赶紧拨打中泽的手机，几次也打不通。后来和他就失联了。我担心中泽，可未完成的拍摄更令我担忧。我赶忙去了元次郎那里，告诉他接下来的拍摄日程可能得调整。到了这个阶段，另外找人来拍难度很大。我对元次郎大概说明了从麻衣那里听来的要点。

"他不会有事吧……"元次郎低下了头。

拍摄停下了，但试映会的日子是不能调整，我决定全力投入编辑工作。我真是不管白天黑夜地苦干，每天都在电脑前干到清晨的阳光照进房间，累了就倒在床上歇歇。几个小时后手机又响起来。是麻衣打来的电话。虽然我没能与中泽取得联系，但从她的话中了解到一些有限的情况。又过了不久，中泽的母亲也来了电话。从双方所讲也弄不清楚详细情况。明确的一点是，中泽精神陷入消沉，不能和人见面，现在正在住院疗养。就这样，我每天通宵编片子，早上接麻衣打来的电话。一方面事情看不到前景，一方面试映会的日子一刻一刻地逼近。拍摄还没有完成。这可如何是好……睡眠不足、疲劳、加上精神紧张，我的头脑也有些不正常了。

"他本人说还想拍下去。"情人节过了半个月以后，在2月快结束的时候，我接到中泽的母亲的探询。

2月27日，我打开家门，中泽站在我家门口。不久前我们还在一起，可这会儿我脑海里蹦出最恰当的词莫过于"再会"了。

中泽一脸的魂飞魄散。1999年夏天离开拍片现场，在下一个冬天的拍摄时好像什么也没有发生过一样回来继续干。那样一种混不吝劲儿在他身上完全看不到了。说重一点，他脆弱得好像一触即溃。拍摄本身化险为夷又得以启动，不过他从不敢看我的眼睛。面对采访对象他只是低着头，始终沉闷不语。这使得现场气氛发生了变化，对方甚至都很担心起来。不过拍摄还是继续下去了。麻衣每天早上仍然照旧打来电话。中泽、麻衣，乃至双方的家人都卷入其中，纠纷不断，好像陷入某种严重的事态。不过说起来可能会觉得有些冷酷，这一切本与我无关，我只是想集中精力拍好电影。我希望中泽能够坚持把最后的拍摄做好。但是可怕的事情突然发生了。

3月31日，距红砖房仓库上映正好还有两周。这一天我们定好了采访元次郎。这段采访镜头非常重要，元次郎会谈及自己和母亲的关系，以及这种情感与玛丽的关联性。同样的采访在这之前也拍过，但觉得还差点什么。当时还没有拍到玛丽点头时流露出的感情。这次中泽情绪波动，据我所耳闻到的信息，似乎也有他源于自己与母亲之间的"心灵创伤"，这与元次郎背负着的"心灵创伤"很是接近。

"估计元次郎对他母亲有一种情结，这很让人厌烦啊。"我想起了中泽曾经流露出对元次郎的非议。也许这是一种类似憎恶近亲的心理。这天的采访正是要请元次郎谈他这段"心灵创伤"。拍摄前一天，我有些犹豫地把中泽的情况讲给了元次郎。为了拍电影而主动谈起工作人员的心理阴影，这使我难以启齿，但是我又觉得，即便是为了中泽好，也应该对元次郎讲出来。我清楚我这么做有些傲慢，甚至有些不够厚道。听了我的话，元次郎只是默默无言。他目光迟滞地把烟送到嘴边。

到了要拍摄这一天。我和中泽一起去了"黑猫"。中泽还是之前的老样子。

"你们来啦！"元次郎带着笑脸迎了出来。他对中泽既没有问他什么，也没说什么鼓励的话，待人接物就像往常一样。这正是元次郎独有的优雅。拍摄很简单，就是元次郎接受采访的镜头。架好一台摄像机就开拍，也没有机位变化。我们制作方只要凝视着元次郎。我就想拍这样一段镜头。过程中没有提问，该说什么双方事先已经商量好了，让元次郎随机讲述就好。

"1945 年日本战败后撤侨，当时我 7 岁、妹妹 4 岁、加上母亲一家三口。母亲因故和父亲分开生活，为了让两个孩子吃饱饭，她拼命地工作。我们经营过乌冬面馆，买过关东煮。为了赚更多的钱，与酒水有关的工作成了首选。做起酒水生意以后，家里来来往往的男人多了起来，这过程中我也一天天长大，到了隐约能够察觉成人世界的年龄。就在这个时候，母亲有了相好的。本来我们一家三口生活在一起。看到母亲心里有了别的男人，我实在无法忍受，于是就和母亲吵了起来。吵着吵着我就骂母亲：'你这个伴伴女……'母亲当然生气了：'你说你妈什么？！'但当时我有一个很强烈的意识，就是觉得母亲只能属于自己。后来常常后悔当时真不该说那种话。怎么当时这话就说出了口？后来玛丽对我说'我做过伴伴女郎'，这句话一下子捅到了我的痛处。也许我的母亲，如果玛丽是自己的母亲……如果玛丽就是我母亲的话，我会怎么做？我应该不会责骂她。我长到这么大，现在不会责骂她了。玛丽不管是雪天还是雨天（都在街头流浪），连个住的地方都没有。可凭我一己之力什么也帮不上她。我想做点什么帮到她，这种愿望十分强烈。面对玛丽，我无法觉得事不关己……"

从时间来看这段采访很短。拍摄一结束，元次郎快步迎向中泽："这不挺好嘛。你一定行！"

他紧紧地握住中泽的双手，安慰了他好几遍。这些话每一句话都可谓语重心长。这段采访他不是说给这部电影的，而是说给中泽的。看着两人紧紧握在一起的双手，我感到了他们的心是相连的。先前我胡思乱想妄作猜测，现在看来他们的内心是我无法触及的世界。

野毛山公园附近的路上。和元次郎分手后，我和中泽坐在车里，也没想要说什么。我扯了句废话，中泽只是点了点头。

"元次郎今天讲得不错。"我谈到今天的拍摄。他陷入了沉默，好长一段时间无语。过了好一会儿中泽才挤牙膏般吐露起自己的心境："今天听元次郎讲的话，我没法看摄像机的取景器。所以我不知道这段拍没拍好。听元次郎讲的那些，我就止不住泪目。我知道自己在掌机拍摄，可眼泪就是停不住。以前我也对母亲说过很过分的话，这让我至今不能释怀。我真后悔呐。我该怎么办？我该怎么办……"中泽呜咽着，大颗的泪珠不住地滚落。我束手无策，只能等他哭够为止。

在这之后我回到家，检查了今天拍的带子。以往我总是和中泽一起回放，今天我让他先回去，我独自一人看一下。一看才发现画面构图有问题。元次郎的头切掉了一块，画面很失衡。

"我没法看取景器"，中泽的话又在我耳边响起。一定是在拍摄中元次郎改变了姿势，结果画面中头顶上就切掉了一块。一般情况下，随着人物移动调整摄像机就好，但中泽当时的状态下根本无法顾及。这下子砸了。考虑到元次郎的心情，重拍是不可能的。以前也拍过同样的内容，最简单的办法就是改用那一条谈得不错、画面也没有问题的，但是在"感情"层面上远远不及这次采访效果的。我正抱头发愁，中泽打来了电话："今天拍得怎么样？"因为他没一起看回放，心也放不下来。

"怎么说呢，拍的还行，但还是有些问题。"听我说完了情况以后，中泽高声恳求我道："就用今天的吧。求你了。"

"可是这个……"我避而不答。这不是凭感情定的事。电话那边传来了中泽的哽咽声。

"要是今天拍的不能用可怎么办好呢？"

"……"

"我连死的心都有了。"中泽哭着嘟哝道。这边我只是沉默不语。

经过一番深思熟虑，我决定使用最后这次拍摄的采访。构图什么的另说，我还是不想让元次郎和中泽的一番心情打水漂。我也就是嘴硬，刀子嘴豆腐心。特别是对中泽一向迁就。我也真是可怜……

第二天为了商量试映会的事情我去了红砖房仓库。在我不知情的情况下，上映规模已经给调整为日场、夜场共计两次。会场的三楼大厅可以坐 350 人。也就是说，不拉到 700 人的话就不会满座。我忙着拍摄和编辑，无暇顾及推广宣传。这么搞显而易见后果会很严重。从仓库间的缝隙我看到一线天，那是美丽的暮色。不知道上映那天会是什么颜色？一念及此我感到几分伤感。

　　总之拍摄算是结束了。虽然还有许多没拍到的东西，但考虑到临近试映会的日程安排，只能用现有素材编辑完成了。

　　进入 4 月，我来到天野图片工作室，向森借用在拍摄《记录记忆》时他拍下的元次郎的肖像照。

　　记录记忆

　　玛丽和元次郎。对横滨来说他们是无可替代的人物。什么是要留下来的东西？什么是摄影师森日出夫的眼睛看到的东西？彼此面对的森和元次郎。

　　　　　　　　　　——电影《横滨玛丽》结构表

　　森也不与我对视就开口了。

　　"那个片子我没拍。"

　　"可我当时看着你拍了啊。"

　　"我就没放胶卷。8×10 座机拍成本太高啦。多可惜啊。"

　　我懵住了。胶卷的价钱？这是哪跟哪啊？话到嘴边我拼命咽了回去。这会儿生气也没有用，我低头闭上双眼，深深地吸了几口气，好歹让心情平静了下来。我问森有没有替代方案，他说用 8×10 座机比画之前，用数码相机拍过同样构图的照片。我决定就用它替补了。

　　虽然对森的怒气无法平息，但半年多以后我才明白那还只是表层。还有我想象不到的更深层次的理由。

　　4 月 13 日试映会当天。这天早上终于编好了要放映的片子。与其说是完成版，不如说是粗编的毛片。消息只在市政广告杂志上登了一下，根本没有在现场发上映通知。估计除了有关人员以外来不了什么观众。但是到现场一看，我的悲观估计立马被粉碎了。入场前一个小时外面就排起了长龙。两场放映几乎将是座无虚席了。尽管这其中有不少招待票，但玛丽在横滨的知名度以及人气度由此可见一斑。

不过样片的反响实在是糟糕透顶。大银幕上的影片连我自己都觉得无聊，没什么意思。简直无法称之为电影，只是一组自以为是地罗列起来的影像素材。让近 700 名观众看这种东西实在是天大的罪过，上映过程中我半途跑掉的心都有了。

结果还是元次郎救了驾。夜场放映结束后舞台转暗，这时钢琴前奏和熟悉的歌声响了起来。当聚光灯照亮黑暗的舞台时，元次郎在光束中现身了。演唱会就此拉开帷幕，元次郎的独角戏开始了。当他唱起电影中也出现了的《我行我素》时，现场响起了啜泣声。电影上映时观众状如散沙般的情绪慢慢地融为一体。这是我那电影上映时绝对没有的效果。

这一切都结束以后，在会场大厅元次郎发现中泽，便快步走过去向他打招呼。

"怎么样，好起来了吗？"

"……"

"等你好起来了，咱们一起去吃烤肉。"

中泽眼含热泪，浑身颤抖。对我来说是一场挫折，不过搞这个试映会也许有意义——我这样对自己说道。

"中泽要去埃及了。"

试映会过了几天之后，中泽的母亲和我取得了联络。说是他要投靠嫁给了埃及人的姐姐，去开罗散散心兼做疗养。因为这次的事情他和麻衣也分手了。我赶紧去了"黑猫"，告知元次郎中泽去埃及的消息。

"我刚刚收到了这个。"原来是中泽寄来的包裹，里面是他在茅崎市当地拍的照片。照片上是黄昏的沙滩和中泽的爱犬。

"这张照片他以前给我看过。我说过'真喜欢，好漂亮'。"元次郎拿着照片微笑着。翻过照片，背面有中泽亲笔写的字："给元次郎"。这句话在我心头实实在在地回响着。

（本章资料提供：李缨、龙影、永登元次郎。）

第七章
听见伊势佐木町布鲁斯

1. 窘迫的打工生活

试映会之后过了几天我来到天野图片工作室，森日出夫一见到我便叹息着嘟哝道："大家跟我可有不少抱怨哟。"他说他的熟人和朋友话说得都很重，什么"作品内容很差劲"，什么"这部纪录片拍的就不是玛丽"等。

你这片子缺这少那，差的过分——森说得也很尖酸。当初就是他说"毛片也好，随便编编也好"上门求我，如今他这么说真叫我像吃了苍蝇。我本想抱怨，按着你给出的没谱的日程好歹编了出来怎好如此出尔反尔，可我还是啥也没说把话憋了回去。因为我自己也不觉得编得成功，本来就打算重做。虽然有些对不起来红砖房仓库捧场的观众，但这场试映会也使作品存在的问题暴露出来了。

这部电影的主题是"与玛丽相关人们的纪录片"。其中元次郎虽说是片中关键人物，但因为给他安排的比重过大，使作品有些失焦。没料到由于我过于投入自己的感情，不知不觉中换了主语，成了"元次郎的纪录片（玛丽是他的朋友之一）"。

片子编得肯定是失败了，但我已经知道应该修正哪些问题了。只要回到原点认真重来就是了。我觉得试映会正是让我头脑冷静下来的一个过场仪式。

"从现在起，这部片子我会推倒重来。"我向森宣布道。

"这样很好。现在这样肯定不行。"他回了我一句。其实他内心已经不指望什么了。我来到"黑猫"，元次郎收到了很多信。其中大部分是对元次郎演唱会的赞赏。看过了几封信后，我向元次郎说出了刚才的意思，请求他帮忙。

"时间不够匆忙完成，现在这样子的电影我很不满意。我也知道您身体很弱，可还是想恳求您再帮帮我。"

我心知肚明这是我的自私想法。

"这倒也可以。"元次郎的表情有些为难。估计他没有足够的自信保证目前的病情允许他有体力坚持下来。我再三恳求，他还是叹了口气回我道："我也不知道自己能活到什么时候。"的确如此，我必须尽快重建制作团队往前赶。前面还有一大堆问题等着解决呢。

首先是制作经费。我们拍了半年元次郎，手上的钱已经花光了。如果我再回去打工做副导演，最短两三个月里其他事情什么也干不成。面对如此现状（如此惨状），我没有什么选择余地。无奈只好去出租录像店打工，筹措资金。平日晚上 10 点到第二天早上 8 点工作十个小时，一回到家就倒在床上一觉睡到中午。每天大约三个小时睡眠。下午起到晚上 10 点去打工处上工之前这段时间，我用在制作准备和调查上。此外，周末和节假日则奔波于结婚仪式现场拍婚礼录像。

如何凑足团队员工也是个问题。中泽什么时候结束疗养从埃及回来还是未知。如果不新添核心人员，工作无法重启。

这个时候，白尾一博来谈入伙了。我早在 1998 年 12 月就认识白尾。就在本片开拍的前一年，我为了学习非线性编辑，参加了"Uplinck"公司主办的数字电影工作坊。当时研讨会的讲师就是白尾。

准备在红砖房仓库放映《白色娼妇玛丽》的时候，曾在试映会一周前去了白尾家的编辑室调色彩、上字幕、改内容。目前制作班底最大的短板是缺少一个能够参与到内容策划，并帮忙出想法的人物。

中泽给自己的定位倒是明确："我只管拍摄。"他是技术人员，这样定位无可厚非。在这方面，白尾有不少有益的想法，给了我很多中肯的建议。他属于那种不愿妥协，不肯改变自己意见迎合将就别人那种类型的人。他对自己说过的话负责到底，又比我大5岁，算是我老哥。在梅雨就要过去的时候，白尾表示愿意出面做制片人。那一天我像往常一样从出租录像带店收工回来，一头就倒在了床上。可我无法熟睡。因为中午过后，在强烈的阳光照射下房间变得像蒸笼一样闷热无比。睡了一会便醒过来，浑身汗透，躺在床上无法立马起来。就在这当口白尾来了电话。"要是把不足的那部分补拍一下，还是有胜算把握的。就是元次郎和玛丽重逢那最后一场。有了这个镜头全片就活了"。电话那边，他还给我出了几个主意。

我没有马上回复他。考虑了一番后我做出决定，请他做制作人和执行编辑。此时，除了把片名定为《横滨玛丽》之外，白尾还提出应该加入旁白的建议，但这一条我没有接受。为什么不加旁白？这与我个人对战后史的立场有关。谈及玛丽的出身，战后史这一要素避不开的。可1975年才出生的我究竟能否描绘出自己从未体验过的战后史呢？老实讲我并没有自信。我的脑海中又闪现出摄影家常盘刀洋子甩给我的巨大命题。

"你为什么拍玛丽？她已经是过去时代的人了，属于我们的时代。像你这样的年纪，怎么拍得了她？"

当时她这样说我无言以对。但后来不断采访的过程中，我摸索到了自己的答案。

我不会像个见证人一样去说什么旁白。我应该如何诚恳地面对被访者生存的时代呢？但也不希望因为重视记录性而把仅仅按时间顺序串联起证言作为首要。我的设想是，运用被访者们的原声，以制作者的视点生动还原历史。我觉得这才是没经历过那个时代的我切入历史的方法。这未必就是正确答案，但我觉得只有这条路是可行的。我用了不少时间和白尾这样交换意见。

2003 年 7 月，受元次郎的邀请我来到位于野毛山半山腰的"野毛烧瓶"。"野毛大道艺"事务局就在这座建筑里。我来此是为了和事务局经纪人大久保文香谈一个活动项目。

"我要为元次郎开一场演唱会。"

元次郎的病情不容乐观。对于大久保来说，野毛街头艺术的老戏骨元次郎是无人可替代的同志，因此很想再一次在野毛当地为元次郎搭回台子。在大久保的推动下整个野毛大家都行动起来了。

地点是位于野毛的横滨赈座剧场小厅——"野毛碟"。也许这是元次郎最后一次在公众场合唱歌了。一看整个节目安排，其中竟包括了上映《横滨玛丽》的环节。这真是突如其来，十分意外……

"电影没问题吧？"元次郎希望我能理解安排上的突兀。突然这么一说，对我而言可不是闹着玩的。这一次决容不得再失败了，可我没有摇头。尽管红砖房仓库那次我跌了那么大的跟头，但一想到这次是为了元次郎，我真的无法拒绝。日程定在 11 月下旬，算起只剩下四个月了。不是根据冷静的计划而是感情用事做判断，想想我自己也真是可气。

2. 根岸家档案

从关内站往伊势佐木商店街方向走，松坂屋和有邻堂总店就坐落在这条街上。沿街再向前走，经过横滨音乐厅大厦、日活会馆，在从前松喜屋百货商店旧址上建起了超市"Uny"。向右拐，有一个很大的停车场。二十三年前，根岸家一直在此经营。老板娘坂元寿美和再婚的丈夫一起，于昭和二十一年（1946 年）五月在伊势佐木町创办了这家大众酒馆，店号取自丈夫爷爷的出生地、横滨的根岸町。对于当年比较少见的 24 小时通宵营业，坂元多年后这样回顾道。

"那些没赶上末班电车的客人，往往舍不得花高昂的打车钱回家，想对付到一早再说"。于是店里就想到了这个点子。加上店主夫妇为人不错。"仗义老板娘"的为人就积攒下不少人气，老板娘丈夫阿明也是个厚道人。"虽然风流，但人是好人。泽田美喜[1]在大矶开了伊丽莎白·桑德斯之

---

[1] 泽田美喜是三菱财阀创始人岩崎弥太郎孙女。——译注

从伊势佐木町大街方向望去的根岸家大门（常盘刀洋子提供）

家[1]后，这里又给孩子派发糖果，又在店里请来乐队，本人也登台献歌。唱得虽然一般，却很得大家欢心。"

——《女性周刊》1975年3月19日号

老板娘的丈夫坂元明很有经营头脑。战后粮食紧张，黑市横行的时期他承包了回收占领军剩饭的工作，这是根岸家发达的第一桶金。

占领军拱顶兵营用汽油桶放出来的装得满满的剩饭里混杂着吃剩的牛肉和橡胶制品。他就把还能吃的食物挑出来运到野毛的"鲸鱼小巷"供黑市做杂烩饭。通过"一卡车剩饭

---

[1] 伊丽莎白·桑德斯之家是神奈川县中郡大矶町的一家儿童福利机构。1948年设置，用以收容二战后占领军与日本女子之间因各种性行为产生的混血私生子。其名字来自机构成立后的首个捐赠人。——译注

换一麻袋大米"的易物买卖，他为店里搞到了用于营业的食
材和酒。

——根岸家前经理石野泰章

店主很会随机善变，黑市令其赚得盆满钵满……

　　"实行物价管制时期食物不足，日本全国都处在饥饿中。
他们家的店什么时候去都想吃什么有什么……炸猪排也有，
拉面也有，墨鱼和金枪鱼刺身也有。"78 岁的当地前街委会
会长自豪地回忆。

——《周刊新潮》1980 年 9 月 4 日号

　　"伴伴"们是这家馆子的大主顾。追着她们进店的是众多的
占领军大兵。流氓地头蛇、小地赖、皮条客也常在此聚集，于
是这家馆子名声很大。号称横滨地赖四大天王的"摩洛哥之
辰"即出口辰夫、林喜一郎、吉水金吾、井上喜人也是这家馆
子的常客。此外，森繁久弥、伴淳三郎、三木规平、林屋三平
等演艺圈大佬也时常光顾，作家黑岩重吾也曾多次来此体验
生活。

　　1963 年（昭和三十八年）上映的电影《天堂与地狱》中伊
势佐木町老外酒吧的原型的便是根岸家。导演黑泽明如是评价这
家馆子的魅力。

　　横滨有一家叫根岸家的馆子，真是个好玩的地方。这
里什么都有，是个匪夷所思的地方，可谓五方杂处，各色人

1950 年左右的根岸家（广冈敬一摄）

等、珍禽异兽进进出出……夜里来这儿还真够吓人的。

——《世界电影作家黑泽明》

按照黑泽明的要求，美术设计师村木与四郎在东宝摄影棚里搭了一座根岸家实景。他在回忆来馆子踩点的印象时说道。

这个，罪犯买毒品的大众酒馆，其原型就是横滨伊势佐木町的根岸家。好像美空云雀还是谁的歌里也唱到过这地方。这是家老外常去的酒馆，可以吃到天妇罗、朝鲜烤猪肉，也能喝到酒，真是个不可思议的地方。真实的馆子没多大，电影搭的景要比它大出四倍。柜台周边我和导演贴了许多招贴，装饰搞得有些夸张。黑泽导演忙活这些事的时候挺开心的。

——好像有个鸟居来着？

第七章
听见伊势佐木町布鲁斯

门口那儿是有一个，我们做的夸张了许多。

——《巨匠的技巧：黑泽明及其团队》

广冈敬一，1921 年出生，战争期间曾在满洲电影协会供职。战争结束后回国，做过晚报、女性杂志等，后来做起男性杂志的记者，采访过红线地段的全活女招待、脱衣舞女、土耳其浴小姐等，人称风月场作家中的前卫人物。我在开拍之前调阅战后风俗史等相关资料时，发现了广冈的著作《战后性风俗大系——我的女神们》。书中有 1950 年（昭和二十五年）前后根岸家的记述。

说起横滨，伊势佐木町的根岸家也很有意思。这家居酒屋能容纳一百多位客人，里面总是挤满了拉洋客的妓女。许是因为早年出身以及曾经在基地拉客等原因，很多女人年龄偏大。常能看到一拉起客来，这些女人就互相争个不休。看着她们拉来扯去也是一乐。

开拍之前就定下广冈为采访对象的候选人。红砖房仓库的试映会之后我马上去见了他。几次商量下来，说好了 8 月 7 日对他采访。这一天正值盛夏，十分炎热。广冈翻看着他自己拍的根岸家照片，努力找回当年的记忆。

"我因为工作原因去那里拍照。这要经过店里伴伴总管纯小姐的首肯。我跟店里人说'我要在这里拍些片子'。店里人就对我说'你找她说去'。因为店里有专管'洋伴'的头儿，这事儿得她点头。于是我就过去求她。她对我说：'行啊'。接下来的事就有点那个。不是啥好事，说起来都丢人。"

横滨玛丽：被遗忘的真实

根岸家的"伴伴"女郎总管纯小姐（广冈敬一摄）

"其他还有什么印象深刻的事情吗？"

"有意思的是在根岸家不可以说'哑伴'这个词。当时还有'哑伴'——不会开口说话的女人，卖身为生。'伴伴'分三类嘛，有'哑伴''白伴''黑伴'。"

"普通人不怎么来这儿吧？"

"住在横滨的人应该不怎么去吧……普通的横滨人。结果这里就成了'洋伴'和美国大兵聚集的地方。我能在这里拍到不少片子，得说多亏了那个'伴伴'总管纯小姐呢。为这还被她给硬上了（笑）。"

我继续做着有关根岸家的调查。以前曾采访过的黄金町"销魂一刻"的妓女舞又给了我一些信息，是她帮我从她熟悉的客人那里打听来的："说是根岸家有一位独臂保镖，平时一身白西装，戴个礼帽，因为仗义打架失去了一只胳膊，好像曾是玛丽的相好。"

这故事听起来太离奇，感觉可以拿去拍一部日活的无国籍电影。这种诱人的桥段越听越容易被带到危险的沟里去。在我这部电影里，根岸家只是与玛丽和妓女们的拉客地点有关联。一步走错，会将根岸家的戏份凸显出来，搞不好使故事脱离玛丽这个主题。尽管如此我还是有自己的胜算。乍看好像在横滨的大众酒馆上用了些笔墨，但我关注的绝不是那些表层现象。

用影像捕捉过往和历史的时候，在当事人的证言之上，运用当时的照片和资料也是一种正统

根岸家店里的美国大兵和女人[1]（广冈敬一摄）

的做法。不过我想在此基础上再下点功夫完成某种超越。我试图通过根岸家这个地方、这个酒馆还原玛丽所生活的时代的气息。1999 年开拍以来的数年时间里，城市就发生了明显变化。旧建筑被拆除，新大楼拔地而起。玛丽在时的那种清浊混在、杂乱而华丽的战后横滨几乎已经无处可寻。玛丽眼中的城市风景，现在已经无处可拍到。那么好，我想要拍的就是曾经接纳过玛丽的这座城市的时代痕迹。根岸家正可作为这样的象征在片中出现。我的调查刚刚起步，虽然还没什么根据，但我有了这样的自信。或许这就是一种直觉，或是我捕捉到了某种气味吧。

"根岸家，好怀念啊。" 11 月为了元次郎的演唱会（与上映会）进行磋商的时候，野毛大道艺的经纪人大久保对我说。当时我告诉大久保我现在正在对根岸家做调研，大久保马上就接下了话头："小学二三年级的时候，父母带着我走到伊势佐木町的尽

---

[1] 背后墙上贴着根岸家的菜品图。

头，应该就是根岸家的附近。我看见女人们为了拉老外争地盘而互扯头发大打出手，然后美国军人出面拉架，拼命把两个人分开给她们做公断。这个印象我现在还记得。"

大久保看到的情景是昭和二十年代（1945 年以后）。作为战后那段时间留下的印象，当时的记忆至今仍不能忘怀。

"你听说过根岸家招牌的事吗？"大久保像是突然想起来似的问我道，"大概是五年前，我在伊势佐木町的后街散步——好像是曙町附近吧。原来的建筑不是被拆除，成了停车场嘛。与原建筑相邻的那一家墙壁剥露出来，像是根岸家的招牌，或者是商品招牌似的牌子钉在铁皮墙上。"

为什么根岸家的招牌钉在隔壁民宅的墙上？像是为了解答我的疑问，大久保继续说道："太不可思议了。我当时也是好奇心旺盛，于是敲开了那户人家的门。我说：'那好像是根岸家的招牌嘛。'女主人告诉我说：'就是。根岸家烧了以后，我老公把那块牌子捡了回来，钉在铁皮墙上遮掩破洞。'"

这段故事说不定能用上！我拜托大久保，磋商碰头之后带我去实地看看。面朝曙町三丁目的十字路口，曙町色情按摩街尽头那栋问题民宅已经是人去屋空。也就是说房东没住在这里。停车场那边的外墙上贴着新的铁皮。

"是不是改装过了？"大久保感到没有把握嘟囔了一句。据说那招牌只是加钉在围墙铁皮上，而不是钉在屋壁上。

"围墙外观并没有什么变化吧？"

"是啊，我觉得和从前一样。"

"那么在新钉的铁皮下面或许还保留着根岸家的招牌。"

"这很有可能。"

民宅本身没有翻修过的迹象。一看就是栋老房子，问题围墙也像是老早就建好的。我想直接找到房东，可邮箱上的名字被撤掉了。于是我又向对面的鱼店老板打听店主的下落，"最近没看到呢。听说好像出了点什么毛病……"

又问及根岸家那招牌还在不在。

"贴过什么招牌吗？"

"好像上面还有些字。"

"我还真没什么印象了。"

我就这么直直地盯着铁皮围墙看着。并非是在怀疑大久保，只是不能确定招牌是否真的还在。

"真遗憾，当时我要是把它摘了存起来，没准如今成了横滨之宝呢。"

大久保叹口气嘟囔了一句。将根岸家招牌称为"横滨之宝"，说这番话时，她像个地道的横滨仔嫣然一笑。作为新一代横滨仔，我也不想放弃对横滨之宝的探寻。

第二天为了找到那家的主人，我向周边的商铺、人家逐一打听。

"他呀，好像患了脑梗住院了。"答复我的是经营玻璃店的户田邦士。这位先生刚刚上了些年纪，穿戴奢华、态度温和。一聊才知道，他与我要找的那家主人同在一个街委会，两人是老朋友。那家主人的名字叫大户井忠义。他家的空房子里也许正藏着"横滨之宝"，不久前这里还是一家西装店。

"他在矶子区泷头的脑血管病中心住着院呢，也不知道现在怎么样了？最近我们一直没有联系。"

我把话题从那家主人的近况转到我最想知道的根岸家的招

牌上。

"根岸家？你问的就是原来那个酒馆？你确定贴过什么招牌吗？"

"好像有块写有酒水菜单的牌子吧。"

"我怎么没印象啊……你要想了解根岸家的事情，我给你介绍个熟悉情况的人。"

大概看我打破砂锅问到底的样子他不忍撒手不管，就出门到紧挨着玻璃店的咖啡馆去带回一个人来——高见泽政雄，矮墩墩的身材，光头上架着一副太阳镜。一看那架势就知道不是个善茬。

"这小哥正在了解根岸家的一些情况。"

"哦，好啊。"

透过太阳镜隐约可见他那锐利的目光。我被他那咄咄逼人的气势镇住，竟颓然说不出话来。高见泽一副无所谓的样子与我搭话。

"你年纪轻轻的倒知道不少根岸家的事儿哈。"

"是的。"

"当年我也是他家常客。"

"是吗？"

高见泽不住地拍着我的肩膀说着。我猛然发现他那只手没有小指和无名指。好可怕！我恨不得立马逃走。

"我给你介绍一个我的熟人吧。"

"好啊。"

"这哥们最近刚出了本书。他对根岸家的情况也很熟悉。"

"那是。"

"他跟你 5 点钟在前头那家日式酒吧'古巴'门口见。"

高见泽说罢又回到玻璃店隔壁的那家咖啡馆。

"只是拍部电影，怎么越扯越深……"我眼前一片漆黑，腰椎无力像是马上就要散了架子。这时户田在我耳旁嘀咕起来。

"从前他是属于某个团伙的人。"

"啊？"

"不过现在他已经退出了，你尽可放心。"

户田一边说着一边用手将正在加工的一块窗玻璃掰断，那声音让我平添某种不踏实的预感。我若不如约前往，那可不是件小事。以后我就甭想在这地面上行走了。只好咬牙狠心赴一场单刀会了。与高见泽约好见面的地点在根岸家旧址附近，若叶町的日式酒吧"古巴"门口。门上挂着"准备中"的牌子，不过高见泽带着我径直进了光线昏暗的店里。我看到一位个子纤细高挑，一头浪漫灰发的绅士范儿男人。他叫松叶好市，1936 年出生于横滨。据说 25 岁时就被任命为野毛町"唐人街"舞厅酒吧的总经理，是夜幕下横滨神头鬼脸圈子里的头面人物。高见泽对松叶说起带我来见他的原委。

"好哥我跟你说啊，这个小哥想了解些根岸家的事情。"

"哦，是吗？"

我坐在他们两人对面察言观色。看上去他们是老相识，彼此很相信对方。

高见泽央求道："你就帮帮他，啊！"松叶一只手夹着根烟卷点了点头。

"好哥可是写过书呢。横滨的事他全都了如指掌。"

"好哥真厉害！"

我也顺口跟着恭维了一句。其实出本书在今天真没什么值得大惊小怪的，现如今只要肯出钱阿猫阿狗都能出书。不过我还是装作饶有兴趣的样子向松叶请教。

"好哥的大作书名叫什么？"

"《横滨物语》。正好今天（9月26日）开始销售，有邻堂就有卖的。"

我了解到，松叶和高见泽年轻时就经常出入根岸家，当时的情形也写进了《横滨物语》。

"好哥你看，年轻人这么努力也实属不易了。你就尽可能地帮帮他呗。"高见泽拍了我的肩膀。一开始我还觉得他是个可怕的家伙，处习惯了发现他其实是个心地善良的好老头。但是看着他那缺了两根手指的手，我还是觉得我们之间横亘着比长城还要高大的厚墙。

第二天我去了伊势佐木町的有邻堂书店。在冷清的本地书专柜找了一圈却没有找到。我向店员打听，店员指点我说："这本书在新书专柜。"一瞬间我吃了一惊，是大名鼎鼎的集英社出版的！在畅销书专柜，平铺着《见闻手记：横滨物语》。封面上印着讲述者松叶好市的名字。在了解根岸家招牌的过程中，竟遇到了意想不到的人。偶然之中竟有了这番邂逅。

这以后我成了日式酒吧"古巴"的常客。有时高见泽也一起坐坐，说是聚会喝一杯，其实很开心地就做了调研，请教到了通常绝不对外人说起的横滨暗史。我又顺势问起先前听过一耳朵的独臂保镖的事，松叶立马就答复了我："啊，你是说日高啊。他可不是什么保镖，是根岸家揽客的。他确实是白西装加礼帽那么一副打扮。不过他几年前就过世了。"

高见泽也在一旁帮腔："就是就是。所谓独臂，其实他只是手腕以下断掉了。坐牢的时候他在监狱肥皂厂做工，捣鼓切肥皂的机器时按错了钮，切了自己的手。"那些虚实混杂的传闻，内幕终于得到澄清。

至于是不是玛丽的相好并不清楚，但白西装头戴礼帽的打扮一定刺激了众人的想象，于是传言越说越神占了上风。看来真的不能以貌取人。我瞥了一眼高见泽提醒着自己。

3. 横滨末代陪酒艺妓

根岸家一楼的酒馆和食堂厅堂里设有舞台，二楼设有酒宴单间。大正十二年（1924年）出生于东京向岛的五木田京子曾在这里当过艺妓。据说她10岁入门艺妓，昭和十六年（1941年）日本袭击珍珠港那年，她刚满18岁便初次接客。森日出夫及横滨的文化、经济界人士都维护着她，她是如今还在岗的横滨末代陪酒艺妓。

五木田自昭和三十

在根岸家工作时的五木田京子（五木田京子藏）

271

年（1955年），她32岁起便在根岸家做艺妓。当时深夜伊势佐木町霓虹灯熄灭之后，这家灯火辉煌的不夜城便夜以继日，生意火爆异常。由于生意兴隆，店面每年都有扩展。

"二楼（酒宴单间）原本房间不多，后来许多房间是接拼出来的，走起来像进了迷宫。小偷跑进来都会懵圈，很快被抓住。"

五木田这样回忆起当时的情形。我对她共做了两次采访。她从根岸家的事情说起，也谈及在酒馆门口站街的玛丽，以及其他妓女们的事情。

"根岸家既上西餐，也上日餐，欧美风格混搭。日式炸鸡块也不按一人一份上，痛痛快快地装在大盘子里端上来。啤酒也是，每个人前砰砰放上两瓶，末了啤酒剩好多。我们知道这里头可以搞点小动作，一般不给客人成箱上，还嘱咐'别把啤酒一口气都起开'。客人散了以后这些酒就分给女招待们。"

"工钱怎么样呢？"

"工钱没几个。我们心里门儿清，赚钱也不指望工钱，给不给，给多少都无所谓！小费给得很慷慨，结账单也做些手脚往大里写。老外好糊弄，多收他一遍钱他也没数。所以最后馆子黄了嘛。就说二楼酒宴单间，楼上的经理拿着结账单替客人结账去楼下收银台。结账时又胡乱另做一个结账单，向客人报个总钱数，客人也就稀里糊涂地把钱交了。"

"要是穿帮了那可不得了啊！"

"放心，不会让它穿帮的。大家都精明得很。妈妈也知道员工做手脚，工钱给的也就很少，相当于没给。可要是做得有些过分时，妈妈就会叫你来一下，教训你一番。所以蒙客人也要讲究，装萌卖嗲就蒙过去了。"

"不光艺妓，女招待也都这么干？"

"都一样。二楼的艺妓，一楼的女招待都这路数。所以个个比妈妈都阔气，开着豪车，横在店门口一停就上工。可是不得了呢，有人房子都盖起来了。"

五木田说，她在根岸家经常碰见玛丽。玛丽总站在根岸家门口，艺妓之间也常聊起她。不过她自尊心强，往往跟她搭话她也不搭理你。一天，玛丽这样的举止惹怒了五木田，她跟玛丽吵了起来。

"喂！你凭什么总站在这里？"五木田逼近玛丽高声责问道。玛丽回怼道："根岸家的门口又怎样？我站的地方属于公共空间，犯不着别人说三道四。"

当时，根岸家门口是妓女们最好挣钱的头等拉客地点。虽然彼此营生不同，但女人之间有话好说，所以五木田和妓女们关系都处得很好。可新来的玛丽连招呼都不打，五木田容不得玛丽这种旁若无人地占地拉客的态度。

"她那意思是：'我站在这里怎么就不行？我也是做生意嘛。'估计她认为我对她这么个弱势站街女居高临下了。其实做人讲究个将心比心，你要冲我笑笑，我也会说'今儿个生意不错吧'。可她一副牛气冲天的样子，我看着就来气了，我就来了一句：'你堵在人家店门口算干嘛的！'她是一个从不奉承别人的人。"

"她连起码的礼数都没有吗？"

"你说技术？她有什么技术？"

"……不，我是说礼数。"

"啊，礼数啊。嗯。"

当时根岸家店里也有妓女光顾，门外也有很多妓女站街，是一个色情生意聚集区。五木田说她也和一些不介意的妓女们聊过。

"她们都说什么来着？好像是什么药？往胳膊上打针那种。这样的人好像还不少。我不是上厕所嘛，一进去正撞见有人刚打完针，一看大腿就明白。她还和我搭话说：'姐姐，这个药打一针全身都爽，来一针试试？'我赶紧回她：'我怕打针，这个我用不来。'常遇见这样的事。"

"是菲洛本吗？"

"对了，就是这药。我当时穿着带蕾丝花边的下厨工作服呢，有个女孩就问我：'京子姐，怎么回事？你身上爬满了虫子。'我赶紧问她：'哪呢哪呢？前边还是后头？'她说：'前身后身都爬满了，姐姐你感觉不到？'我觉得她这番话真是真是蹊跷，过后一想明白了。她不是打了针嘛，我衣服上的蕾丝网格让她产生了虫子的幻觉。"

"根岸家门口注射毒品上瘾的妓女不少吧？"

"还有不少毒贩子也在此游荡，一看就不是什么好人。"

"黑道人物也常过来？"

"来！警匪各半。各片警署的条子们定点在这里吃喝聚会。"

"当然也有美国大兵？"

"那阵子真叫繁荣热闹啊。到现在我也这么说，真是荣华一时啊。"

我和松叶好市、高见泽政雄一起来到根岸家遗址探访。早已不见当年的模样，原来酒馆的地面如今成了停车场。于是我决定通过两人的记忆重建当时的景象。

两个人说着说着就跑题，我只好适时插话提问把他们拽回来。

（我问了很多问题，比如根岸家的门口具体在哪里。）

高见泽："就是这里嘛，就这儿。"

（当时的门脸具体什么样子？）

高见泽："门口挂着长门帘，是大众酒馆嘛。女孩子们就在这一片转来转去。"

松叶："从这儿（正门）进去。这上头就是铺瓦的屋顶。"

高见泽："对，我记得那个长门帘啊，好长哦。"

松叶："钻过长门帘一进去就是收银台，根岸家的老板娘总是在柜台里坐着。一进去，里面有好多桌子。正面有个供乐队演奏的台子。乐队演奏小号和萨克斯管等管乐器，还有架子鼓伴奏。"

（都演奏些什么音乐呢？）

高见泽："都是爵士乐啊，爵士乐！也演奏些别的，基本上都是爵士乐。客人以老外为主嘛。我记得好像没地方跳舞哈。"

松叶："不过有人喝醉了就在台子前跳。"

高见泽："这倒是有。"

"有没有什么曲子让你们印象深刻？"

松叶："这可多了去了。江利智慧美[1]的《来我家吧》啦、《证诚寺狸嚹子》啦、《阿富》什么的，都是用爵士调编的曲。"

高见泽："音乐一响起店里就热闹起来。全是乐队演奏的曲子，一遍一遍地吹奏。差不多都是这样的曲子。一过12点馆子

---

[1] 江利智慧美，1937 年 1 月 11 日—1982 年 2 月 3 日，活跃于昭和时期的日本歌手、女演员、演艺明星，曾与高仓健结婚，后分手。本名久保智慧美。——译注

里就好玩儿了。我一般都是在 12 点以后过来打个卡。"

松叶："我们没什么大钱，酒也是挑便宜的喝。那会儿清酒有个牌子叫太平山，我们就喝它。"

对于二位来说，根岸家是个什么样的存在？我又紧追不舍地问道。

高见泽："面向大众啊，大众酒馆嘛。是个好玩的地方，也热闹。"

松叶："当时我们都年轻，觉着好玩。馆子里发生过很多事情。譬如要是老外和日本人发生纠纷吵起来的话，正在吃喝的客人便一哄而散，捡便宜吃了顿白食。"

高见泽："大众酒馆。没错，都是些夜幕下神头鬼脸的各色男女，特别是'酒腻子'扎堆。"

当然也有不少妓女在这一带活动。我听他们说，当时高见泽和玛丽的生意对头三浦八重子也在这里照过面。

高见泽："就在这附近转来转去呢。"

松叶："有的妓女就坐在店里指定的桌子旁上要一杯酒守株待兔，物色中意的客人。"

高见泽："女孩到这儿来也许能找到生意，也许交上个朋友，也可以在这里见见朋友。跟一般人聚会的咖啡馆不一样，大众酒馆里都是些神头鬼脸的家伙。"

松叶："普通人家的太太或女士一般不会踏足这里。都是些做夜生意的女人什么的在这儿扎堆。"

这一天的拍摄用了三台摄像机，关键内容差不多 30 分钟就拍完了。和往常相比，这次工作人员多，动静大，地点是伊势佐木町后街的危险地段，因此还特地通过熟人跟地面上流氓过了话，以备万一。在繁华的街面拍摄如果不加小心的话真可能生出乱子。好在拍摄顺利，"保险"也没用上，这让我松了一口气。

4. 根岸家毁于一把火

之后的拍摄也进展顺利，还剩一个根岸家的招牌没打听清楚……那家主人大户井忠义仍然没有联系上。我试着去了说是他住院的泷头脑血管病中心，可是并没有打听到这个人。这条线索陷入僵局。

万般无奈，我又垂头丧气地找到开玻璃店的户田邦士："要是在附近见到大户井先生的话，我想和他会会。我还会再麻烦到您。"

玻璃店的作业间是附近各种消息汇聚的据点。现在我只能依靠这条线索了。我趁拍摄余暇常过来聊天，在此过程中消息灵通的店主户田给我介绍了"第二代玛丽说"。

"你拍的这个玛丽啊，应该是第二代了。从前我去真金町给公寓换过窗玻璃。那里住着一个'专伴'，她身穿白色衣裙，化了一脸白妆，人称'洋妾滨姐'。这个人没过多久病死了。"

毫无疑问，这就是本牧桌袱屋街的象征人物，传奇女人——米利坚滨姐了。晚年的滨姐被人称作第一代玛丽非常意味深长。的确，玛丽的形象与其说是"伴伴女郎"，不如叫她"洋妾"更为贴切。也许身着白衣裙，化一脸白妆，专门以老外为对象的妓女，更加符合传说的特征。这位米利坚滨姐的悲凉结局发生在1969 年（昭和四十四年）。当地报纸这样报道了相关消息。

> 3 日早上 9 点半左右，南区真金町二－二二的酒吧"滨子"的店内，酒吧老板娘关根市（73 岁）被人用长筒袜勒毙于三叠榻榻米的房间里。死者趴在榻榻米上，尸体上半身盖着两床被子。上门收取房租的物业经理森泽不二子（32 岁）发现了异常，向警署报了警。警署认定这是一起谋杀案，县警察刑侦一科、鉴定科派员支援，成立了刑侦指挥部。阿市身上是平时常穿的和服，没有凌乱的迹象。室内散乱地摊着被子、纸屑、装在塑料袋里的垃圾等，但没有什么相关线索。死者左手上戴着两个珍珠戒指，还有金项链。壁橱里的包袱中剩有现金 2 000 日元……她在本牧一直活动到昭和初年（20 世纪 20 年代中期）。后来她在横滨桥附近经营酒吧"Japon"一直维持到战前，再后来就断了音讯。在真金町她开始经营现在的"滨子"，时间大约是昭和三十五年（1960 年）年末，可这一次她似乎在金钱方面不太走运，时常找老熟人和亲戚化缘。即便已经没落潦倒，她仍忘不掉"本牧女王"时的风光，70 多年来全身厚妆，有时还向附近的孩子潇洒地甩出千元纸币。
>
> ——《酒吧老板娘被杀》，
> 《神奈川新闻》1969 年 3 月 4 日

户田说她是病死的，可报上却说是遭人谋杀。了解真相后发现两种说法都算对。

　　然而死因并非勒毙。按照野村外科医院副院长宫原的说法，"她已是乳腺癌晚期，肿瘤在胸腔内扩散。即使不被谋杀，顶多也不过再有一两个月的寿命。"南区寿警署次长横山说，她因为处于极度衰弱状态，已经没有什么厮打抵抗能力，应是"休克导致的心衰死亡"。

　　　　　　　　　　　　——《周刊文春》1969 年 3 月 24 日号

　　最后，因为无法锁定用长筒袜套住滨姐脖子的凶犯，这个案子就成了无头案。这就是本牧袂屋的象征人物、传奇女子米利坚滨姐的可悲结局！这真让我唏嘘不已。忽然，在老人院里跳着日式舞蹈的玛丽的样子浮现在我的脑海。尽管走过了漫长的坎坷人生，结局能有一个岁月静好的晚年，不正是我们每个人都向往的目标吗？

　　话说回来，我跟玻璃店的户田聊着聊着还是把话题转回到根岸家。

　　"我也经常去根岸家。干完一天的活过去喝上一杯。那里的主顾也不都是些吓人的家伙，住在附近的人也常去喝一口。现在曙町的尽头还住着一位当时在根岸家打工的女招待呢。这个我就不太想展开说了。"

　　"那为什么？还被拍进电影，应该很有名吧？"

　　"这家酒馆也有很多问题。（就算不是妓女）女招待也有各种情况。美国大兵少了以后，外轮的水手和希腊人又顶了上来。水手们下船后在这附近开了一家希腊馆子。离根岸家不远，就开在这街边上。"

　　现在曙町的希腊酒吧"阿波罗"，店主叫石原清司，生于昭和十三年（1938年）。昭和三十一年（1956年）18岁的时候，他就在希腊船员埃利亚斯·斯堪佐斯经营的酒吧"斯巴达"做起了跑堂。当初店铺还只是个平房，后来生意火起来，加盖了二楼。再往后，1964年东京奥运会举办，石原拿下了二层的餐馆，改造成酒吧"阿波罗"自己独立经营。

"这一带最火的时候希腊人开的酒吧有20多家呢。"

"为什么都集中在这一带呢？"

"这还不是因为有'斯巴达'？'斯巴达'是头一家起步的，希腊人好扎堆，有了'斯巴达'，类似的店接二连三都起来了。"

不光希腊货轮，美国货轮上的希腊水手也很多，横滨有好几个希腊人社区。像"斯巴达"的老板斯堪佐斯那样娶了日本媳妇之后，告别了海上生活定居在横滨的水手也不少。

现在，"斯巴达"迁到关内改为餐馆还在营业。曙町附近的希腊酒吧只剩下"阿波罗"了，主顾几乎都是日本人。

"怎么都散了呢？"

"因为希腊货轮不来了。"

自昭和三十年代中期（1960年左右）起，在横滨港靠岸的希腊轮船开始猛增，昭和五十五年（1980年）达到了峰值——年度停泊580艘。到了平成改元（1989年）的时候，这个数字已经跌落到全盛期的一半，到2006年只剩下32艘了。"阿波罗"可谓横滨往日余晖的象征了。

虽然没找到重要人物——那家民宅的主人大户井，不过关于根岸家部分的拍摄准备紧锣密鼓地向前推进着。

○发现根岸家

化为空室的民房。

起重机开来拆除旧屋。

从崩塌的瓦砾中发现了根岸家的招牌。

——电影《横滨玛丽》拍摄文案

作为电影制作者，正好由我发现了当年的时代物证"横滨的宝物"。这可以说是现代考古学的一大发现，我真想拍下这个奇迹的场面。为此，我翻看着城市黄页挑选着拆房公司。因为是一场较有规模的拍摄，我不仅要考虑剧组人员的组成，还要解决相关费用。就在这时，经营玻璃店的户田那边有了令我期盼已久的消息。

"现在大户井就在我家。"我马上赶到玻璃店，见到了朝思暮想的大户井。

这是一位刚刚上了些年纪的老头，头发中已经有不少银丝。他看上去面色不好，拖着腿走路。他身体状况好像还不乐观，从脑血管病中心出院后在熟人的公寓里疗养，说是这天来取自家邮件的。听大户井介绍过情况以后，我赶忙向他请教了根岸家招牌的来历。

"是有那么一块招牌。的确是根岸家的招牌。当时根岸家已经烧没了，我爹就把它捡了回来，钉到了铁皮墙上。"

"那块招牌是在现在这层新加的铁皮下面吗？"

"没有，修墙的时候把原来那层都拆了，已经没有了。"

我眼前顿时一片漆黑。好不容易做好了拍拆墙的准备，不料竟以徒劳告终。

"是吗？那可真是遗憾。"

户田笑着说道，我随着他，脸上挤出苦笑。

事已至此，只好作罢。在了解根岸家招牌的过程中，不期遇见了高见泽、松叶，还有户田，应该说收获还是蛮大的。

临别之际，大户井告诉实情说："我已经不打算再住在这个家里了，现在正在寻找接手的下家。"几个月后，大户井家被改装成一家色情按摩店。城市就这样改变着面貌。根岸家的终结也是随着城市的变化到来的。

除了五木田京子，还找到一位与根岸家有关的人。野毛町日料店村田家的大厨吉田健造出生于昭和十六年（1941 年）。据说他在 1978 年（昭和五十三年）根岸家快要关门的时候来到这家馆子做日餐大厨。

"（快关门那会儿）已经很不成样子了。几乎没什么老外来，进进出出的都是些地痞、流氓、落魄拳击手等，店也毁在这帮家伙手里。他们每晚在店里一大打出手，警车就来了。"

"工作时间怎么安排的？"

"8 小时一班三班倒。我从晚上 12 点到早上 8 点负责日本料理这块。酒菜有生鱼片，到冬天就上火锅。除此之外，西餐、中餐、鳗鱼、寿司、关东煮什么都能吃得到。神奈川县内以店为单位来说，根岸家香烟的销量是最好的。当时人就多到这样的程度。"

"店里的情况是什么样呢？"

"台上有手风琴演奏，客人们唱卡拉 OK。有时候一些未成名的歌手也来搞些活动。"

"店怎么就黄了呢？"

"老板娘跟客人结账时玩糊涂账搞的太过分了。她认为店里的销售额全是自己的赚头，最后终于把店搞黄了。跑堂女也干着女招待的勾当，引诱客人点贵的，或者多收客人钱，净干坏事。我也常被跑堂女要去小费。酒馆大堂的跑堂伙计还跟客人吵架，甚至大打出手。主要就是这些原因吧。"

根岸家就像是战后不久的混乱时期一现的昙花，随着日本战后时期的结束，高速经济成长期与东京奥运会的到来，就已经呈现出衰败的迹象。

"根岸家完全没有意识到在自己的周围高级俱乐部、高级日式酒家、时髦的酒吧和日式酒吧接二连三地开张，唯独自己一成不变，还是经营老一套：盖浇饭、木盒酒、意大利面加威士忌。"（伊势佐木町的老字号俱乐部——红马甲的老板）。从以"能吃到别处没有的东西"为魅力吸引来大批顾客的战后时期，向人们自行"选择食物和店铺"时期的过渡中，根岸家没有做到与时俱进地调整自己。

——《周刊新潮》1980 年 9 月 4 日号

1980 年 8 月，根岸家关门大吉了。作为战后横滨的象征之一，这家大众酒馆的结局载入横滨历史资料《横滨中区史》中。

这家店在二战结束后紧挨着被美军接收为机场的地块，孑然矗立在街区一角……美国大兵进进出出，24 小时通宵营业等特征，使这家店成为战后横滨的一处知名去处。这家酒馆还被搬进黑泽明导演的作品《天堂与地狱》中。它多次引起记者关注，总给报纸提供猛料。在它关门之际，报纸报道的题目是"又一处'横滨战后景观'消失——国际酒馆根岸家停业"。

——《消失的战后》，《神奈川新闻》
1980 年 8 月 16 日，引自《横滨中区史》

风光一时的根岸家主人坂元夫妇的结局，就好像一场荣枯盛衰的写照，有一个电影般戏剧性的谢幕。

妈妈为筹钱而疲于奔命。丈夫眼看着店里陷入窘境却袖手旁观，每天只顾和小蜜眉来眼去……末了心梗发作一命呜呼。周围的人惊诧道，"就这样还能把店开到今天，也算是'奇迹'了"。妈妈在最后一刻拿上 50 万现金，于 8 月 14 日趁夜色卷钱跑路。丢下的债务据说高达 3 亿日元，其中 5 000 万日元是向手下员工"借"的。

——《周刊新潮》1980 年 9 月 4 日号

关门三个月后，这年的 11 月，没想到根岸家又闹出一件让当地报纸热炒的新闻。这足以说明战后作为横滨的著名去处，打造了一个时代象征的根岸家最后显示出的分量。

20 日傍晚，因经营不善停业的横滨市中区伊势佐木町四丁目大众酒馆根岸家附近起火，火势蔓延至附近十家商铺，其中 6 栋约 900 平方米的商铺被全部烧毁，其余 4 栋的墙壁约 80 平方米被火烧过。火灾现场位于该市最大的繁华街——二战结束之后密集搭建的木屋商店一条街。当天下午 5 点 23 分左右，该町四丁目原大众酒馆根岸家附近起火，火势蔓延到两侧相邻的伊势佐木町大街和若叶町大街两条商店街。约 23 辆消防车出动赶来灭火，但由于木结构房屋太多，火势快速蔓延，势头凶猛一时难以着手扑灭……此次发生火灾的根岸家，战后曾每天接待络绎不绝的美国占领军士兵，一时热闹非凡。已故的大宅壮一称之为"国际酒馆"。因其被公认为当时典型的风月场所，甚至被搬上银幕。最近电视播放的电影《天堂与地狱》就以这家酒馆作为情节展开的原型地。近来客人不断流失，今年 8 月 14 日，根岸家以 3 亿日元负债宣告破产，看守单位派遣两名管理员进驻其中看守。

——《火势蔓延伊势佐木町十余栋民居》，
《朝日新闻》1980 年 11 月 21 日

根岸家的酒宴单间艺妓五木田京子回忆了当时的情况。

"我当时就住在伊势佐木町后街。那天我正在家里洗澡，也不知是哪个过来对我喊：'京子姐，根岸家着火了！'我赶忙擦干身子换上衣服出去一看，那房子已经浓烟滚滚，而且眼看着火势就蔓延开来。那个酒馆一进去左边有个楼梯可以上二楼。这场火主要在楼梯下面烧得厉害。所以说这个事和外头睡棚子的那些人有关。"

"你是说流浪汉吗？"

"这些人好像进去住了。他们在屋子里烧火取暖，以为把火弄灭了，结果余烬死灰复燃，火就这么烧起来了。"

"你是说倒闭以后无人打理的根岸家，流浪者为了取暖住进来了？"

"就是。不过周围一些人都说是坂元寿美的儿子放的火。我觉得那孩子不至于干这种事，就去伊势佐木的警察那里求证，他们答复我说：'没有证据表明根岸的儿子放了这把火。'"

"有这样的传闻啊。"

"最后谁放的火也说不清了。"

根岸家的主顾们都说："这样的店不会再有了"。如今走在伊势佐木商店街上，满眼看到的景观和随便一个地方城市的商业街已经毫无二致。那么过去伊势佐木町独有的风景到底是什么呢？进而言之，横滨远在"YOKOHAMA"时代是个怎样的城市呢？

"城市与人，以及逐渐失去的记忆"。通过采访玛丽身边相关的人，我想描绘的东西，其本质及轮廓逐渐显现了出来。

就在这个时候，森日出夫喊我出来，给了我一张传单。他想请我帮一个忙："我想让京子姐换个地方住。为此需要募集一笔资金。"

"横滨陪酒艺妓文化保护会"演出（不按排列顺序）：

京子大姐（陪酒艺妓），横滨陪酒艺妓文化最后一个传承人和讲述者，也是现职艺妓。她通过这样一个文化形式继续讲述古老而优美的横滨乡愁。

森日出夫（摄影家），记录城市记忆的摄影师。多年扎根横滨，拍摄横滨，讲述横滨故事……

会场：天野图片工作室。

会费：3 000 日元起。

平成十五年（2004 年）10 月 26 日（星期日）下午 3 点。

据说前几天森来到五木田家，亲眼见到她住在堆满了行李，整天不见阳光的房间，窄得睡觉都伸不开腿，居住环境相当糟糕。"要帮助五木田换个居住环境。"森做了发起人，请到五木田本人和愿意赞助的乐手办一场音乐会，以此筹到搬家费。

"虽然不是玛丽，但要发动大家帮助，守护好京子姐。对于横滨而言她是一个重要的存在。"森的内心想法是，横滨始料不及地失去了玛丽，但有的人还在。五木田就是其中之一。

那些与玛丽有关的人不知不觉中开始惺惺相惜了。

2003 年 10 月 26 日，这天举办"横滨陪酒艺妓文化保护会"。森日出夫的天野图片工作室座无虚席。舞台背景银幕上，打出了森日出夫的照片《玛丽》《横滨的风景》，横滨土生土长的摇滚歌手中村裕介演唱了《横滨市歌蓝调版》。小提琴师演奏的《红鞋子》旋律响彻会场。活动的高潮是五木田京子弹着三味线演唱《野毛山小调》的一刻。"野毛山那个闹耶"一出，全场应和着一起唱了起来。

我用摄像机记录下这一幕。在横滨这座城市，人们这种情感纽带如今还实实在在地保留着。

（本章资料提供：栗林阿裕子。）

第八章

终　章

1. "忧伤的向阳处"

　　有好消息传来，电影发行有着落了。我的朋友、帮忙制作《横滨玛丽》的片冈希所供职的电影公司接下了这部电影的发行。她告诉我，她的顶头上司表示想找这部电影来看看，于是给他放了一场《白色娼妇玛丽》，但说明这还只是毛片，接下来还要大改。上司看过便喜欢上了，谈好的片酬也比其他家优厚得不可同日而语。

　　因此机缘，我请到了片冈加盟为制片负责对接发行公司。这样就确立了白尾一博、片冈希双制片机制。然而接下来也并非一帆风顺。片酬要在电影交给发行公司，签订正式合同之后才能入账。在此之前边打工边拍片子的生活还要持续下去。

　　五大路子的独角戏《横滨罗莎》2001年我就拍过，今年夏天在红砖房仓库的公演我也拍了。但总觉得还有某些意犹未尽之处。就在这时候，忽然注意到媒体上一篇采访五大的文章："我想通过罗莎这个角色将玛丽的半生、她的内心表达出来。"

　　我就在想，能不能把她的想法在电影中表达出来，想来想去也没有什么好点子。我把想法和白尾一说，他提出一个创意："五大扮演的罗莎出现在街头会挺有意思。"对呀！玛丽并不只是存在在舞台上。她曾与这座城市同在。如果让罗莎出现在现在的伊势佐木町街头，这一场景就会释放出强烈的信息。一天我决定去见五大，和她探讨是否有操作的可能。我并没有足够的把握谈成。所以只是想以一种假设性的口气和她探讨。如果这个建议令她不爽，我也做好了马上道歉退出的准备。可她的回答却大大出乎意料："中村君，这个想法太有意思了！咱们做起来吧！"

五大激动地说着把身子探了过来，弄得我倒有了几分犹豫。这个创意从画面来说还真是很有意思的。得到五大的赞同，我真想将它付诸实施。这个场景从纪录片的范畴来看也许是犯禁的。因为要让被拍摄者按照导演的意图行动。也许会有人说"这不就是抖机灵摆拍嘛"。但什么电影类型的清规戒律我已经不在乎了。没有制作者的能动因素介入，什么变化都不会发生。守株待兔等不来变化发生。这个念头已经令我一发而不可收。

最后将五大扮演的罗莎行走的地点锁定在伊势佐木商店街、松坂屋周边。这一带有人行道，玛丽曾在这一带行走。

摄影当天，商业街后街伊势佐木町一丁目、二丁目区商店街振兴工会的事务所临时用作剧组工作室及五大的休息室。从松坂屋到横滨新剧场约 50 米的直线距离是罗莎的行走路线。事先我和片冈希分头挨家拜访沿途商户取得拍摄许可。不过因为是伊势佐木商店街最热闹的地方，弄不好还是可能闹出些乱子。五大扮演罗莎从街头走过，最多也只有两次机会。之前兴致勃勃的五大，那一天却临阵怯场。我们就像游击队一样突然出现在现场拍摄，因此发生什么我们也完全无法预料。

"我们要好好商量一下走起来的时机。"

应五大的要求，我们反复进行周密的沙盘推演。拍摄时安排现场工作人员隔出行动空间的任务就交给了白尾一博。

"你们跟谁打招呼了就在这铺摊子拍摄？"

在横滨新剧场附近的行动终点位置，架在 1.2 米高土台上的摄像机看上去相当抢眼。街头地痞这时过来纠缠了。我见状迎了上去。在这条街上拍了好几年，这种小麻烦我早已司空见惯。

"跟伊势佐木警署、伊势佐木一丁目、二丁目区商店街振兴工会都说好了。街上每家商铺也都打好了招呼……"

"可我怎么不知道？跟我打招呼了吗？"

我立马放下身段应到，"那对不住您了。下次肯定先和您打好招呼。"大庭广众之下，给足对方面子很重要。如果这样还摆不平，我也跟地面上的人打过招呼……可我不想动用。

"下次想着跟我打招呼！"

地痞拍了拍我的肩膀走了。这一关算是过去了，要是在五大扮演着罗莎走起来的当口可能就麻烦大了。就这样满脑子心神不定，我用手机联系工作人员开始实拍。罗莎一共走了两次。关于当时的情形，事后五大撰文刊登在神奈川地方版的《读卖新闻》（2003 年 11 月 7 日）上。

　　在这四年间，按照正在拍摄纪录片《横滨玛丽》的中村高宽导演的构思，日前我走下《横滨罗莎》的舞台，来到这条街上。行走的出发点就定在松坂屋和有邻堂的门口。我感到心脏在怦怦跳动。当下这座城市会如何接受罗莎呢？我站在街中央，就好像一滴油落到水里，人们一下子闪开，形成了一圈人墙。我深深地弯着腰，拖着沉重的大包，行走在玛丽曾经走过的路上。

　　"这个人看上去比玛丽年轻哦。"卖东西的阿姨说道。街头的空气动起来了。"啊，玛丽！""是罗莎！"。七嘴八舌的议论响了起来。"当年的玛丽走路就那个样子。"有人高声说。"哦，是这样啊。"一个年轻男性应道。拍摄结束后，一个男的走过来说道："我从小时候就见过玛丽。是有那么点意思，不过玛丽更白些。"他欲言又止地转身离去……

虽然是第一次尝试，但是学到了很多东西。那一刻，罗莎走出剧场来到街头，与城市展开神奇的行为对话。

我们还打算继续补拍一些镜头。白尾提出"再拍一次元次郎演唱吧。"在此之前已经拍过他在舞台上演唱，可摄像机麦克风录的音质实在是糟糕得很。第一步，我带着白尾去"黑猫"，把他引见给元次郎。

"怎么还要再拍？之前不是拍过了吗？"我赶忙试图努力说服元次郎理解，元次郎的歌在电影中意义重大，这次想请到专业录音师在拍摄时同步录音。如果是在红砖房仓库试映会之前，元次郎应该较为轻松地一口答应下来。可如今日渐加重的病情也许不容许他接受这个请求。因为僵持的太久，沉不住气的白尾开口说起《白娼妇玛丽》如何如何不行，既然自己参与进来了，不能允许片子如此低水准。

他滔滔不绝地一口气往下说，重拍元次郎唱歌就是其中的一个环节。这边厢元次郎的脸眼看着涨红起来。我想要打断白尾让他闭上已经惹祸的嘴时，一切都为时已晚。不管观众反应和评价如何，《白娼妇玛丽》对元次郎来说都是无可替代的存在。如果不是要将其重编为《横滨玛丽》的话，这部片子就成了他的遗作。当面否定这样一部作品，元次郎怎能不生气？

我马上带着白尾离开"黑猫"，并提醒他已经惹了祸。可他本人连元次郎的怒火都没有意识到："都是因为你没有和他说清楚我的制片身份。"

根本不是这个问题，元次郎可不是因为这点事就动怒的人。他是气在有人对他珍视的心血和情感不当回事，无礼践踏。我让白尾先回去，转身马上又回到"黑猫"。元次郎一直没说话。一看烟灰缸，原来只有两三根烟头，这么一会工夫堆积的烟头翻了番。

"刚才，实在是对不起啦。"

"……"

"您看，眼下中泽也不在……"

"……"

"为了完成这部片子，我需要他助力。"

元次郎只是一声不吭地抽着烟。无尽的沉闷持续着，我记不清过了多长时间。只是觉得时间特别特别长。

过了好一阵子，元次郎终于叹口气道："你带这么个人过来，可真是的……"

"说吧，你打算什么时候拍？"

他又点了根烟问我。但始终目光没有和我对视。

一周后拍摄那一天，在"黑猫"店里白尾张罗着工作人员紧锣密鼓地准备。在隔壁我家，我跟元次郎商量着拍摄细节，这中间也是磕磕碰碰的，房间里弥漫着沉重紧张的空气。

一声开拍，三个摄影师和一个录音师就把镜头和麦克对准了"黑猫"舞台上的元次郎。连唱了《枯叶》《樱桃熟了的时候》《乔莉·毛姆》之后，《蓝色爪哇》唱到一半有点跑调，又重拍了一遍。最后是《街角的阿贝玛利亚》。元次郎每支歌唱得都不理想，嗓音嘶哑，音量也上不来。但是作为记录，把现在的元次郎拍下来应该是有意义的。我觉得不能再让元次郎勉为其难了，就在我要宣布关机的一刻，元次郎开口了。

"等一下，我再唱一首。"

元次郎冲着舞台旁边的一个盒子走去，他在里面翻找片刻，捡出一张乐谱交给了钢琴师，是《忧伤的向阳处》。这首歌与电影中的《我行我素》是同一支曲子。随着伤感的钢琴伴奏，元次郎唱了起来。真是奇怪，拍这个曲子的时候，他嗓子也不嘶哑了，一点也没跑调，是唯一一首一气呵成唱下来的。也许是在冥冥中某种引导下唱下来的。我听起来，这首歌的歌词似乎饱含着元次郎对玛丽的思念。

> 马上就流到到尽头
> 属于我们俩的沙漏
> 背后渐近的咚咚足音
> 提示我们该要分手
> 快给我你的温柔
> 让我再一次用心、用肌肤感受
> 将它留在记忆里头
>
> 今后的路我要一个人走
> 明天以后会多么难受
> 但我不会倒下我会坚持行走
> 只要那记忆还活在我的心头
>
> 二人邂逅在茫茫人海

厮守一隅我们相爱

如今缘尽终要分开

不说拜拜

只有一句话要向你表白

与你相遇我感到幸福到来

你让我的人生有了光彩

此刻我只想向你表白

谢谢你给了我这份爱

此刻我只想向你表白

谢谢你给了我这份爱

谢谢你给了我这份爱

——《忧伤的向阳处》

　　拍摄结束那一刻，元次郎走向他曾如此讨厌的白尾，紧紧地握住他的手，对他说："你多费心了。"我想这也是元次郎竭尽全力对我发出的声援。让他如此耗费心力，我很感心痛。我觉得，是元次郎让我这部电影得以最后完成。

2. 含泪的告别演唱会

　　我把自己关在东京下北泽白尾家中的编辑工作室里，每天埋头于这部片子的重新剪辑。距离 11 月 22 日在横滨赈座剧场公映的日子只剩下不到一个月。要在《白娼妇玛丽》的基础上，将作品进行重构。开始以为有了一定的基础，花不了多长时间就可以搞定。但实际上我的估计过于乐观了。我和白尾之间就剪辑达成一个默契的规矩：决定权不仅在我一个人，如果白尾不同意，哪怕一秒也不能动。所以往往一个镜头我们要花半天工夫争论才能定下来。这必然招来焦虑与烦躁，有时两人之间也高声争吵起来。可现在回头一想，这个过程还真是必不可少的。我与采访对象交道打得比较深，往往对外围有所忽视，而白尾总能注意到这些点，就像船老大在关键时刻撑一杆，使电影始终走在正轨上。在编辑过程中我有了新发现，是在剪辑森日出夫接受采访那部分的时候。

"我发现，那些自己想拍的事物、空间，往往不到一年的功夫，转眼就没有了。一直到最近也常碰到这样的事……我拍玛丽的时候就越拍越害怕，担心别拍着拍着她就死了。我这念头正挥之不去，结果没多久她就从这座城市消失了。于是就受这种犹豫左右。现在想起，我坚持拍下去才对。"这段采访，突然唤醒了我脑海里的一段记忆：在拍"记录记忆"的时候，森没有在 8×10 座机里装上胶卷。

当时他是有意为之？他不仅不想失去玛丽，也不想失去元次郎，希望他能一直活下去，所以才选择压下没拍……他的如此举动在我是做不到的，应该是他以自己的独特方式寄予元次郎无言的期待。现在，我对自己当时生气感到羞耻（后来，我向森求证此事，他只是笑着微微点了点头）。

正在紧锣密鼓编片子的当口，接到了元次郎状况恶化住进医院的消息。看来他已经时日不多。可是我这时正忙于编片子，无法马上赶过去。现在我所能做的，就是尽快完成这部电影。野毛大道艺经纪人大久保前去探望元次郎之后给我打来了电话。

"元次郎说，他一定要办这场演唱会。"果然他的状况不乐观，说是他本人也清楚利害，横下心要办这最后一场演唱会。我这边没日没夜地埋头剪辑，发现缺镜头，赶紧去横滨补拍，再马上赶回剪辑工作室。窗外的光影从早上变幻到夜里，然后又迎来下一个早上。这样的日子过了几天我都记不清了。

片子终于在 11 月 22 日专场放映日当天的中午完成了。最后一个镜头，以元次郎为玛丽生活的养老院献歌收篇。这与不出现主人公的纪录片定位有了矛盾。

估计有人会批评说这段不应放进电影里，但对我来说实在想不出还有什么其他的收篇镜头。

我和白尾到达赈座剧场是下午 2 点放映之前。

时隔很久，终于又和元次郎见面了。他脸色看上去不错，但实际上一直隐隐作痛，服用了吗啡镇痛才出来的。

《横滨玛丽》开始放映，放映厅里座无虚席。据说观众远远超过了 141 个座位的定额人数，有人根本进不来。观众席里坐着有森日出夫、杉山义法、三浦八重子、五木田京子、松叶好市、高见泽政雄、五大路子、山崎洋子、福寿祁久雄。回绝我采访的平冈正明也出现了。刚刚从埃及回国的中泽健介也赶到了。

电影一放映，元次郎就目不转睛地看着银幕泪流满面，不知他此时内心涌动着怎样的思绪。电影放完之后，元次郎的演唱会拉开了帷幕。

第一首是《百万朵红玫瑰》。唱完之后元次郎向观众讲了几句："谢谢大家光临。下一首我要唱的是《枯叶》。这首歌好像唱的就是我自己。我真的变成枯叶了，很麻烦。今天我是手腕上戴着胶环来的，因为这段时间一直住在医院里。今天我是豁出去赶来了。唱给大家的歌都很沉重。元次郎的心情也很沉重，电影也很沉重。想到自己的过去就泪流满面无法自持。果然是年轻导演中的翘楚，中村导演的电影拍得很棒。"

接下来他又唱了《枯叶》《樱桃熟了的时候》《时光流逝》。声量上不去，看他的姿势像是从身体里挤出声音一样，令人感到一股阴气。

"我再唱一首反战歌曲。我在电影里也说了，仗打完了，第二次世界大战结束那会儿我7岁。看着现在的伊拉克我就感到揪心，牺牲的永远是老百姓。这是一首波兰的反战歌曲。"说完，他演唱了《今夜无归》。

元次郎在公共场合发表政治性话语似乎是很少见的。同台相遇的平冈正明后来在他的随笔中这样写道："不知是第几首，他在歌曲演唱间隙说道，'战争要不得'。平时他绝不直接说出这样的表述，这会儿他留下了他想说的话。"

唱完这首他又讲起来。我觉得他带来的不仅是歌曲，还有想留给大家的话。

"今天一直照顾我的红十字医院的护士长也来了。我的病已经到了晚期，一阵一阵地疼，就是所谓癌痛。虽然做好了心理准备，可疼得不行，好长一段时间夜里难以入眠，我终于住进了医院。医生护士帮我调整用药，积累了数据，摸清了什么时候吃药效果最好。今天能这样和大家见面，真的很高兴。对于我来说歌唱就是一切，不歌唱生命的火焰就会熄灭……"

　　元次郎说着说着就哽咽了，眼泪在眼眶里打转。随着会场热情的掌声，《忧伤的向阳处》的旋律响了起来。每首歌曲就好像他留给人们的遗言。为了不听漏他的每一句话，全场鸦雀无声。当他唱完最后一首《我行我素》，场子里响起了经久不息的欢呼声和掌声。我奔向舞台内侧一见到元次郎，他就鼓励我说："这一版编得好极了。"

　　我无法溢于言表，只是默默地点了点头。本打算说句"万分感谢"，可这样简单的话竟终未说出口。全场还沉浸在热烈气氛当中，今天的主角就在护士陪护下回到了医院。

　　几天后，我和野毛大道艺的大久保，摄像中泽一道赶去了横滨日本红十字会医院。我们到的时候是深夜，已经过了探视时间。会客室已经没什么人，我们径直向病房二楼的单间走去。一推开门，看见病床上的元次郎努力挣扎着坐起来。他看到我们进来，脸上露出强打精神的微笑。

　　大久保向元次郎说了说赈座剧场演唱会的收支情况，元次郎听了只是点了点头。大家商定这笔收益以元次郎的名义捐赠给玛丽生活的养老院。大久保提议"抵作电影制作费就好"，元次郎也表示赞同，可我无论如何无法接受。我一直盯着元次郎的脸看，他的脸上已经完全没有了常人的欲望和执着。我只是想看出答案：一个人是怎样才能变得如此一脸安详。大久保说完后，元次郎冲着我微笑着嘟囔道："太好了，真是太好了。"要是手头有摄像机，我真想拍下他这会儿的笑脸。

　　"元次郎先生，这才刚开始啊。你要更加努力地活下去。接下来要让更多的人看咱们的电影。我们要做的事还多着呢。"

　　"嗯，是吗？"

元次郎淡淡地回了我一句。这时我想明白了为什么在赈座剧场时我始终没能说出"万分谢谢"的理由。这句话一出口，感觉好像一切都结束了。

不经意看了一眼医院的窗户，暗夜中通过的电车灯光划出一束亮线。我注视着那束光线的残像，体会到这部电影确实完成了。1997 年电话俱乐部事件六年后，这部电影终于完成了。可我的内心却五味杂陈。

2004 年的新年到了。我欠了很多债要还，元旦那天起又过起了打工生活。不再端着摄像机满街取景，平静的日子就这样一天天过去。一年前我们跟拍元次郎探访玛丽生活的养老院，现在回想起来甚至让人觉得就像假的一样没有真实感。过完新年，1 月下旬，我搭中泽的车去了横滨日本红十字会医院。元次郎告诉我们已经接到让他出院的通知。当然不是因为他已经康复。

医院方面已经束手无策："再住下去已经没有意义了，医院床位也有限，还是回家疗养吧。"病房里元次郎脸色苍白，好不容易才站起来。我们没有说话，只是帮着他收拾，送他回家。回去的车上，我一直呆呆地望着车窗外面。车子从根岸森林公园驶过山元町商店街，很快就是伊势佐木町、日之出町。每次见元次郎看惯了的风景，今天是和他最后一次一起路过。突然正在驾驶的中泽对坐在后座的元次郎说道。

"元次郎先生。"

"嗯？"

"好想吃烤肉啊。下次一起去吧。"

那是在红砖房仓库那场电影放映之后，元次郎与中泽说好但至今还未实现的约定。元次郎已经没有力气吃烤肉了。可中泽还是要提醒他有过这个约定。元次郎微笑道："烤肉啊，真好啊。"

从这天起元次郎开始居家疗养。可在家里他也无法踏实休息。与元次郎家一墙之隔的"黑猫"从去年末开始就存在着严重的问题。自从元次郎住院，店里的客人就少得可怜。"黑猫"的店员神田健治曾向我吐露过苦恼。

"'黑猫'已经难以为继。店面只是一个空壳。从这个意义上来说我真扛不住这个摊子。"

主人不再露面的"黑猫"很快走到了尽头。2004 年 2 月。元次郎出院不到两周，"黑猫"就歇业了。从其前身童安寺沙龙算起，已经经营了 28 个年头。在举棋不定地讨论是否维持"黑猫"的时候，元次郎曾这样对员工和相关人员说道："如果'黑猫'继续办下的话，我肯定没法唱歌了，不过在店里播放《横滨玛丽》就足够了。"

元次郎的房间满是医疗设施，简直就像临时医院一样。估计是吗啡的缘故，几次探视他都意识模糊。每次去探望他，脑海里闪现出来的念头就是，他还能挺多久？得设法让他开心些。

3. 元次郎之死

电影《横滨玛丽》内容未再做什么改动，又补拍了些实景和部分采访，下一步就是紧锣密鼓地准备影院公映了。

我们都希望元次郎能够挺到公映盛典那一天，可现实并不允许我们这样乐观。

2月下旬，"黑猫"闭店没有几天，大西尚造联系到我。大西是从川崎的"河童"时期起几十年来一直跟在元次郎左右的生意与私人伴侣。元次郎回家疗养这段时间，大西一直在身边照顾着元次郎。

"我要告诉你，永登（元次郎）已经住进了昭和医大的临终关怀。"

我没有感到意外。老实讲，听到这个消息我松了一口气。虽然之前住在自己家里，可隔墙便是"黑猫"。虽说已经闭店，可元次郎还会被"黑猫"分神。这次住进了临终关怀，相信那里的环境一定有利于他专心接受最后的治疗。

"怎么说呢，他不是太想见人。"大西电话里简单地跟我说了说元次郎的情况。

"他有点回到了小孩子的状态。永登是个很在意的人，估计不愿意人看到他现在的样子。不过他总是念叨你，说你来看他可以。"

"……"

"就算一直关系很好的人来了，也会把人家赶回去的。我也很吃惊呢。"

我不清楚为什么元次郎想见我。好几次我惹他生气，为了拍摄我总是提出一些让他勉为其难的要求。我本应该是他最感到棘手、最不想见的人……

第二天，我搭大西的车来到昭和医大附属医院。从港湾未来21上了首都高速，进入第三京滨线。从都筑高速公路口下来，又开了十几分钟。眼前的景色从大楼林立的横滨繁华街切换到郁郁葱葱的郊外住宅区，我们终于到达了这座"白色的巨塔"。临终关怀区在医院大院里离主功能区较远的地方，环境静好，宛如宾馆。大西正带我朝病房走去，路上遇见了负责元次郎的护士。

"这位是《横滨玛丽》的导演，永登就在他这部片子里出镜。"

听了大西的介绍，护士点头打招呼说："这部片子真好看。"怪了……在赈座剧场专场上映才三个月，而元次郎住进临终关怀还没几天。难道碰巧她也是那天看过电影？我脑海中闪过一丝疑问，便问了大西一句。

"专场那次她没去。永登不是从中村导演那儿拿到了录像带嘛，是他要我复制分发的。这儿的护士不少人都看了。"

听了这话我目瞪口呆，准确地说是脸色煞白。《横滨玛丽》已经不是我个人的东西，已经定了发行公司，就有了权利问题。可元次郎不仅复制还分发给多人，这实在很糟糕。这都是干了些什么呀！我进入房间时满腔郁闷几乎要发作。元次郎正在床上等着我。和居家疗养时完全两样，这会儿他的表情很安详。可已经只能在床上躺着，不用说站起来，甚至连自己坐起来的力气都没有了。在他手边放着一捆看过《横滨玛丽》录像的护士等人写来的感想。

"好啊，中村君。大家都说好，都在夸奖你哦。"元次郎拿起众人写来的感想，微笑着对我说。

我无语了……都已经病成这个样子，元次郎还是想着鼓励我，显示出他的人性优雅。拍摄时我曾有过某种错觉："元次郎死不了。他为了电影在努力表演呢，错不了。"

我如果不这么想的话，就无法将与晚期癌症较量的元次郎拍下去，而这或许是电影拍摄者的傲慢的表现。可现在，当我目睹到躺在病床上的元次郎露出的笑容时，我觉得他教给我了电影或纪录片之外的重要的东西："我拍的不是电影，而是人。"

这样一个显而易见的道理还需在此刻得到元次郎的提示，我从心底对自己的不成熟感到惭愧。原来我什么都没弄明白。后来元次郎处在意识模糊的状态中，却一直握着我的手不放。那是一只绵软无力的手。那微弱的体温让我终生无法忘怀。

回程车中，大西开口求我一件事。

"能帮忙拍一下永登现在的样子吗？"

"什么？"

"中村导演永登不会反感。我想把他现在的样子记录下来。"

"……"

"怎么样？"

"对不起。不行，我这会儿没法拍。"

为什么一口回绝了？我说不出理由。就是打了退堂鼓，我真是没出息。

当然纪录片并非要追拍记录对象的全部。我也可以选择不拍。大西于是不再说什么了。

日之出町附近，"黑猫"曾经就在这条街上经营。马上就要到了大冈川河面漂满樱花落英的季节。探视元次郎过了几周以后的一天，晚上9点左右大西电话联系到我："估计挺不过今天晚上了，你先有个思想准备。"

这一刻终于要来了。我无法静静地待着，一个人走到夜色深沉的大街上。樱花还是含苞待放的状态。

和元次郎在一起的那些记忆，像走马灯一样在我头脑中闪现。我就这样过了一个不眠之夜。第二天早上 9 点多电话响了。是大西打来的。

"他刚刚去世了。"

"知道了……"

"打算今天晚上把他的遗体运回家里。"

"哦。"

"永登说他想回家。"

"我能在那之前去看他一眼吗？"

"来吧。今天下午以前都在医院的遗体安放室。"

元次郎 2004 年 3 月 12 日上午 8 点 50 分逝世，享年 65 岁。

我联系到中泽，两个人一起赶往医院。我脑子里一片空白，感觉又不想见这一面。因为我不知道该如何面对元次郎已死的现实。就在这时大西又打来了电话。

"又有了些新情况。现在要把永登的遗体从医院移走。"

"怎么回事？"

"他妹妹来了。后边的事情就交她处理了。"

"那我们现在去医院也没有意义了是吗？"

"这是他妹妹的意思。今天就要转到太平间。"

"然后呢？"

"明天火化，然后把遗骨带回神户。"

"怎么就……停在哪家殡仪馆了？"

打听清楚遗体已经安放在天王町松原商店街附近的殡仪馆奉诚殿，我和中泽又赶到了这里。殡仪馆的工作人员引我们来到太平间，遗体已经入殓了。打开棺材上边的活门，我们看到了元次郎的脸。遗容端庄安详，像是随时会从睡梦中醒来。好像我推一推他就马上又能睁开眼睛。这时中泽对工作人员说道："对不起。有根小毛粘在眼皮上。"我一看中泽，他一脸认真的表情，"我能把它拿开吗？"

我屏住呼吸顺着中泽的手指看去。他用指尖取下了沾在元次郎眼皮上的一根小眉毛。那根小眉毛就粘在他的指尖上。不知道为什么，看到这一幕我终于意识到元次郎是死了。这一刻，眼泪夺眶而出。我都惊讶我怎么会有没完没了如此多的眼泪。我尽情哭泣，站在那里直哭得死去活来。

情绪平静下来一些之后我给大西打了电话。下一步打算怎么办？明天就火化，也只能就这样了。我们又不是直系亲属，容不得我们置喙。但有一点，这个消息必须让元次郎的朋友们知道。

"你先等等。"

大西打断我的话，说出了实情。

"他妹妹的意思是只想亲属参加。她嫌麻烦，希望熟人就都免了。守夜环节也想免了。所以通知朋友什么的还是缓缓再说吧。"

"可这么做大家都不会接受的。"

"你还是再等等吧。"

大西只通知到我一个人。森日出夫和五大路子等谁都不知道元次郎已经不在了。我束手无策，只好守候在"黑猫"门口。大西虽然是元次郎几十年来的搭档，但也不好违背家人的意愿。完全可以想象到他的郁闷。我猛然吐出一口闷气，抬头仰望天空，这时天已经黑透了。早上刚刚听到噩耗，眨眼工夫一整天就这么过去了。

"黑猫"隔壁元次郎家的窗户里亮着灯。原本应该在这里举行守夜，众多横滨仔来向元次郎告别。为什么会成了现在这个样子？我无论如何也理解不了。就在我双手抱头垂头丧气的当儿，大西打来电话告知，元次郎的遗体将于明天上午 10 点在久保山火葬场火化。

"那我来通知朋友们？"

"这个还是……"

大西还是没有吐口。晚上 9 点刚过他又打了电话。这回我迫不及待地以不容商量的口吻对大西说道："现在联系能来多少人说不准，但我必须通知大家。"

"……"

"如此深受横滨仔爱戴的人，绝不可以让他这样走完最后一程。"

"明白了。就麻烦你告诉大家前来做最后的告别。"我赶忙按着手机里的联系人名单挨个联系起来。

"元次郎今天早上走了，遗体明天一早火化。"

元次郎的朋友圈很广。光我一个人根本通知不过来，所以我又拜托我联系过的朋友们再扩大通知范围。我不知道他和他妹妹之间有什么龃龉。也许她对自己有个同性恋哥哥感到不快。可能这是只有至亲才能理会的感情。但是对一个如此努力走完一生的人这样安排最后一程，实在令人不可接受。

第二天，我和中泽、制片人片冈希三个赶到横滨市西区的久保山火葬场。我心中没底，不知会来多少人，结果我的担心完全多余。

到火葬场大厅一看，森日出夫、大久保文香、五大路子、高桥长英等将近 30 人已经先到了一步。那位玛丽的生意对头，一

元次郎的遗照（森日出夫摄）

直得到元次郎关照的三浦八重子也来了。森双手捧着横滨赈座剧场最后一场音乐会时拍下的元次郎的照片。

亲属的意愿原本不要遗照。我跟森转达了这个意思，可尽管已是深夜，森还是马上洗印出这张照片，还镶到了相框里。没有任何仪式，只是看着把遗体烧掉就算是告别了。难道这就是一个社会少数派的悲惨结局吗？不过知道这位离世人物重要分量的，也正是今天主动赶来的朋友们。

当打开的棺材被每位告别者献上的花束填满的时候，啜泣声响了起来。这样的情绪谁都能够理解。昨晚刚刚得知元次郎去世的噩耗，转天就要做最后的告别。大家围着棺材谁都不肯离开。可是棺材终于被无情地封上了盖子。装有元次郎遗体的棺材被送入了火化炉中。炉门关闭，炉内点燃了煤气。火化炉内燃烧的声音，深深地刻蚀在我耳内的鼓膜上。

几个小时后，炉门打开了。刚刚承载棺材的炉台上，现在只剩下白色的骨殖。死者的形貌已经无存，只有些白色物质散摊在炉台上。来告别的人们捧起骨殖，将其放入白色的骨灰罐中。不再有元次郎的音容笑貌，只剩下一捧骨灰而已。骨灰入罐的时候彼此碰撞，发出很小的声音。那是一种有透明感，很悦耳的声音。这就是与元次郎最后的告别。

元次郎去世过去了一周左右的时候。

　　"中村先生，这里有您的邮件。"

　　我接到大西电话赶到了"黑猫"。收信人姓名地址处，写着"黑猫"的地址和我的名字。寄信人是玛丽生活的养老院的院长。打开信封一看，里面是几幅水彩画，画的是身着和服的女子。画的背面写着玛丽的出生日期和她的本名。里面还有一封院长的信，说玛丽为祈祷元次郎康复画了这些画。其

玛丽画的水彩画

实这些画是在玛丽接到元次郎去世的噩耗之后最终完成的，但玛丽还是怀着的强烈的主观愿望寄出了这封信。摆放在台子上的元次郎遗像安详地微笑着。

4. 亲弟弟谈玛丽

　　2006 年 1 月，元次郎去世快要两年了。电影《横滨玛丽》即将于那条流经日之出町的大冈川河面上漂满樱花落英的时节公映。就在我忙着为此做准备工作的时候，玛丽生活的养老院寄来

了一封明信片，告知我一年前的 2005 年 1 月 17 日玛丽因心衰猝然离世，享年 83 岁。估计是院方看到了我给玛丽寄的贺年卡给我回的信。

为什么过了一年才告知我玛丽去世的消息？我向养老院询问才得知，在元次郎死后不久，原来那位亲切的院长辞职了。因为联系人名单有误，未能及时通知我。这样的结束太过乏味。我马上去山崎君子家，请她联系玛丽的老家亲属。按照玛丽弟媳妇的说法，玛丽活着的时候家里人对她的情感很微妙，不过打去年她去世以后，曾经的芥蒂也就烟消云散了。

君子听对方这么说了，便使劲点了点头说出了她的想法。

"这样啊。那我很想有机会过去献上一炷香。"

"好啊，我们等你来。"

一次采访中我们不经意地暴露了玛丽的隐私。2006 年 3 月，为了推这部电影，我和山崎君子一起接受《朝日文艺周刊》的采访。君子在桌子上摊开的资料中夹着玛丽老家的地址。糟糕！我发现后马上试图遮掩起来，可还是被记者偷看了去，跑到了玛丽老家去采访。电影很快就要公映，绝不能给玛丽和她的家人添麻烦，这是我要坚持的底线。

我把这个意思告诉给《朝日文艺周刊》的记者，他在征得家人同意后进行了采访……这件事对于我来说完全是始料不及，应对时又过于大意，只有好好自我反省。但这场麻烦歪打正着，一直充满神秘感的玛丽前半生，因为亲弟弟开口大白于天下。

"'传奇娼妇（横滨玛丽）'亲弟弟首次告白'不为人知的性史'！"

　　本刊前往玛丽的老家进行了实地采访，在位于田园地带的大宅邸里，玛丽82岁的亲弟弟开口讲起了往事。"我们父母都是农民。姐姐（玛丽）就是在这个家里长大的。我们兄弟姊妹八人，四个女孩，四个男孩，姐姐是大女儿。兄弟姊妹当中三人已经过世，健在的还剩下五个。"

　　玛丽出生于1921年（大正十年）。虽然念完了本地的小学高等科，但因家境贫困，就没有上中学，而是上了青年学校[1]并在那里毕业。玛丽的弟弟告诉记者，"姐姐15岁左右的时候父亲去世了。姐姐在青年学校毕业后，就在本地做女佣。后来她嫁给了本地的国铁职工。他们一起过了两年，还没等到有孩子就分手了。"当记者问起原因，弟弟回答说："虽然成了亲，战时也不能待在家里。当时姐姐在军需工厂里做义工。姐姐长得漂亮，在工厂的集体生活中，受不了众人的闲言碎语，跑到海边想寻短。姑爷害怕了，就把她送回娘家来，然后这门亲事就算散了。"

　　玛丽离婚后寄身娘家一段时间，之后去兵库县西宫做了几年女佣。1952年左右她来到横滨、横须贺一带。

　　玛丽弟弟告诉记者："我估计未必有什么熟人关照她过那边去，只是她自己有了想法就过去了。"

　　此后一段时间里，玛丽和老家断了音信。

　　弟弟说："在我们这儿，这个那个地任性讲话又离家出走，和乡下就算断了缘分。一年到头都不见她回来。好像总

---

[1]　日本1935年在全国设置的职业学校，对未能升入中学的年轻人进行职业教育、一般教育和军事教育。该制度1947年废止。——译注

共只回过两次老家。回来的时候脸抹得白白的，还穿一身白。我们乡下人看不惯她这副打扮，家里就给她过话，你这样就别回来了。"

那么她是否给家里寄钱呢？

"开始的时候，有那么三四次寄回过现金，我们就以姐姐的名义办了存折把钱存了起来。几十万、几百万的汇款从来没有过。要是那么阔绰的话她也进不了养老院。回到老家时手里一分钱存款也没有。估计她把钱都花在穿上了。"

弟弟告诉记者，玛丽从小就喜欢打扮得漂漂亮亮的。

"姐姐针线活做得好，在家是个乖女孩。我想姐姐后来的变化都和那桩倒霉的亲事有关。如果没有那场变故，两人也有了孩子，就不会有后来的事情。妈死的时候，不知道姐姐在哪，也联系不上她，到死也没见上她一眼。姐姐回老家来，满嘴说的都是美国这个美国那个的，全是些不着调的话，老家人没人拿她讲的当回事。"

1995年冬天玛丽回到老家时，就是这位弟弟来接的她。

"姐姐的耳朵已经背得厉害，因为白内障两只眼睛也跟瞎了差不多。人都这样了，把她送回老家来就对了。那边洗衣店的人对姐姐好，我们真的很感谢。我在车站站台接到姐姐，开着车带她回的家。"

弟弟给玛丽联系了眼科手术，术后两只眼睛又看得见了。玛丽牙齿都掉光了，又为她镶了全口的假牙。这一切都是弟弟掏的腰包。然后，送玛丽进了养老院。

"在养老院里姐姐过着随心所欲的日子，画些自己喜

欢的画，或者跳跳舞。一直到死，她的生活都意想不到地
静好。"

　　玛丽离世的时间是去年 1 月 17 日，享年 84 岁（实际是
83 周岁），死因是心衰。

　　弟弟说："接到养老院的电话，我赶到停放遗体的医院。
人已经咽气多时，身体都凉透了。"

——《另类人揭秘档案》，

《朝日文艺周刊》2006 年 3 月 2 日号

　　这段报道和我了解到的玛丽生平几乎没有什么出入。当然，
玛丽弟弟的话未必百分之百准确。充其量只从家人的角度谈到了
全部事实的某个侧面。但这篇报道矮化了我对玛丽的情感，令我
分外不爽。原本在玛丽的全部人生中，亲弟弟和她在一起的时间
短得可怜，他所叙述的玛丽个人史究竟有多大意义呢？如何认识
人的一生，如何认识历史？事到如今我愈发迷茫。当然仅凭拍摄
了一部电影，也不可能弄明白全部……

5. 破纪录的火爆

　　2006 年 4 月 15 日，电影《横滨玛丽》率先在新宿剧场和横
滨新剧场公映。一年后，这部电影大卖，总计在全国 50 家影院
上映，观众多达 10 万人次以上，创日本纪录电影史上票房新高。
回头一想，自打电话俱乐部事件以来已经过去了 10 年，我也 32

岁了。电影公映后产生了各种不同的反响。那位拒绝我采访，明确表示过抵制的作家平冈正明，在看了电影后给电影宣传册子撰文极力推荐。

　　"滨城玛丽，绝非传说，并非虚幻。"

　　近十年来有关横滨的影像作品中，崎阳轩烧卖便当的电视广告片算是一个。

　　在横滨中华街的尽头，夹在三家殡仪馆中间的爵士咖啡馆明顿俱乐部的老板奥伊顿，从昏暗的店内看着外面下着细如发丝的小雨，说道："老街、老铺的感觉就是好啊"。虽然是彩色片，因为拍摄角度逆光效果接近黑白。这是铃木清顺导演的电影里昭和初年的咖啡馆的感觉。

　　新锐导演中村高宽的处女作《横滨玛丽》影像也很好。京急线日之出町至黄金町之间的大冈川沿岸的风景和曾经热闹一时的四海一家寻欢作乐场根岸家所在的曙町一带，就好像城市的褶皱中隐藏着妖怪一样，总是让人觉得比起市中心关内来关外一带更有味道，比起季节变换，这里的不同时刻更是风情各异。清晨、白天和入夜，这些地方呈现着不同的城市表情。请不要惊讶于这种感觉吧，它能让人联想到足立正生的电影《赤军——世界战争宣言》。开什么玩笑？横滨最后的洋妾，讲述港城玛丽的情意绵绵的人们，跟日本赤军战士们怎么会有相似之处？影片一开头便打出一段字幕。"横滨有一个老太婆，人称横滨玛丽。据说是当年专做美军生意的妓女。总有一些神秘的传说伴随她，而她的真相无人知晓。1995年她突然消失了。"这样的开篇，又令我联想起足立正生等人拍摄的电影《外号连续射杀魔》。

——摘自《横滨玛丽》宣传册

记得当初在电话里拒绝我采访时，平冈说出的关键词正是"足立正生"和《外号连续射杀魔》。如今又把这个端出来，真是太讽刺了。我向平冈提起那段事，他已经完全不记得了，就这么回事。可他说："如果我提起过足利正生和《外号连续射杀魔》的话，当时可真不是敷衍你，而是认真地拒绝了上你的电影。"说完他得意地笑了。

因为电影受到好评，我获得了横滨文化奖的文化·艺术奖励奖。获奖酒会上，我又见到了摄影家常盘刀洋子。常盘只是道了声"恭喜"，送了我银制的书签作为礼物。有这么一个回合的来往在我看来就足够了。查阅下一部作品相关资料书籍的时候，我一定用上这个书签。事到如今回头一想，她拒绝上我的电影，这本身也是对这部电影的配合。

这段时间里，我还应约写了文章，也想在此介绍一下。做完这部片子并且完成了公映，我又思考了很多为什么要拍玛丽，以及玛丽与横滨这座城市有着怎样的关系。

　　还在念初中的时候，有一次走在横滨的马车道上。突然，对面大楼前面的长椅上一个浑然雪白的物体映入我的眼帘。"要是一个人偶可真够大的……到底是什么呢？"我停下脚步一打量，那物体微微地动了一下。说实话，当时真吓了我一跳。是个活物，而且是个大活人。这就是我和她邂逅时的第一印象。不久我了解到，她就是人称玛丽的老女人，专事美国大兵的妓女（"伴伴"），是这座城市的名人。

　　玛丽的形象与打扮十分奇特，她出现在这座城市本身就充满了不协调感。只是由于横滨的历史背景与特殊性，决定了整座城市都接受了她这样一个存在。这位玛丽1995年从横滨消失了。"她死了。不，她回老家了。"满城风传各种版本的说法。与其说关注这些传言，不如说一种奇妙的失落感令我挥之不去。比方说人们听到"八公从涩谷站前消失了"会有的那种感觉……玛丽怎么就消失了呢？也许是在失去"YOKOHAMA"的魅力，与地方城市同质化的过程中，横滨这座城市再也包容不下玛丽了吧。

　　2006年4月起，横滨的电影院开始上映《横滨玛丽》。公映之前，我请求当地商店街帮忙宣传，但各方态度都不怎么积极。原本在城市现代化的过程中，妓女等边缘人等都是疏解对象。这部电影涉及专事美国大兵的妓女，因此各方不积极也是没办法的事情。但随后发生了一个有趣的现象。

　　电影公映一个月之内影院每天都爆满。很长一段时间，如果不在上映前两三个小时来到电影院取号排队就看不上电影。那些取到号的人，为了打发时间，就在商业街上吃饭购物。这样一来商店街的销售额也见增长，竟出现了"玛丽景气"。因为这座城市里无法容身而消失的玛丽，此刻始料不及地给城市带来活力与振兴。我想，这样一个匪夷所思的悖论，正体现了横滨的城市历史记忆与当下这个时间轴产生了交集的罕见瞬间。

——《邂逅玛丽》，《J-novel月刊》

实业之日本社，2006年7月号

6. 留住将要消亡的记忆

　　2007 年春天，由于公映后有了巨大反响，出版社希望我动笔将《横滨玛丽》整理出书。花了一年时间写完书稿，却一直放在一边没有送给出版社。因为在书稿中我谈尽了对这部电影的想法，于是想告一段落沉淀一下。再者，书稿中还囊括了我差不多全部的私人记录，拿出来发表还是感到羞涩。

　　那么，在电影上映近十年之后，我为什么改变了主意呢？

　　那是因为不经意地环顾四周，我发现城市和人都发生了很大的变化，很多东西已经消亡。于是我深深地体会到时间残酷，逝者如斯。我想我写下的这份记录，或许有助于留下城市和人们的记忆。

　　那个横滨日剧已经拆除，原址上改建起分期付款购买产权的公寓。"首映"一词的策源地横滨音乐厅大厦里面，折扣店堂吉诃德 24 小时营业。松坂屋百货店也关张了，伊势佐木町的百货店全军覆没。作为城市再规划的改造环节，曾经"销魂一刻"、热闹一时的黄金町铁桥下，于 2008 年开始举办艺术节"黄金町市集"，并顺便被改造成年轻艺术家们的文创据点之一。

　　元次郎去世后，"黑猫"整个房产曾标价出售，但始终没有买家。如今大西尚造的儿子接下了"黑猫"，虽然营业照旧，但已经没有从前的氛围了。电影公映前，元次郎、杉山义法、广冈敬一、玛丽已经驾鹤西去，电影公映后，团鬼六、福长惠美子、高见泽政雄、清川充等多位在片中接受采访的人或合作者也都纷纷离世。但参与过这部电影或与这部电影有关的人们我始终不会忘记。

2016 年本书完成那一年，根岸家那段采访中出镜的松叶好市去世了。还在电影公映前他的主动脉就长了瘤，日式酒吧"古巴"也不干了。但他好喝一口的习惯还是改不了，我和他每年一两次见面都会喝上一杯。他的结局实在令人唏嘘。说是一个老友给他打了几次电话都没人接，这位老友赶到他家里，发现他已经死在自家床上，就像睡着了一样。松叶享年 79 岁。他的葬礼参加者寥寥无几，悄无声地就办完了事。不经意瞟一眼祭坛，发现遗像竟是一张乏善可陈、模糊不清的照片。大概是几年前拍的快照硬扩的。几年前就患有老年痴呆症的妻子博美，看着丈夫的遗像问众人："这个人是谁呀？"一想到这就是曾经在伊势佐木町健步生风的帅哥的葬礼，不禁感到无限惆怅，悲从中来。最后告别的时刻，发生了令送行者们震撼的一幕。妻子博美看到棺材中松叶的脸庞哭了起来。"你这是怎么了？你怎么会躺在这里！"与老伴告别的最后一刻，本已忘却的记忆好像又被唤醒了。松叶真不能算是一个好丈夫。这个不老实的家伙，本来和博美经营着"古巴"，扔下一句"我去买盒烟来"就和相好的私奔了。能干出这样的事来，两年后竟又手上夹着根烟没事人一样回来了。这会儿博美抱着他的头哭个不停。夫妻恩爱竟能在这一瞬间唤醒老伴已经失去的记忆！

我们送行者只能站在一旁看着却帮不上她。我在《横滨玛丽》中试图将消失的记忆记录下来，整理出来。但是看着眼前的情景，我觉得即使没有记录，记忆也不会消失，一定会在某处

留下。或许这种留在心头的记忆比起电影所做的记录更加弥足
珍贵。

7. 为玛丽扫墓

电影公映过去了十年。可于我而言这部电影仍然没有结束。
并不是我还要拍这部电影的续集，我的意思是，《横滨玛丽》的
制作与上映虽然告一段落，但在我内心里它还没有结束，因为我
还有一个铭心刻骨的夙愿。

2006 年 8 月，东京和横滨的放映结束后，我就想到要给玛
丽扫墓。我找到了白新舍的山崎君子。就在和玛丽老家人联系要
确定行程的时候，意外地了解到一个新情况。这段时间里玛丽的
弟弟和妻子也相继去世了。弟弟的孩子，也就是玛丽的侄子告诉
我们，两位老人在 2006 年春天接受《朝日文艺周刊》采访之后
不久就都走了。这与电影公映时间如此巧合，不由得让人感到冥
冥中的因缘。我们跟玛丽的侄子商量正在谋划的扫墓，可结果非
常遗憾。对于侄子而言，自己和玛丽这位偶尔回趟老家、神神叨
叨的姑姑完全没有什么亲情。他虽没明说，但口气我们都明白，
意思你们别来了，太麻烦，求你们就此打住吧。挂了电话后，君
子嘀咕了一句："每一代人想法不一样，这也是没办法的事情。
我看咱们就到此为止吧。"

2006 年 9 月广岛上映首日，有一个令人欣慰的重逢。在玛
丽生活的养老院踩点时曾经帮助过我的清川充赶来了。单身赴任

结束后，清川回到广岛和家人团聚。车站前环岛那一幕在我脑海里又被激活，不禁感到心头一热。当时他给了我 1 万日元已经花了，但这份情谊我一直记在心中。我告诉清川："当时我就是在准备这部电影。"他听了只是笑着点了点头。能让他看到这部电影，总算让我感觉有了一个了结。

但是，真正的了结还悬而未决。我在广岛的首映式上做完致辞后，第二天便与森日出夫一起赶往玛丽的故乡。单线铁路电车的窗外是一片熟悉的风景。头一回是我一个人走这条线，第二次是和元次郎还有摄影师中泽。这一次是第三次。途中《神奈川新闻》记者白鸟明美也和我们汇合。电车驶过那个养老院附近的车站后，我们换乘另一趟单线铁路电车，在玛丽老家附近的无人车站下车。这个村庄与 2000 年夏天我头一次来的时候相比全无变化，好像时间在这里停止了。天上开始下小雨点，我们也没打伞就这么在乡间小路上走起来。9 月初正是夏季湿闷季节，走着走着身上就开始出汗。到了玛丽家的老宅，外廊上坐着一位中年男子。他就是玛丽的侄子。当然事先并没有什么约定，我们简单地向他做了自我介绍，并递上一盒横滨名点"有明 harbor"。

"可以的话，请把这个供奉在玛丽墓前。"

"我很想带你们过去，可是下起雨了。"

"不，没关系。我们也没想更多打搅你。"说完我们便走了。

回程的电车还要等 30 分钟左右。我们便在村子里走了走。2000 年头一次来时在村里转了转，时隔六年这是第二次。广阔的田地里散落着几家木材加工厂，再就是一条单线铁路和一座无人车站。森日出夫不顾雨淋，只顾默默地拍着玛丽故乡的风景。玛丽的侄子告诉我们，玛丽的墓就在老宅附近的山林里。不去墓地也好，我们只想在玛丽出生成长的地方追悼一下。估计很难有机会再来，所以尽量想把这片原始风景深深地印入脑海。

回到车站候车室坐下，我们用罐装啤酒为玛丽祈祷冥福。"啊，真爽"。走了大半天，这会儿啤酒花的苦味浸润着干渴的喉咙。电车快到了，几个附近的居民沿着铁路爬上了站台。再次目睹这似曾相识的一幕，不可名状的惆怅袭上心头。

我们喝完啤酒上了电车。正透过车窗最后凝望玛丽的故乡，几分钟的光景电车就驶入漫长的隧道。我探头向车尾望去，黑暗中一缕光在隧道尽头亮着。那光亮所在便是玛丽的故乡。慢慢地，那缕光变得像豆粒一样小，最后完全融入一片黑暗。漫长的黑暗就这么持续着，就好像银幕转成了黑场。只有电车哐当哐当的噪声充斥耳郭。我忽然自问道，这部电影结束了吗？不，只要我活着就不会结束，和这部电影相关的人们，只要这些人还在续写他们的人生，这部电影就不会结束。对此我深信不疑。

主要参考文献

中島らも. 白いメリーさん［M］. 東京：講談社，1997.

宮田登. 日本を語る 9 都市の民俗学［M］. 東京：吉川弘文館，2006.

花井和子. ホテルここだけの話［M］. 東京：近代文藝社，1995.

高村直助. 都市横浜の半世紀［M］. 横浜：有隣新書，2006.

谷内英伸. 横浜謎とき散歩［M］. 東京：廣済堂出版，1998.

川元祥一. 開港慰安婦と被差別部落［M］. 東京：三一書房，1972.

小堺昭三. メリケンお浜の一生［M］. 東京：波書房，1972.

谷崎潤一郎. 潤一郎ラビリンス＜15＞横浜ストーリー「港の人々」［M］. 東京：中公文庫，1995.

広岡敬一. 戦後性風俗大系 わが女神たち［M］. 東京：朝日新聞. 2000.

竹岡範男. 唐人お吉物語［M］. 東京：文芸社. 2006.

ドウズ昌代. 敗者の贈物［M］. 東京：講談社. 1979.

五島勉. 続・日本の貞操 外国兵に犯された日本女性の手記［M］. 東京：蒼樹社. 1953.

常磐とよ子. 危険な毒花［M］. 東京：三笠書房. 1957.

奥村泰宏，常磐とよ子．横浜再現［M］．東京：平凡社．1996．

藤原晃．ヨコスカどぶ板物語［M］．東京：現代書館．1991．

下川耿史，家庭総合研究会．昭和・平成家庭史年表［M］．東京：河出書房新社．2001．

译后记

王众一

　　日本纪录片导演中村高宽所著的《横滨玛丽：被遗忘的真实》译稿终于脱手，即将由上海交通大学出版社付梓。导演的纪录片《横滨玛丽》完成于2006年，两年后在北京"2008REAL新世纪日本纪录影像交流会"上首次学术上映，中文电影字幕就是由我最后润色完成的。一晃十多年过去了，这本围绕着一部纪录片的诞生而形成的创作手记也将在中国出版，无疑很有意义。同时，从电影上映到这本书最终完成的漫长岁月值得回味，与导演及其作品的相遇亦令我感慨万千。

　　纪录片《横滨玛丽》从构思到完成经历了9年的时间。这一时期正是电影从胶片、磁带、数字过渡发展的时期，也是纪录电影的叙事理念与手法取得突破性发展与创新的时期，同时又是日本社会意识深度变化与转型时期，也是中日民间电影交流相对丰富深入的时期。

　　这部电影在叙事观念上大胆突破了真实与虚构的界线，为纪录片叙事手法的丰富做出了原创性贡献；同时，这部作品以众人追忆，主人公不出场说话的方式，求出了一座城市和一个时代的最小公倍数，将横滨这座与日本近代史密切相关的城市的发展历史，与一个行走在城市边缘的弱势人物的命运交织在了一起。对横滨城市传说的好奇以及导演独特的历史感觉，加上导演对纪录电影概念的全新认识，使得这部构思并完成于世纪之交的纪录片在整个日本纪录片电影史上创造了一种新景观，达到了一个新高度。中村高宽在北京电影学院留学的经历以及他参与中日民间电影交流的经历，无疑对他这部处女作的完成起到了重要作用。

《横滨玛丽》电影前后用了 9 年时间，这部创作手记从 2007 年构思到 2016 年出版也历时 9 年。同一题材从电影到出书一共用了 18 年的时间，这是一种怎样的雕刻时光的匠心啊！而导演本人还在北京电影学院留学期间，我们就已经开始交往，算起来交情也差不多快有 20 年了。得知这本书出版也颇有戏剧性。2018 年 3 月，为了推广出版不久的《日本电影 110 年》，作者四方田犬彦来北京与读者见面，我作为译者全程陪同。正好这时中村高宽也为与中国观众分享新作《禅与骨》来到北京。一天中午我们坐在了一起。四方田和中村也很熟，十多年前我翻译的《日本电影 100 年》出版后，四方田在当时东京神乐坂的家中搞了一个庆祝小派对，当时正好我在东京，就约上中村一同过去。这一次在北京，中村拿出了他的日文新书《横滨玛丽》送我，并流露出希望由我翻译中文版的意思。

通读下来，感觉此书信息量很大，细节还原十分讲究。比起同名纪录片，这部书记述了许多电影台前幕后的故事。它不仅是一部纪录片的构思、拍摄、制作手记，更是一部基于口述史、媒体资料引述、作者实地调查的一手材料经纬交织而成的著作，是一本十分扎实而且有温度的城市传说史与江湖消亡史。同时我也深深感到，真要动手翻译这本书将要付出很大的精力。上海交通大学出版社向我提出翻译委托时，我迟疑了片刻。最后，出于致

横滨玛丽：被遗忘的真实

敬导演耗时 18 年"磨剑"的匠心，出于珍视与导演的交情及与《横滨玛丽》的缘分，也出于挑战接近耳顺之年的自我，我接受了这份委托。

书中文体繁杂，既有近代历史文件，又有鲜活的媒体报道文摘；各种出场人物年龄、性别、阶层各异，其中不乏江湖语言；甚至还有像《野毛小调》那样的民谣、和歌、流行歌歌词。对此，我都尽量采用了不同的翻译策略，使读者的接受效果尽量与阅读原文接近或一致。口述史采访部分尽量采用口语化处理，有时甚至采取方言处理的策略。有些人物对话成分有缺失，需要根据语境揣摩。这一切都使翻译增加了挑战性，也刺激我尝试更加灵活大胆地以阅读感受效果为导向的等效翻译策略处理文字。翻译过程中特别感谢中村高宽导演不厌其烦地在细节上提供的帮助与忠告。横滨的主要地名按照当地文旅部门确定的中文译法统一，以便读者按图索骥。日常工作之余挤出时间缓慢作业，历时一年有余，终于完成了译稿。

通过边缘弱势小人物玛丽的背影了解横滨这座城市的历史与性格，通过横滨这座城市的近现代史，了解日本这个国家的前世今生和普通日本民众的喜怒哀乐。阅读中村高宽的《横滨玛丽：被遗忘的真实》不仅会给我们带来上述收获，也会给我们带来某种方法上的启迪，有助于我们记录好自己的城市传说与民众记忆的历史。

2020 年 8 月 18 日王众一 识于北京山水窟